本书系"江苏高校 2011 计划区域法治发展协同创新中心项目"的阶段研究成果

法治职业共同体研究
FAZHI ZHIYE GONGTONGTI YANJIU

李小红 著

东南大学出版社
SOUTHEAST UNIVERSITY PRESS
·南京·

图书在版编目(CIP)数据

法治职业共同体研究 / 李小红著. —— 南京：东南大学出版社，2021.9
ISBN 978-7-5641-9295-2

Ⅰ.①法… Ⅱ.①李… Ⅲ.①社会主义法治-建设-人才培养-研究-中国 Ⅳ.①D920.0

中国版本图书馆 CIP 数据核字(2020)第 246009 号

法治职业共同体研究

著　　者	李小红
责任编辑	陈　佳
出 版 人	江建中
出版发行	东南大学出版社
地　　址	南京市四牌楼 2 号　邮编：210096
网　　址	http://www.seupress.com
经　　销	全国各地新华书店
印　　刷	广东虎彩云印刷有限公司
开　　本	700 mm×1000 mm　1/16
印　　张	13.5
字　　数	228 千字
版　　次	2021 年 9 月第 1 版
印　　次	2021 年 9 月第 1 次印刷
书　　号	ISBN 978-7-5641-9295-2
定　　价	54.00 元

本社图书若有印装质量问题,请直接与营销部联系。电话(传真):025-83791830。

法治的关键在于人

"法治本质上也是人治",这个命题一定意义上可为真。我们习惯将法治、德治、人治等概念置于一处讨论,但这三者并非单纯的并列关系,每一种治理模式的目的都是维系秩序,只不过不同模式所依托的治理理念、治理工具、治理方法等存有差异罢了。在叠床架屋的社会关系架构中,调整关系、维持秩序的方法从来都是多元的,社会纠纷多元化解机制、中国共产党的民主集中制、政府机关的首长责任制、公司的股权表决制等等,无不是对多种治理方式的综合运用。"多元"这个词很有法治精神,法治与民主相伴相生,民主意味着对多数人、多元价值、多方诉求的尊重与维护,法治通过复杂的治理程序设计维系这种状态。当一个社会组织体推进多元治理机制的时候,我们就可以说这个组织体是法治组织体。法治作为一种治理模式,蕴含着对多样化的尊重与维护,当一个法治组织体存续过程中,出现一元化倾向时,组织体中的人们就应当心存警惕,法治危矣,因为法治必须包容多元,这也是法治被称为最不坏的治理模式的原因之一。

换言之,能维系多元协调平衡的统治就是法治之治,良法的良好运行是法治的基本景象。良法是平衡了多元利益之法,这种法之所以能够被社会主体接受并遵守,是因为法的制定过程中,多元利益拥有者经过博弈达到了自己认为最不坏的目的。良法既成,运行中稍有偏差就会打破这种平衡,所以执法者必须严格依法办事,司法者对失衡的具体关系要进行居中调适。我们发展法学教育,推进法治宣传,倡导法治文化,培育法治思维,传授法治技术……一切努力不外乎是为了能维系多元利益的平衡,进而使生存于斯的每个人都感觉不太坏。关于法治,用一段文字推理与具体实践不是一个概念,人类关系体系有多复杂,调整关系的法治就有多复杂。法治难哉,所以要推进法治,就需要组织体内的人通力协作,选择法治,就要维系法治的基本底线,遵守法治的基本原则。

这其中,对法治底线、原则的阐释者,良法生成过程中的引导者,严格执行良法者,守护良法实施的司法者,协助利益受损主体寻求良法保护者……是法治社会中一群不可或缺的人。"法治"是他们社会分工的必要性所在,"职业"是他们区别于其他组织体成员的标志之一,"法"是与他们工作紧密联系的因素。他们因法治而存在,为法治而工作,他们如此接近"法",是否会拥"法"自重,让"法治"走向"法治人之治"。答案是否定的,法治的最不坏之处还在于,法治之下没有独裁者,对任何一种支配力,法治社会都应当设置制约机制,如果有一种权力没有这种制约,那么我们为了法治就必须填补这个制约缺口。制约法治职业从业者的机制从未缺位。法治视角下,人人平等,法治职业从业者与其他社会主体相较,并无高低贵贱之分,唯社会分工不同而已。做不好法治工作,法治职业从业者就有愧于牛奶工、面包匠……搞好法治,是法治职业从业者的基本社会分工责任,也是他们作为从事法治职业的人力资源价值所在。

人力资源是一种特殊资源,法治职业从业者是法治事业的基本人力资源,要搞好法治就必须先搞好法治人力资源建设问题。为通过有效的激励机制发掘、利用法治职业从业者个体以及群体的法治建设人力价值,相关主管机关及用人单位应坚持全员、全面、协同培育发展的原则,借鉴公司企业对人力资源管理开发的先进理念,充分关注、科学规划从业者的教育、招录、培训、使用、流动、升迁、退休等素养提升和职业发展流程。社会转型时期,职业是实现社会整合最有力、最便捷的渠道,职业群体分界越明晰,分散在不同职业群体中的社会主体,就越需要紧密协作和互相支撑,社会生活才能得以有序推进。为此,我们应从职业共同体建构视角加强对法治职业群体的价值、信念、思维、知识、技能等的养成与整合。我们要致力于建设一个高效先进、"五个过硬"的法律职业共同体,也要建设一个高度契合的法治精神共同体,并通过共同体互动协作,将法治从理论生成制度,从制度走向运用,经运用生成权威,因权威而产生教化或信仰。

基于"中国特色""统一战线",以及学术研究的术语理顺等考量,在学界原有的"法律职业共同体"概念基础上,可以提出"法治职业共同体"这一概念。其中"法治职业共同体"意指以法治价值和理念为基本指引,建构并实践中国特色的法治理论、法治体系、法律体系,以职业化为表征,以专业化为内质的职业共同体。"法律职业共同体"则指法治职业共同体中,由国家法律规定了严格的任职资格、清晰的职责内容,围绕法的运行存在法定互动制衡功能的职业群体,这些职业群体自成一个独立的共同体,是法治职业共同体的内核。法律职业共同体是边界清晰、成员特定的封闭式共同体,是以法定的必须具备法律职业任职资格才可入职的特定职业从业者群体。这一职业共同体中的个体在推进法治建设工作时,相互之间的互动行为模式是法定的,即必须为之,其法治参与行为有明确的制度性约束。法治职业共同体则是开放式群体,一定意义上是一个想象的共同体,虽然有职业、伦理、专业等识别标签,以及"法律职业共同体"这一内核,但法治职业共同体本身没有统一的制度性文件或共同体论纲等,群体并没有法定的边界。对于法治职业共同体,我们重点关注其"共同体"价值,对于法律职业共同体则更加关注其"法律职业"价值。

职业作风、职业能力、职业道德等是从业者职业素养的重要构成因素,从业者职业素养的高低以及是否与职位匹配是人力资源管理过程中关注的基本问题。法治职业从业者的职业素养是以法知识技能、法思维信念、法伦理道德等为基础,整合了主体情感、态度或价值观在内的,能够满足法治职业需求的综合性表现。法治职业共同体中各从业者职业素养的高低,影响着共同体社会价值整合水平的高低,一定意义上也就决定了法治水平的高低。这其中,除职业技能、专业知识等过往学界已经有了充分关注的内容外,法治职业共同体外在的职业人格特征、内在的职业道德等均是群体综合素养的重要内容。

职业人格特征不仅是一种心理特质因素,也是共同体外呈于社会的群体职业形象,是从业者进行人力资本积累的重要技能性要素,职业人格特征的正向有效积累可推动从业者其他能力的有效积累,并最终影响人力资源的职业价值。法治职业共同体的普遍性人格特征主要包括自律、审慎、担当等。中国的法治职业共同体还有鲜明的国别人格特征,即"党性"。从岗位人格特征来分析:法律制度建构者的人格特征主要是兼收并蓄,法律纠纷裁判者主要是衡平中立,法律事务代理者主要是尽职尽责,法学理论阐释者主要是权威超然。

职业道德是法治职业从业者从事法治职业活动中应当遵循的道德准则、行为规范,与一般道德相较,职业道德与职业关联,规范性更强,除道德性的约束外,职业道德还有来自用人单位、行业协会、行政主管机关等的纪律性、强制性约束。职业道德与共同体紧密联系,相互依存,一方面职业道德的形成与共同体紧密联系,另一方面职业道德对共同体的职业追求以及群体凝聚力也有极大的推动作用。职业群体的共同体意识是职业道德建构之内力,用人单位的制度化管理则是职业道德形成的外力。我国法治职业共同体的职业道德建设存在行业特征未凸显、职业特色较模糊等问题,在建构职业道德的过程中,要区分道德、个人道德、职业道德、社会公德等的特质与差异,既要注意关注道德的基本特性,进行精神层面的灌输与宣示,也要注意将道德内容具体化,建构可强制约束职业道德实现的机制;既要兼顾社会公德、职业道德、家庭美德、个人品德等整体性推动,也要有目的、抓重点、明界限,不应把各种道德内容均列为职业道德,职业道德不应对从业者的职业外生活、行为过度干预,任何一个职业从业者除了工作,还需要有"诗和远方"。

法学教育是法治职业共同体建构的原动力,法律职业资格考试是特定区域法治职业人力资源职业素养的风向标,职业培训则是促进法治职业从业者职业能力的跟踪器。原动力、风向标、跟踪器应"三位一体",互洽协同培养法治职业人才。一般说来,法学教育应主要完成法学基础知识、基本理论、基本技能方面的教育和训练,通过法律职业资格考试对法治人才的法治素养、法学理论和法律知识、技能、思维等进行考核,最后由职业培训机制,强化和维持法治职业从业者的职业水平。从更加细节的角度研究,法治职业共同体养成还应注意法治职业从业者所任职的行业、区域等不同前提条件,这些条件都会影响其人力价值的发挥。

我们不应将法学教育简单化定位为职业教育,认为法学职业化教育就是法学实践教学,甚至最好只能由法律实务工作者完成,法学教育应兼顾职业化,应以博雅教育内容培育法学专业学生的职业人格素养,以方法论教育培育学生的职业思维,以法律知识和技能教育培育学生的职业技能。换言之,大学法学教育应在遵循教育理念和规律的前提下,将法学博雅教育和职业化教育结合起来,承继大教育体系下的素质教育任务,以培养学生的法治思维、方法,法律知识、技能为要,从而最终培养出全面发展的法治专业人才。

法律职业资格考试对法治职业人力资源养成有其独特价值,其应以职业化为目的。国家统一法律职业资格考试的内容应突出中国特色的法治职业要求,考试形式应利于现代化职业人才选拔,考核重点不应是低专业含量或外行通过技术协助就能很好完成的部分,而应是利用法学理论、法律知识、法律思维等判断、分析、论辩、说明的部分。在法律职业资格考试过程中,法学教育中所学到的基础法学理论、法学知识、法学技能等,对法学专业的应试者理解考试内容应有帮助,同时通过复习备考,未来的法律职业从业者对大学法学教育中所学的知识进行了全面收拢和整合,知识的力量积聚于应试,也理应助益于未来的职业发展。法律职业资格考试的应试培训也是一种特别的教育,可助力法学教育,可在办学模式、师资素养、教学内容、培育方向等方面与法学教育实现良性互补。

一个从业者经过法学教育、通过法律职业资格考试,其能否具有良好的法治职业能力依然是一个无法确知的问题,因此必须通过职业培训加强其职业化。职业培训一般是行业组织或用人单位为了提升本行业、本单位人力资源的工作能力而对其开展的可持续的职业能力培养,有职前培训与在职培训之分。中国未来职业培训的走向,应考量国家统一法律职业资格制度的整体推动,以及信息时代的技术支撑等因素,职前培训应关注培训标准、内容、环节、组织保障的"统一",在职培训应关注培训资源的"共享"等。

此外,技术进步、政府推动使法治职业环境发生更迭,人工智能对法治职业已产生较大影响,法治人才的培养工作应及时跟进,法学教育应避免机械独立、关门办学,应推进综合教育,建设多元教育场景,丰富教学内容,提升受教育者综合素养。人工智能会取代部分法治职业岗位,也会产生一些新的涉法职业工种,故应对传统法治职业共同体的内涵外延做出调整。共同体开展法治职业工作要在过去"人与人"的单一互动模式基础上,创建"人与人""人与机""机与机"等多元协作模式。在新工作模式下,法治职业从业者在大力促使人工智能更加智能的同时,更应凸显工作中人的特征性素养,我们要坚信机器永远不可能取代人的价值,法治职业共同体在任何时候都必须为法治而努力。当前,基于信息传播的超强速度、超大范围,以及无处不在的监督制约,法治职业从业者的群体素养正在不断提升,可以期待群体更好地实现分工价值,扩大法治文化的影响力,最终使法治职业共同体在实现公平正义的主体价值基础上,实现更大的社会整合价值。

是为序!

李小红

2020 年 3 月 20 日于南京

目 录

绪论	中国法治事业的人力资源:法治职业队伍 ……………… 1
	一、中国法治发展历史图景及党的法治工作队伍建设部署
	…………………………………………………………… 1
	二、人力资源的特性及中国特色法治工作队伍构建方向 … 4
	三、构建法治职业共同体是法治人力资源开发的核心 …… 7
	四、法治职业共同体过往研究状况与未来研究突破 ……… 10
第一章	法治职业共同体的概念 ……………………………………… 15
	一、"职业共同体"与"中国法治" ………………………… 15
	二、"法治职业共同体"与"法律职业共同体" …………… 19
	三、"法治职业共同体"的术语价值 ……………………… 25
	四、"法治职业共同体"构建的理念校正 ………………… 29
第二章	法治职业共同体的职业素养:职业人格特征 ……………… 35
	一、人格特征及职业共同体的人格特征 ………………… 37
	二、法治职业共同体的普遍性人格特征 ………………… 39
	三、法治职业共同体的特征性人格特征 ………………… 48
	四、法治职业共同体人格特征的培养架构 ……………… 53
第三章	法治职业共同体的职业素养:职业道德 …………………… 57
	一、从"道德"到"法治职业共同体职业道德" ………… 57
	二、法治职业共同体职业道德建设概况 ………………… 60
	三、法治职业共同体职业道德建设理念 ………………… 93
	四、法治职业共同体职业道德建构路径 ………………… 98

第四章	法治职业共同体养成路径:法学教育	101
	一、法治职业共同体的养成机制	102
	二、法学教育的职业化倾向	105
	三、法学教育职业化的内涵	108
	四、法学教育对职业化的兼顾	117
第五章	法治职业共同体养成路径:职业资格考试	122
	一、法律职业资格考试以职业化为本	123
	二、法律职业资格考试与法学教育	128
	三、法律职业资格考试应试培训与法学教育	129
第六章	法治职业共同体养成路径:职业培训	133
	一、职前培训与在职培训	133
	二、法治职业共同体职业培训现状	135
	三、职业培训未来走向	141
第七章	法治职业共同体的分类培养	146
	一、法治职业共同体分类培养的价值	146
	二、行业性分类培养例析:法学教师	149
	三、区域性分类培养例析:江苏省	159
第八章	人工智能对法治职业的影响与共同体的应对	170
	一、法治职业环境更迭——共同体教育培训跟进	171
	二、法治职业工种增多——共同体内涵外延升级	179
	三、法治工作方式转变——共同体互动模式更新	182
结语	法治职业共同体社会整合价值提升	190
参考文献		195
后　记		203

绪论
中国法治事业的人力资源：法治职业队伍

一、中国法治发展历史图景及党的法治工作队伍建设部署

中国法治事业的发展状况可通过一个个关键历史节点展现：1954年宪法明确国家的社会主义性质，确立国家基本制度，奠定国家法制基础；1978年党明确提出"有法可依、有法必依、执法必严、违法必究"的法制建设十六字方针；1999年"依法治国，建设社会主义法治国家"正式写入宪法，"依法治国，建设社会主义法治国家基本方略确定，明确了我国社会主义法治建设的方向，开辟了中国特色社会主义法治建设道路的新起点"；中共十六大提出发展中国特色社会主义民主政治，必须坚持党的领导、人民当家作主、依法治国有机统一，"体现了推进依法治国，建设社会主义法治国家的鲜明中国特色"；中共十七大"丰富和发展了中国特色社会主义法治道路的基本内涵"；中共十八届四中全会就全面落实依法治国基本方略进行了全面部署，"标志着中国特色社会主义法治道路的正式确立，中国社会主义法治建设进入了一个新的时期"[①]。中共十九大后，中国特色社会主义法治体系作为国家治理体系的重要组成部分，有力保障和提高了中国共产党的治理能力现代化。

梳理中国法治事业发展脉络，可以看出当前中国法治建设的规划不断完善，目标更加明确，步履更为稳健，特别是中国法治事业的国别特色

---

① 刘旺洪.中国特色社会主义法治道路：历史进程、概念内涵和基本要求[J].学海，2015(3)：15-19.

更加凸显,即中国共产党的领导对推动中国法治事业的发展起着关键作用。近年,执政党沿着中国特色社会主义法治建设道路全面推进中国法治事业,工作部署更为精细、规划更为科学、建设理念更为先进,为深化依法治国实践、加强对法治中国建设的统一领导,2018年,成立中央全面依法治国领导小组,组建中央全面依法治国委员会,作为党中央决策议事协调机构,统筹协调全面依法治国工作。在全面依法治国新时代,中国共产党努力形塑的中国法治图景是治国与治党有机统一,法治与德治齐推并举,依法治国、依法执政、依法行政综合推进,法治国家、法治政府、法治社会一体建设,科学立法、严格执法、公正司法、全民守法系统发展。

几千年中华文明延续,上百年现代法治求索,终于呈现出法治中国的今日模式,在这一伟大事业的推进过程中,法律制度保障法学人才培养,法学人才提升法治职业从业者素养,法治职业队伍的专业化、规范化、职业化促使法治内涵不断丰富,法治与其他社会规范的契合度不断加强,中国特色法治文化得以繁荣,中国法治模式最终成为人类法治文明的重要一脉。简言之,法治与法治职业从业者的发展如影随形,同步推进。中国特色社会主义法治国家,"形成有完备的法律规范体系,高效的法治实施体系、严密的法治监督体系、有力的法治保障体系和完善的党内法规体系所构成的社会主义法制体系是总抓手"[①];打造一支"忠于党、忠于国家、忠于人民、忠于法律的",思想政治素质优、业务工作能力强、职业道德水准高的法治工作队伍是组织和人才保障。建设社会主义法治国家,必须完善中国特色社会主义法律体系、建设中国特色社会主义法治体系、发展中国特色社会主义法治理论,同时也必须打造中国特色社会主义法治队伍。当前,中国特色法治是一种全方位立体多维的法治建构布局,值此事业发展关键期、黄金期,法治人力资源建设,如果仅关注传统的"政法队伍"建设,对法治工作的推动已经远远不够。全面依法治国,共建共治共享的社会治理语境下,强调的是多元主体多元参与,因此中共十八届四中

---

① 刘旺洪.中国特色社会主义法治道路:历史进程、概念内涵和基本要求[J].学海,2015(3):15-19.

全会通过的《中共中央关于全面推进依法治国若干重大问题的决定》(简称《决定》)提出了一个更为全面的概念,即"法治工作队伍"。根据该《决定》,法治工作队伍的范围远远大于传统的政法队伍、法律职业队伍等。十八届四中全会通过的《决定》所称的法治工作队伍分三大类,第一类是法治专门队伍,主要包括立法、行政执法、司法队伍等,该类法治职业从业者多任职于国家机关,入职规范化程度较高,由国家财政负担薪酬;第二类是法律服务队伍,主要包括律师、公证员、基层法律服务工作者、人民调解员队伍等,该类法治职业从业者的任职单位构成多样化,入职的规范化程度良莠不齐,薪酬来源主要是其服务对象;第三类是建构法学理论、培养法治人才的教学科研工作者,该类从业者主要任职于各科研院所。近年来,随着国内就业环境的优化和法学人才的大量养成,国内法学教学科研从业者的入职规范化、专业化要求整体都在提高,即使是一些民办类法学专业科研院所,对教职人员的学历学位、职业资格等要求也很高,要么提高了入职门槛,要么加大了后期培养力度。

基于此,在中国当前语境下研究法治职业共同体,十八届四中全会通过的《决定》部署重点建设的这支法治工作队伍就应是重点关注的研究对象。法治工作队伍是中国实现全面推进依法治国总目标的主力军,是完成各项依法治国重大任务的基本人力资源,更是实现社会治理现代化转型的核心推动力。这支队伍中既有体制内的立法、司法、行政执法队伍,也有主要处于体制外的律师等提供法律服务的从业者,中国共产党对构建这支队伍既有宏观规划,也有具体措施。《决定》围绕"思想政治素质、业务工作能力、职业道德水准"等几个方面,对"建设高素质法治专门队伍""加强法律服务队伍建设""创新法治人才培养机制"三项任务做出了一系列明确部署和指示。为贯彻落实中央的法治工作队伍建设决定,各地结合本地实际很快对区域内法治工作队伍建设提出具体举措,有的在省一级设立法官、检察官遴选委员会,初任法官、检察官由省高级人民法院、省人民检察院统一招录,一律在基层法院、检察院先任职;有的强化律师队伍思想政治建设,加强法律服务志愿者队伍建设;有的把法治人才队伍建设纳入全省人才发展总体规划;有的地方快速推进组建政府法律顾问队伍;等等。

二、人力资源的特性及中国特色法治工作队伍构建方向

基于多年专业化建设,中国法官、检察官、律师、法学教学科研工作者等基本实现了对包括法学研究在内的法律事务的垄断,这些法治职业群体是重要的法治工作队伍成员,甚至他们"已经成功地实现了对法学院入学和管理的控制,还通过监督和控制制度掌控了法律工作的规制和实施"①,但从上述中国共产党的部署即可看出,他们绝不是建设法治中国的全部人力资源。当然在法治社会中,人不但是一切社会关系的总和,更是各种法律关系的总和,每一个社会主体都与法律有着千丝万缕的联系,我们研究法治建设人力资源也不应将主体范围扩大至全体社会成员。一个妥当且有研究意义的方法,即以"职业"这一人力资源的常规性判断因素,作为圈定法治建设人力资源的核心因素。依此,所有具有劳动法意义的法治职业从业者均可被视为法治事业的人力资源。换言之,作为法治事业的人力资源应是任职于特定用人单位的劳动者,其岗位职责主要是基于法学专业知识、专业技能、专业素养,具体推进法治建设、法律运行、法学教学科研等专业性工作。

"人力资源是指人所具有的对价值创造起贡献作用,并且能够被组织所利用的体力和脑力的总和"②,中国法治事业的人力资源是能对中国法治建设提供体力与脑力的社会主体的智力和能力总和。"管理学之父"彼得·德鲁克在其《管理实践》一书中首先提出并分析了"人力资源"这一概念,他指出人力资源是一种特殊的资源,"人不像其他的资源,他有个性,有公民权,要监督他们是不是在工作,做得多还是少,做得好还是不好,因此也就需要有动力,要钻进去,要有激励,有奖赏,要领导,要使他们有地位,有职权,使他们满意"③。换言之,推动法治建设,人的因素是关键因

---

① 戴弗雷姆.法社会学讲义[M].郭星华,刑朝国,梁坤,译.北京:北京大学出版社,2010:175.
② 邹华,修桂华.人力资源管理原理与实务[M].2版.北京:北京大学出版社,2015:3.
③ 德鲁克.管理实践[M].帅鹏,刘幼兰,丁敬泽,译.北京:工人出版社,1989:16.

素,各类法治职业从业者是中国法治事业的基本人力资源,但每个从业者个人为法治建设所能贡献的"体力和脑力"之价值,必须通过科学有效的管理和激励机制才能发掘、利用、提升。

同时,中国法治建设是综合性人文工程,立法、司法、执法等法的运行工作推进是法治建设的内部运作机制,守法是全体社会成员必须参与其中的法治建设环节,而德法并举,依法治国、依法执政、依法行政综合性推进,法治国家、法治政府、法治社会一体化建设,则要求法治必须发挥其独特的、强大的文化与精神价值才能推进工作。基于此,加强法治人力资源建设,还必须对作为个体的法治职业从业者的力量进行整合,要把每个法治事业参与者的构建力量都挖掘和发挥出来,必须让每个个体对全体法治从业者所追求的职业价值目标产生推进力。简言之,即推进法治建设工作必须人人都努力,并且劲要往一起使,否则法治职业群体内部就会产生力量分化与撕裂,造成国家法治人力资源的浪费,影响法治职业共同体职业目标的实现,减缓甚至阻碍法治事业的发展。

因此,为落实党中央关于"加强法治工作队伍建设"的部署,为高效发掘、充分整合法治职业从业者的专业能力、职业智力、个人价值,推进中国特色法治建设大业,必须有明确的中国特色法治工作队伍构建方向。在笔者看来,中国特色法治工作队伍构建的基本原则有三:一是全员培育发展原则。法官、检察官、律师等"狭义的法律职业共同体"或"司法职业共同体"[①]是中国法治建设的第一人力资源,立法队伍、法学教学科研队伍、司法辅助人员、行政执法者、基层法律服务工作者、人民调解员队伍等也是中国法治事业不可或缺的参与力量。发掘所有法治职业从业者的职业价值,必须要有全局观,要有共同体意识,关注体制内的法治职业从业者,也要大力提带体制外的从业者;关注法治工作领导队伍建设,也要关注法治工作事务性群体的职业发展。二是共同培育发展原则。法治建设人力

---

① 中国行为法学会司法行为研究会,天津大学法学院.构建法律职业共同体研究[M].北京:中国法制出版社,2016:30.

资源分布于各用人单位,各职业条口,实践中,各单位和条口的人力资源开发能力良莠不齐,开发标准不尽相同,但法治职业人才的工作内容却不容许失范,必须为建设中国特色法治事业,培育共同的法治理念,掌握共通的法学理论,对中国法律内涵有相同的理解。因此法治人力资源的培育开发必须有内外合力、共同发掘意识。同行业兄弟单位、相关行业组织、各级各类政府必须相互学习、相互支持、相互合作,寻求互促。三是全面培育发展原则。法治工作队伍人力资源价值的提升,其人文素养、职业道德、专业知识、专业技能等都必须提高优化。业务水平高但道德低劣的法治职业从业者不是合格的法治建设人力资源,他们占用人力成本,但从长远来看,却影响法治事业的发展;道德品质优良但业务水平低下者也不是理想的法治工作从业者,他们同样占用人力成本,但所创造的价值有限。所以法治人力资源的价值发掘,应对法治工作队伍的综合素养进行全面提升。

从顶层设计来说,近几年中央一直倡导法治工作队伍要达到政治、业务、责任、纪律、作风"五个过硬",在规范化、专业化、职业化要求的基础上,思想政治建设一直摆在首要位置。

从路径来说,首先,各法治职业用人单位要有意识地借鉴公司企业对人力资源管理开发的先进理念,充分关注、科学规划从业者的招录、培训、使用、流动、升迁、退休等职业发展流程。严格把握入职标准,科学设计薪酬标准,搭建优质职业发展平台,秉持公平合理的职业升迁政策,只有让法治职业从业者精神愉悦、物质无忧,其职业能量、能力才能得以激发、提升。这一点,在中央对我国政法队伍建设的规划中,已经得到体现,时任中央政法委员会书记的孟建柱在论及中国特色社会主义政法队伍建设时,指出要建立现代化的人事和薪酬制度,综合考虑人才的引进、留住和发展;要建立健全科学的人才评价体制、灵活的人才激励机制;要通过与科研院所合作,建立人才的课题制、项目制等培养方式;为创造良好工作条件,让优秀人才施展才华,要建立科研成果、知识产权归属、利益分配新机制;对特殊人才要有特殊政策,用好员额制、聘任制、年薪制等政策①。其次,党和政府、法学院所、行业组织等则应从职业共同体建构视角加强对从业者的价值、信念、思维、技能等的养成与整合。人才是人力资源的物质载体,但我们在研究法治事业人力资源时,关注的应是人力资源在群体所从事的事业中的效能,"在个人身上不管蕴藏怎样的力量、主动性、责任和能力,都要把它们变成整个集体的力量和绩效的源泉"②。加强法治职业共同体建构是实现从业者个体与法治建设事业总体共同发展的有效路径。最后,法治职业从业者个体则应从个人人生、职业、志向等角度进行规划和行动,力保不忘初心,追求卓越。"能动性是人力资源的一个根本特征,是人力资源区别于其他资源的本质所在",就人力资源价值发掘来说,从业者本身是自己的主人,他"能有意识地进行活动,有自己的思想情感和思维,能对自身行为做出抉择,能主动调节与外部的关系,并利用其他资源"③,去实现个体的职业理想。总之,法治人力资源的价值发掘,政策、法律、机制、情感、平台、待遇等各种因素都必须综合考量。

三、构建法治职业共同体是法治人力资源开发的核心

法治人力资源开发是一项综合性强,且需要持续不断推进的工作,该项工作千头万绪,涉及的机构部门众多,职业类别繁多,因此,我们必须明确工作的核心目标,以选择适宜的工作抓手。综合来看,以构建法治职业共同体为目标,对实现法治人力资源的整体性开发具有重要作用,只有在整体性开发取得成效的基础上,才可以保证共同体内不同职业类别的人力资源开发方向不走偏,并最终形成合力,推进法治事业的发展。进而言之,构建法治职业共同体,首先需要在宏观上,不断提升对共同体的"体"的建构意识,促进共同体价值观、精神、理念、知识、能力等一体化,之后再

---

① 孟建柱.坚定不移走中国特色社会主义政法队伍建设之路:学习贯彻习近平总书记关于加强政法队伍建设重要指示精神[J].求是,2016(14):8-11.
② 德鲁克.管理实践[M].帅鹏,刘幼兰,丁敬泽,译.北京:工人出版社,1989:314.
③ 邹华,修桂华.人力资源管理原理与实务[M].2版.北京:北京大学出版社,2015:4.

在一体化的宏观指导下,分类发展、各司其职,发挥共同体的合力去推进法治。

用结构功能主义方法可以对从事各种职业的社会主体进行职业类别划分,相同、相近或相关联的职业群体,基于专业、志业、职业目标等的一致性又可以析出"职业共同体"。同时,如社会学学者严强所指出的,这种研究"目的不是要简单地、平面地描述职业群体的类别与分布,而要探讨从职业群体走向职业共同体的逻辑与现实之路,并探讨职业共同体的构建对于改造社会主体结构的重大价值"[①]。针对职业共同体之于改造社会的价值,李强认为职业共同体正是今日中国社会整合之基础。他在对比了新旧马克思主义、新旧韦伯主义,以及新旧杜尔克姆主义后,指出杜尔克姆对于共同体的思考要清晰得多。杜尔克姆"强调的就是因分工不同而形成的职业群体",实际上是提出了"分工基础上的职业共同体"。杜尔克姆认为职业是有明确经济含义的,"职业作为共同体,内部具有实质的社会互动,是有真实意义的社会群体",所以"当一个社会由于社会转型、社会规范巨变而变得分崩离析,人与人之间连基本的社会信任关系都失去了的时候。依靠什么能够重建社会整合呢?职业显然是最有利的渠道"[②]。个中原理,概括杜尔克姆的论证观点主要有:人们自我选择职业的力量会使相似心态的从业者进入相似的职业;职业所致的频繁互动会使人们形成相互依赖的关系;互动工作又使相同职业者之间产生合作和共享的价值观;基于职业的专业化培训和实践中的工作互动,从业者之间会产生同质化效果;相同或相似职责、权利义务可以使从业者形成共同追求的利益;职业群体内的行为范式,不断固化和明确,成为职业规范。同时他认为职业群体内分工越明确,各部分功能越细化,从业者相互之间越难以分割,人们越需要有机团结[③]。

---

① 刘小吾.走向职业共同体的中国法律人:徘徊在商人、牧师和官僚政客之间[M].北京:法律出版社,2010:序言一,3.

② 李强.职业共同体:今日中国社会整合之基础——论"杜尔克姆主义"的相关理论[J].学术界,2006(3):36-53.

③ 李强.职业共同体:今日中国社会整合之基础——论"杜尔克姆主义"的相关理论[J].学术界,2006(3):36-53.

社会经济和人类文明的不断发展,促使劳动分工不断细化,基于特定劳动技能的职业群体的分界不断明晰,职业群体分界越明晰,整个社会中各个领域就会逐渐被单一或相似职业群体分割推动,分散在不同职业群体中的社会主体,则需要更紧密地相互协作和支撑,才能有序推进社会生活。进而言之,社会发展导致劳动分工,劳动分工促使多种职业群体出现,诸多职业群体又需要有相应的行业组织建设、职业共同体培育,才能更有效地实现其劳动价值,进而推进社会整合。每类职业都是社会有机体中的一环,并且每一环内部的运转必须良性,如此才能推动整个社会和谐运转。

　　中国当下语境中的法治已历经了从"法制"走向"法治"的根本性提档升级,已经离开了绝对工具主义发展模式,正在向价值理念主义方向发展,法治得到了执政顶层的大力推动。法治这种人类有史以来,被证明是最不坏的国家和社会治理模式,由执政的中国共产党选择,进而在中国宪法中予以确认。通过40余年不断努力,法治在中国也为广大社会主体所认知,在建设中国特色社会主义法治国家、法治政府、法治社会等总目标的引领下,虽然还有波折,但国家、政府、社会在总的发展方向上都开始日益科学合理,规范有序。有学者概括认为,我国当前在法治建设各方面均取得了"举世瞩目的历史性成就",这些成就包括"把依法治国确定为治理国家的基本方略""把法治确定为治国理政的基本方式""坚持以人为本,尊重和保障人权""中国特色社会主义法律体系如期形成""法治政府建设稳步推进""司法体制不断完善""全社会法治观念明显增强"等[①]。

　　在国家法治建设总目标不变的前提下,就法治事业而言,当前社会全力要做的就是在已有成就基础上,继续大力推进全面依法治国,建设以依法行政为目标的法治政府,以公平正义为旨归的法治社会。然而,自"依法行政"这一概念提出以来,其概念体系一直在不断充实丰富,内涵从"以法行政"这一工具主义色彩明显的初级形态,发展为文化理念、文明样态层面的"依法行政"发展形态,强调行政者应运用法治思维和法治方式推

---

① 李林.中国的法治道路[M].北京:中国社会科学出版社,2016:33-53.

动工作；"依法行政"之"法"的范围逐渐规范化，从依"言"行政，依"习惯"行政，依"长官意志"行政，依"政策"行政，基本确定为依《立法法》所确认的法律渊源行政；随着行政行为方式方法的改变，"行政"之内涵也在同性的"组织、管理、调控"等之外，增加了柔性的"服务、指导、协商"等内容。公平正义的概念体系亦然，公平正义是人类永恒的价值命题，并且没有自然科学那般绝对精确的标准，而是"有着一张普洛透斯似的脸，变幻无常，随时可呈现不同形状并具有极不相同的面貌"，背后有无数种解释，让人们"深感迷惑"[①]。由此可见，法治建设是没有终点的旅途，是一种需要法治职业从业者永远在场，不断诠释论证的人类关系状态，任何一个时代一个区域的法治建设进程，法治职业从业者都是保证航向、不断纠偏的核心人力资源，也是确保通过法治实现社会真正交互和谐的核心推动力。

众所周知，法治是一种治国理政的模式，是实现社会和谐有序的路径，也是一种价值追求、一种文化样态。当一种事业已经向文化理念、精神文明层面发展时，推动事业发展的人力资源群体必须是一个从知识、技术，到理念、价值、思维等高度统一的文化共同体。如果还没有形成这样一个高度契合的精神共同体，则我们必须努力使之成为如此的共同体，唯此才能科学有效地推动法治事业，积淀和弘扬法治文化，最终呈现出区域特点鲜明的法治文明形态。概括说来，我们需要法治职业共同体互动协作，将法治从理论生成制度，从制度走向运用，经由运用生成权威，因权威而产生教化或信仰。在法治事业推动过程中，法治职业共同体不间断地发挥法治文化辐射的内核作用，让现代法治文化与传统中国文化实现双向融合，在向世界推出中国特色法治模式的同时，也为人类文明培育出中国特色的法治文化。

四、法治职业共同体过往研究状况与未来研究突破

梳理过往，"共同体"是社会学学者关注较多的专题，最早由滕尼斯提

---

① 博登海默.法理学：法律哲学与法律方法[M].邓正来，译.北京：中国政法大学出版社，1999：252.

出,其认为共同体具有"多元精神纽带作用"①,我国学者经过对比多种共同体类型后认为,相对于阶级、阶层、宗族等,"职业"作为共同体,内部具有实质的社会互动,是更有真实意义的社会群体,"职业共同体"是"今日中国社会整合之基础"②。在诸多职业共同体中,法治、教育、医疗等职业共同体对社会发展的影响力较大,相应的共同体发展规范较多,研究者关注也较多。

就法治职业共同体而言,各国、各法域的模式有同有异,美、英等国是行业协会主导下的一体化模式,德、日等国则是"同训同考"支撑下的二元模式。国外学术界既关注从业者职业素养、技能、道德等的研究,也注重对行业的批判与反思。从批判角度来看,研究者早期多批评职业共同体对从业者法律实务技能训练不足,法学方法、法律思维等培养不够③。近年来则主要批评教学内容未兼顾法学全部领域,学生所学技能无法满足过细的社会分工要求,职业人才对未来准备不足等④。就共同体而言,学界认为法治职业群体因法学知识的专业性而成为"特权阶级"⑤,又因法律职业的垄断性而形成"职业卡特尔"⑥,近代以来共同体职业精神普遍沉沦,已无法守护正义⑦,法律商业主义盛行、职业伦理式微、行业自我规制不足,对社会担当不够等⑧。有研究者认为,解决这些问题应认识到法律必须与其他社会规范系统形成多元协同交互网络⑨,法律人才的职业

---

① 滕尼斯.共同体与社会:纯粹社会学的基本概念[M].林荣远,译.北京:商务印书馆.1999:58-62.

② 李强.职业共同体:今日中国社会整合之基础:论"杜尔克姆主义"的相关理论[J].学术界,2006(3):36-53.

③ DUNN D J. Why legal research skills declined, or when two rights make a wrong. Law Library J., 1993,85:49.

④ MCMORROW J A.美国法学教育和法律职业养成[J].法学家,2009(6):20-30.

⑤ 托克维尔.论美国的民主[M].董果良,译.北京:商务印书馆,1988:303-309.

⑥ 波斯纳.超越法律[M].苏力,译.北京:中国政法大学出版社,2001:58-60.

⑦ 威尔金.法律职业的精神[M].王俊峰,译.北京:北京大学出版社,2013:145.

⑧ RHODE D L. In the interests of justice: reforming the legal profession. Oxford: Oxford University Press, 2000.

⑨ COTTERRELL R. Law's community: legal theory in sociological Perspective. New York: Clarendon Press Oxford, 1995.

训练中应自然带入对文化、社会、国家等学科知识的教育等①。

在我国,20世纪末,《法官法》《检察官法》《律师法》先后颁行,并于2001年全部修订;2001年起,初任法官资格、初任检察官资格、全国律师资格考试,统一为国家司法考试;2015年,中共中央办公厅、国务院办公厅印发的《关于完善国家统一法律职业资格制度的意见》(简称《法律职业资格制度的意见》),将国家司法考试又升格为"国家统一法律职业资格"考试;2017年,全国人大常委会修改了《中华人民共和国法官法》(简称《法官法》)、《中华人民共和国检察官法》(简称《检察官法》)、《中华人民共和国律师法》(简称《律师法》)、《中华人民共和国公务员法》(简称《公务员法》)、《中华人民共和国公证法》(简称《公证法》)、《中华人民共和国仲裁法》(简称《仲裁法》)、《中华人民共和国行政复议法》(简称《行政复议法》)、《中华人民共和国行政处罚法》(简称《行政处罚法》)八部法律,对各类法治职业从业者应当通过国家统一法律职业资格考试取得法律职业资格的问题进行了规定;2018年,司法部公布《国家统一法律职业资格考试实施办法》。这些规划部署为我国法治职业的规范化发展提供了制度保障和价值引领。法治职业从业者从"行政化、地方化和大众化""泛政治化和多元化",逐渐走向了"正规化、专业化、职业化"。

与国家司法考试启动几乎同步,法学界有学者发出"法律人共同体宣言"②,点燃了学术群体对"法律职业共同体"这一问题的研究热情,不少学者开展了专项研究。总体上,国内学界对这一专题的研究大致分为三个阶段:一是2000年前后,伴随着国家司法考试的推行,学界"法律人共同体宣言"的发表,出现一大批研究成果,朱苏力、霍宪丹、孙笑侠、贺卫方、强世功、杨海坤、许章润等学者都对此问题作过专门研究)。在2002年全国性的"中国法治之路与法律职业共同体"学术研讨会上,与会者对法律职业共同体的范围、性质、形成条件,法律职业共同体与法治之间内在的、密切的关联,发展法律职业共同体的现实障碍、宏观思路、微观对策

---

① 何美欢,等.理想的专业法学教育[M].北京:中国政法大学出版社,2011:1-8.
② 强世功.法律人的城邦[M].上海:上海三联书店,2003:3-30.

等展开了深入探讨,形成一定共识。他们认为"法律职业共同体与法治之间有着内在的、密切的关联",法律职业共同体也是利益、伦理、价值、意义、语言、知识、符号共同体,"法律教育和司法考试对于法律职业共同体的形成具有十分重要的意义",其根本目标在于促进高素质、同质化的法律职业共同体的形成[①]。二是从2005年到中共十八大召开前,何美欢、李学尧、刘小吾、卢学英、姜明安、刘星等学者对此问题进行过持续深入的研究,学界整体上对这一问题的关注趋于淡化,比较有代表性的研究成果是2010年的两本著作,即刘小吾的《走向职业共同体的中国法律人:徘徊在商人、牧师和官僚政客之间》和卢学英的《法律职业共同体引论》。前者,作者基于丰富的法律实务经验展开对法律职业共同体的理论探究,研究中综合运用了政治学、社会学、法学的理论工具,分析了法治职业共同体的内涵、外延、功能、结构等;后者,作者更加关注多元社会中的法律整合问题,并对法治职业共同体与法治国家的政治、经济、法律意识以及法治本身的关系进行了学术探究。三是中共十八大之后,特别是十八届四中全会的《决定》提出要"加强法治工作队伍建设",中共中央办公厅、国务院办公厅《法律职业资格制度的意见》发布前后,刘作翔、张文显、葛洪义、何勤华等学者重新展开了对法律职业共同体相关专题的研究)。近年,国家不断强化对法治职业从业者思想政治、纪律作风等职业素养的要求,2018年4月教育部则颁布了新的《普通高等学校法学类本科专业教学质量国家标准》,对法学类专业人才提出立德树人、德法兼修的培养目标,将"法律职业伦理"课与宪法学、法理学等其他9门课程并列为法学专业学生的专业必修课,故有学者对法治职业共同体的职业伦理道德相关问题进行了专题研究。

总的来说,过往的研究对法律职业共同体的构成范围、共同体职业素养、共同体目标等有了充分关注和一定共识。新近的研究则注意到了法律职业资格的新政、主体范围的扩大、职业伦理道德等,有学者试图引入

---

① 强昌文,颜毅艺,卢学英,等.呼唤中国的法律职业共同体:"中国法治之路与法律职业共同体"学术研讨会综述[J].法制与社会发展,2002,8(5):151-156.

新的术语,如"依法治国者"①,但多数学者依然基于"法律职业共同体"这一术语开展研究,研究视角较多选择"法律职业"而不是"共同体",较多进行"内向"式研究,因当试图进行"外向"式研究时,术语的涵盖能力不足导致分析论证无法理顺。基于此,未来针对法治职业共同体的研究,可着重探究如下问题:一是理顺并统一术语,使法治职业共同体的研究体系逐渐明朗。本专题研究正是在这一背景下开展的研究之一,下文将直接使用升级版的共同体术语,即"法治职业共同体",并将具体阐述使用该术语或者说着重提及此概念的内在价值,分析"法治职业共同体"与"法律职业共同体"以及其他相关概念的联系与区别,以期对接原"法律职业共同体"的研究思路,理顺法治职业共同体的研究体系。二是开拓研究视角,使关于法治职业共同体的研究内容更全面深入。专业划分的目的是为了推动对各种命题的深入研究,最后综合推进知识、文化、文明体系发展。研究者研究问题应"专",但绝不意味着各自为阵政、自说自话。基于话语的密切联系,法学研究一定要关注哲学、政治学、社会学、教育学、心理学等的研究成果。比如对本专题的研究,可借助人力资源管理开发的方法论,研究如何发掘法治职业从业者个体和群体的职业能力、职业价值等,笔者正是在做这样的努力。在即将展开的研究中,拟在以往研究基础上,重点分析法治职业共同体的职业人格特征、职业道德等职业素养的养成机制。三是明确研究价值,使有关法治职业共同体的研究更好地服务于实践。我们应特别关注法治职业共同体对法治国家、法治政府、法治社会等的建构整合力。为此,本专题研究将在阐述"法治职业共同体"的概念体系、养成理念、建构机制等基础上,初步分析信息时代法治职业共同体如何积极面对、利用人工智能等现代技术,发挥好法治建设对社会文明的整合价值,以期抛砖引玉,也为就教于同仁。

---

① 程金华.依法治国者及其培育机制[J].中国法律评论,2015(2):107-109.

第一章
法治职业共同体的概念

一、"职业共同体"与"中国法治"

(一)"职业""职业群体"与"职业共同体"

职业,按一般传统解释是指一个人在社会中所从事的作为主要生活来源的工作,再进一层分析,适宜称为"职业"的工作应区别于无技术含量或低技术含量的工作。一个"职业"层面从业者所提供的劳动应是专业、正规、规范的,而非业余、零散、随意的,一些纯体力劳动,简单、单一性脑力劳动,没有必要从"职业"的高度去研究。职业在传统社会也许与生存紧密相连,但随着当前中国社会的现代化转型全面推开,社会文明程度不断提高,经济发展趋于繁荣发达,人们的生活水平整体提高,社会保障体系逐步健全,职业流动现象日渐增多,职业在一定程度上与生存的联系开始不那么紧密,而与个体的兴趣爱好等的联系则在不断加强。当然也不可否认,获取生活来源依然是职业选择的重要考量因素,正因为此,才有学者概括道,一定意义上"凡以法律为谋生手段的职业,都应该属法律职业"[1]。如此,可以这样概括:当前的职业与人们的生活保持关联,具有高度专业性,与个人的兴趣爱好联系度较强,个体对职业少了一些被动,多了一些人生规划的可能等。这种职业发展状态为职业共同体的建构和发展提供了基本条件。

---

[1] 刘作翔,刘振宇.对法律职业共同体的认识和理解:兼论中国式法律职业共同体的角色隐喻及其现状[J].法学杂志,2013,34(4):95-104.

为了本专题研究叙述更加方便,"职业""职业群体"与"职业共同体"等概念需要做进一步廓清,以下两点应予明确:第一,并不是每一个劳动群体都是职业群体。在讨论共同体问题时,不少学者喜欢讨论"农民工"这一劳动群体,事实上这一群体只是有一定共同点的社会主体类群,群体中各主体之间只是从业状态相似,并不存在一种确定的职业种类。这类主体即使是一个共同体,也是阶级、阶层意义上的共同体,而不是职业共同体。第二,并不是每一个职业群体都可以或有必要组成职业共同体。"职业群体强调的是共同特性静态的简单聚合,而职业共同体强调的是共同特性动态的有机互动"①,如果一个职业群体从事的只是技术含量和专业要求较低的劳动,或者一个职业群体的从业者相互之间只是简单的劳动交流与协作,其劳动内容分散且相对简单、独立,那么该职业群体就不具备形成职业共同体的客观基础。比如,在餐饮行业,厨师这一工作群体,每个厨师各自的厨艺可能都很精湛,但具体技术内容却是不同的,从业者之间可以交流但不存在工作上的协作,甚至从业者相互之间还需要保护其技术秘密;再如,服务员这一工作群体,虽然有一些高低不等的从业要求,但总体来说其具体工作的技术含量和专业要求并不高。职业共同体中,从业者个体的劳动技能和劳动行为规范需要系统、理性地进行知识积累,"劳动责任可能相同,也可能相悖,不管怎样,都不可能不发生联系",从业者针对相同的工作目标,以大体相同的职业技能、职业规则进行交流、协作或对抗,相互之间往往表现为一种常态性的有机互动。这种"常态有机互动"是指共同体内部成员之间存在有规律的制度性的互动必要,同时这种互动关系"已经如同生物有机内部的生理组织那样相互依存,难分难舍"②。

---

① 刘小吾.走向职业共同体的中国法律人:徘徊在商人、牧师和官僚政客之间[M].北京:法律出版社,2010:序言一,3.

② 刘小吾.走向职业共同体的中国法律人:徘徊在商人、牧师和官僚政客之间[M].北京:法律出版社,2010:序言一,3.

(二) 中国特色"法治职业共同体"与"中国法治"

从国家治理、社会治理角度考量,法律是治国重器,良法是善治前提,这些是实现中国法治的物力因素;良法需人去制定,实施,遵守。海瑞在《治黎策》中分析道,惟有人法兼资,天下之治才可成,说明人力因素也是实现法治不可或缺的因素之一。建设法治中国,形成有力的法治保障体系是重要任务,其中"建设宏大的法治工作队伍是社会主义法治的组织和人才保障,保障法治的尊严、权威和有效实施",正是重要一环①。这支"宏大的法治工作队伍"中,侦查者、审查起诉者、裁判者、代理辩护者相互之间是不可或缺、牵制联动的狭义职业共同体;广义法治职业共同体中,立法者、司法者、执法者、释法者之间必须话语一致、理念互通,否则法治工作根本无法形成合力,法治国家、法治政府、法治社会的建成之路就会充满曲折,有时候甚至会南辕北辙。

从实践状况来看,经过多年制度构建和学术界不断呼吁,中国法治职业各职业群体都有了长足发展,如法官、检察官的员额制在司法改革的统筹规划下全面推进,律师行业则在市场刺激下无论数量还是质量都产生了内发式巨大变化,但对职业共同体的建设,无论理论研究还是自主形式推动都远未展开到一定的深度。比如,对立法工作人员、行政执法从业者、基层法律服务人员、人民调解员,以及法学教学科研人员的主体性研究关注并不到位;再如,对党政机关内部专门从事法律事务的工作人员,很少从法治职业共同体角度予以关注,而事实上很多地方性的法治建设统筹规划、政府部门重大行政决策合法性审查等,这部分从业者发挥着重要的隐性作用。可以说,当前客观实际层面,中国特色的法治职业共同体已经模型初具,价值初显,但各方主体对职业共同体的主体扩大、价值优化,以及对职业共同体之于社会的整合功能是忽视的,对中国特色法治职业队伍与中国特色社会主义法治建设的关联方

---

① 张文显.全面推进依法治国的伟大纲领:对十八届四中全会精神的认知与解读[J].法制与社会发展,2015,21(1):5-19.

式、价值功能等关注不够。

概言之,实现"中国法治"的人力因素应是中国特色的"法治职业共同体",这一特殊职业共同体的价值还可以,也必须展开更深层次挖掘。"共同体",从社会学学者提出概念之日起,所强调的就是特定群体对社会的聚合、整合功能。中国传统社会也有很多基于兴趣、爱好、血缘等因素而聚合的群体,比如传统社会的宗族、家族、士绅等,日常我们经常所说的关系圈,如校友、老乡等,甚至自媒体时代所形成的"朋友圈"、网友、"粉丝",以及各种网络平台上建立的"群"等,这些无不彰显了共同体研究者所述的社会聚合功能。特别是从费孝通先生始,诸多学者深入研究过的中国乡绅群体,作为中国传统社会结构中的重要一环,对"国泰民安"的超稳定社会状态发挥着巨大的整合作用①。以至于直到今天还不断有学者在寻找着替代乡绅群体的"新乡绅"群体,以期"新乡绅"群体能继续发挥连接国家政权与基层民众的整合价值。基于相同或相近知识、志趣而形成的事业群体、志业群体,同样可以发挥对社会的这一聚合功能。对此,社会学学者已经论证过职业共同体是当今社会一个更为重要也更有价值的整合群体,而在全面建设社会主义法治国家、法治政府、法治社会的背景下,众多职业共同体中,法治职业共同体无疑将发挥更大的整合价值。原因在于,法治职业共同体在推进法治建设的过程中,是全方位、多角度介入社会物质生活和精神生活中的,推进法治要协调法治与民主政治、市场经济、市民社会、文化文明等的关系;要处理与法律相关的党规党纪、基层群众自治规范、纪律、政策、传统风俗习惯、乡规民约、行业自治规范,以及宗教信仰等社会规范的关系;要兼顾法治与民主、自由、人权、平等、公正、安全、秩序等其他文明价值追求的关系;要和宗教、道德等协力调适人的外在与内心世界等等。

---

① 费孝通.论绅士:乡土中国[M].上海:上海世纪出版集团,2007:91-98.

二、"法治职业共同体"与"法律职业共同体"

(一)"法治职业共同体"与"法律职业共同体"的联系

"为数不少的学者通过撰写学术论文的方式,讨论了法律人或者法律职业共同体的相关问题。在这些论著中多将法律人的范围大致圈定为,包括法学学者在内的所有以从事法律事务为主要生活来源的职业群体"[①],但各个研究者对具体的法律人范围以及各类法律人在共同体中所处的地位观点不一,有的认为法律人主要指"专门以研究法或法律为职业的",从事"专门化的法律活动"的"职业化的法官、检察官和律师"[②];有的认为法律职业者是指直接从事与法律有关的各种涉法工作的人员,通常包括法官、检察官、律师、立法者、公证员和法学教授等,但主张法律职业的主体或核心成员仅指法官和律师,认为法官、律师、检察官占据着法律职业体系的核心区域,而法律顾问、立法者、法学学者等职业则屈居法律职业的核心区域所投射的阴影之中[③]。总体上,研究者"对于法官、检察官、律师属于典型的法律职业,并构成法律职业共同体的核心成分并无异议"[④]。

也有研究者以其对中国法律人"差序格局"结构为前见,认为"法律人共同体纯粹形态"下"法学者"是法律人共同体中的核心成员[⑤],其以费孝通先生分析中西方社会结构的"差序格局"和"团体格局"概念为背景,描绘出了中西方法律人共同体的结构图。他认为西方法律人共同体的结构是由"律师、法官、检察官、法学者"构成的一个"捆柴火式"的"团体格局

---

① 李小红.法学学者的法治参与[M].北京:中国政法大学出版社,2016:9.
② 孙笑侠,等.法律人之治[M].北京:中国政法大学出版社,2005:12.
③ 公丕潜,杜宴林.法治中国视域下法律职业共同体的建构[J].北方论丛,2015(6):144-148.
④ 强昌文,颜毅艺,卢学英,等.呼唤中国的法律职业共同体:"中国法治之路与法律职业共同体"学术研讨会综述[J].法制与社会发展,2002,8(5):151-156.
⑤ 刘小吾.走向职业共同体的中国法律人:徘徊在商人、牧师和官僚政客之间[M].北京:法律出版社,2010:70-109.

式"共同体,在这个共同体中,四类职业者关系清晰,不会出现职责模糊不清的情形;而中国法律人共同体则是"涟漪式"的"差序格局式"共同体,即把"因引进西方法治文明的事实而被改变或受影响的人群比作石头所激起的波浪",则这个共同体中最中心的涟漪是律师、法官、检察官;之后依次是具备法律职业资格身份的公证员、商事仲裁员、劳动或人事仲裁员,以及有法律职业资格、不从事上述职业但有公共权力职责的人群,如直接组织、参与或影响立法的工作人员,对法官、检察官负责考核的执政党机关的公务人员,政府部门的行政执法人员等;此外还有法学教育工作者、法学者,在与法律有紧密联系的媒体谋职的工作人员,如法律编辑、政法记者,转播政法新闻的主持人、播音员等;最外圈则是"对法治文明不拒绝、不排斥的人"①。

  上述法律人格局描述非常形象,但在笔者看来,可以进一步修正,主要原因:一方面在于从我国当前的法治推进状况来看,有几个背景条件的出现,影响了上述格局的架构。一是中共十八届四中全会《决定》提出要"加强法治工作队伍建设",建设对象涵盖了立法工作者、行政执法者、法官、检察官,各类律师、公证员、基层法律服务工作者、人民调解员,法学科研教学人员等。二是《法律职业资格制度的意见》中明确规定了"法律职业人员是指具有共同的政治素养、业务能力、职业伦理和从业资格要求,专门从事立法、执法、司法、法律服务和法律教育研究等工作的职业群体"。依该意见,对法治职业从业者职业资格的要求分"应当"与"鼓励"两个档次:"担任法官、检察官、律师、公证员、法律顾问、仲裁员(法律类)及政府部门中从事行政处罚决定审核、行政复议、行政裁决的人员,应当取得国家统一法律职业资格";从事法律法规起草的立法工作者、其他行政执法人员、法学教育研究工作者等,国家鼓励其参加国家统一法律职业资格考试,取得相应的职业资格。三是《国家统一法律职业资格考试实施办法》第二条第二款进一步明确规定,"应当"通过国家统一法律职业资格考

---

① 刘小吾.走向职业共同体的中国法律人:徘徊在商人、牧师和官僚政客之间[M].北京:法律出版社,2010:52-58.

试、取得法律职业资格者,包括"初任法官、初任检察官,申请律师执业、公证员执业和初次担任法律类仲裁员,以及行政机关中初次从事行政处罚决定审核、行政复议、行政裁决、法律顾问的公务员"。四是国家监察制度建立,监察人员在履行职务过程中,特别是针对《中华人民共和国监察法》第十一条第(二)项规定的,对"涉嫌贪污贿赂、滥用职权、玩忽职守、权力寻租、利益输送、徇私舞弊以及浪费国家资财等职务违法和职务犯罪进行调查"时,对从业人员法律职业素养的要求很高,甚至应等同于法官、检察官职业标准。五是机构改革过程中,中央组建了中共中央全面依法治国委员会,各级各地相应地也组建了依法治省(市、县、区)委员会。

另一方面,论者未注意到现代意义的法治,并不是中国本土自发生成的概念,而是中华文明在一定的历史节点,主动或被动地对其他文明的接受、移植、借鉴。从发生学角度来看,即使我们今天称之为"中国特色的社会主义法治",并且该类法治"是人类法治文明中独树一帜的奇葩,是符合中国实际、具有中国特色、体现社会发展规律的社会主义法治理论体系、制度体系和实践体系"①,但本质上必须是法治,中国法治必须具备人类法治文明的共识、法治要求的价值内核,以及符合法治精神的制度内容等。这不影响我们可以自信于中国特色社会主义法治的类型价值,因为我国的法治面相确实不同于其他任何一个国家,但却对国家和社会的治理发挥着有效规范作用。

基于上述两方面原因,笔者认为,中国法律职业从业者的共同体格局不可能,也不应当是纯粹的"差序格局",而应当是"团体格局为内核的差序格局"结构。大致说来,即法律明确规定应当具有法律职业资格的从业者,可视作以"团体格局"呈现的法治职业共同体之内核;法律未明确规定,但国家、行业组织鼓励,用人单位招聘时多要求取得法律职业资格的从业者,可作为法治职业共同体的"差序格局"构成部分。

至此,笔者所要讨论的中国语境下的"法治职业共同体"与"法律职业共同体"的联系就一目了然了,即"法治职业共同体"是以法治价值和理念

---

① 李林.中国的法治道路[M].北京:中国社会科学出版社,2016:10.

为基本指引,建构并实践中国特色的法律体系、法治体系、法治理论,以职业化为表征、以专业化为内质的职业共同体。"法律职业共同体"则是法治职业共同体中,由国家法律规定了严格的任职资格、清晰的职责内容,相互之间围绕法的运行存在法定的互动制衡功能的职业群体,这些职业群体自成一个独立的共同体,是法治职业共同体的内核。

(二)"法治职业共同体"与"法律职业共同体"的区别

首先,"法治职业共同体"与"法律职业共同体"的构成群体不同。尽管说"法律职业共同体"是"法治职业共同体"的内核,但笔者并不主张,也不宜将二者关系定位为绝对的属种关系,因为二者的群体构成标准不同。"法律职业共同体"的群体构成标准参照《法律职业资格制度的意见》《国家统一法律职业资格考试实施办法》等的规定可概括为:依法应当取得国家统一法律职业资格方可入职的,专门从事立法、执法、司法、法律服务等工作的职业群体。此处的"依法"应是依狭义之法,因为法律职业资格限制,本质上是一种行政许可,对公民的权利是一种严格限制,依《中华人民共和国行政许可法》(简称《行政许可法》)的规定应由法律设定。目前《法官法》《检察官法》《律师法》《公证法》《公务员法》《仲裁法》《行政复议法》《行政处罚法》等法律中对相应的从业者从业条件、入职资格等都做了明确的规定,依此,初任法官、检察官、律师、公证员、法律类仲裁员,以及从事行政处罚决定审核、行政复议、行政裁决工作,以及担任政府法律顾问的公职人员,都是无可争议的法律职业共同体成员。其他用人单位实践中从调整本单位人力资源结构等角度考量,而在招聘条件中要求"通过国家统一法律职业资格考试"的情形,并不是进入"法律职业共同体"的充要理由。当然,用人单位有此入职要求属于自主范围内事项,公权无权干涉。在此需要进一步说明的是,2018年《国家统一法律职业资格考试实施办法》第二条第三款"法律、行政法规另有规定的除外"的规定,与《行政许可法》中关于行政许可的设定权规定可能冲突,至少理论上讲是有瑕疵的,即行政法规这一法律渊源对法律职业资格考试相关问题可以另行规定,但对应否取得法律职业资格问题无权另行规定。

"法治职业共同体"的群体构成标准,借鉴《关于完善国家统一法律职业资格制度的意见》的规定可概括为:接受过系统的法学专业教育和法律职业培训,具有从事法治推进工作的专业技能、职业伦理的"法律职业共同体"成员,以及从事法律法规起草的立法工作者、行政执法人员、法学教育研究工作者等涉法类职业从业者。这个共同体构成群体的基本标志是:法学专业、法治思维、法律职业伦理、涉法类工作等。依据这些标志,一般来说,除上述已列出的成员外,基层法律服务工作者、人民调解员,党政机关、人民团体、国有企事业单位内部专门从事法律顾问等法律事务的工作人员均可视为共同体成员。那些"在与法律有紧密联系的媒体谋职的工作人员,如法律编辑、政法记者,转播政法新闻的主持人、播音员等"[1],是否是共同体成员,关键应从其岗位职责、专业背景、思维方式及职业伦理判断。此外,有研究者在关注法治事业的人力资源因素时,提出"依法治国者"这一概念,其将治国者定义为"手中有权力'治国',并且直接处理国家法律事务或者影响国家法律事务处理的人……外延上既包括国家的立法者、执法者和司法者,也包括在领导岗位上行使公共权力并影响国家法律事务处理的党政干部",其关注的主要是俗称"领导干部"的"关键少数"[2],这部分人是否是共同体成员,也应以岗位职责等职业内容和专业背景作为判断因素。总的来就,法治职业共同体的主体范围不宜过于宽泛,如"对法治文明向往、追求""对法治文明不拒绝、不排斥"[3],"依存于法律(包括人对法律的期待与遵守)……受制于法律"等[4],不宜作为法治职业共同体成员的判决标准。

其次,"法治职业共同体"与"法律职业共同体"的客观形态不同。"共同体"是一个"常态性"的"有机互动"群体,组成共同体的每个个体作为个性化的自然人存在差异,同时共同体内部各职业群体的职责分工也同中

---

[1] 刘小吾. 走向职业共同体的中国法律人:徘徊在商人、牧师和官僚政客之间[M]. 北京:法律出版社,2010:58.
[2] 程金华. 依法治国者及其培育机制[J]. 中国法律评论,2015(2):107-119.
[3] 刘小吾. 走向职业共同体的中国法律人:徘徊在商人、牧师和官僚政客之间[M]. 北京:法律出版社,2010:58.
[4] 胡玉鸿. "法律人"建构论纲[J]. 中国法学,2006(5):31-46.

有异,这些个体与群体各自以相对独立的职业模式,协同服务于共同体整体的事业目标和价值追求。不同的职业共同体,所呈现的客观形态亦不尽相同。根据如上的成员标准,"法律职业共同体"应是一个边界清晰、成员特定的封闭式共同体,即以法定的必须具备法律职业资格才可任职的特定职业从业者。这一职业共同体中的成员数量是可控、精确的,个体在推进法治建设工作时,相互之间的互动行为模式也是法定的,即必须为之,国家、行业组织或用人单位等对他们的法治工作行为有明确的制度性约束。"法治职业共同体"则是一个开放式群体,一定意义上是一个想象的、文化性的、价值层面的共同体,虽然有职业、伦理、专业等识别标签,以及"法律职业共同体"这一内核,但法治职业共同体本身没有统一的制度性文件等,群体并没有明晰的边界,其共同体具象标志可以是共同体论纲、宣言等,抽象标志可以是法治精神、法治职业文化等。对法治职业共同体主要从文化、价值、理念等"质"的角度展开研究。

最后,"法治职业共同体"与"法律职业共同体"的研究价值不同。研究"法治职业共同体",我们应当关注其"共同体"价值,而对"法律职业共同体"我们应当重点关注其"法律职业"价值。因为"法治"作为一种生活方式、理念模式、交往范式,需要不特定多数人去创设、倡导、践行并最终形成合力,而这正是作为"共同体"的法治职业群体的价值所在;又因为法治具有工具价值,也是一种客观实在,需要具体的"法律职业"从业者按照法律科学所设计的最优架构各司其职、相互协作。在"差序格局"法律人共同体格局下,如果激起涟漪的是某个具体案件,本不应混乱的法律人涟漪圈,因为团体界限不明晰,处于外圈的官僚政客、法学学者等往共同体里圈挤压,核心圈的法官、检察官、律师等则往外圈靠拢,这极有可能扭曲法治整体的公开正义价值追求[①]。而在法治职业共同体中则可以最大化地避免这种可能的扭曲,因为尽管有些共同体成员的行为依然会突破其本身的职业界域,给共同体的整体价值带来不利,但作为"团体格局"的

---

① 刘小吾.走向职业共同体的中国法律人:徘徊在商人、牧师和官僚政客之间[M].北京:法律出版社,2010:56.

"法律职业共同体"与"团体格局为内核的差序格局"的"法治职业共同体"因构造不同,个案式的突破很难对团体的格局带来根本性或制度性的不利后果。

三、"法治职业共同体"的术语价值

在全面依法治国的背景下,有必要关注新时代中国特色社会主义法治思想,跟进探讨中国特色法治人力资源如何培育、如何整合等问题,但在展开进一步探讨前,首先应该解决术语问题。

与"法治职业共同体"相关联的学术术语是"法律职业共同体",21世纪初学界对法律职业共同体的研究,已经达到一定程度,形成一定共识。学界对法律职业共同体的研究已经到了一定层次,形成相应研究惯例,甚至如学者所说的,法律职业共同体的建成已经是"一步之遥"的最后或关键时刻[1],提出"法治职业共同体"这一概念有其特定的意义和价值。

首先,关照了"中国特色"。我国强调建设中国特色的社会主义法治,那么中国特色社会主义法治的人力资源状态与其他各国的状况就有较大的差别。比如,在中国推动法治事业良性发展的最为关键的人员可能并不是立法者或司法者,而是"依法治国者"[2]或者"关键少数"。又比如,中国的法律职业从业人员有独特的国别特征,即要有"共同的政治素养"。按中共十八届四中全会的《决定》的指示,不但针对传统语境中的"体制内"共同体成员,要求"把思想政治建设摆在首位","体制外"的律师等法律服务职业群体,也要加强思想政治建设。要"把拥护中国共产党领导、拥护社会主义法治作为律师从业的基本要求,增强广大律师走中国特色社会主义法治道路的自觉性和坚定性",同时还要"坚持用马克思主义法学思想和中国特色社会主义法治理论全方位占领高校、科研机构法学教育和法学研究阵地",致力于"重点打造一支政治立场坚定"的法学教研人

---

[1] 葛洪义.一步之遥:面朝共同体的我国法律职业[J].法学,2016(5):3-12.
[2] 程金华.依法治国者及其培育机制[J].中国法律评论,2015(2):107-119.

员队伍。在中国,各地推行各类法治建设事务时,一般是从中央首先完成顶层设计,然后全面倡导指示,之后则由中国的权力机关系统,即人大系统进行制度确认。故从法治工作的组织架构角度来看,中共中央全面依法治国委员会,各级各地党委政法委、依法治省(市、县、区)委员会等法治工作的领导、组织、协调、核查等职业群体,与在其他国家的法治建设人力资源系统中的存在样态是不一样的。"党委政法委是党委领导政法工作的组织形式,必须长期坚持",依法治理委员会等高规格的"非常设机构"要负责全国或各地法治工作的"部署、指导和检查,推动工作落实"①,统筹协调依法治理工作,研究全面依法治国、依法治省(市、县、区)等的重大事项、重大问题,统筹推进管辖区域内的立法、执法、司法、守法等法治工作,"协调推进中国特色社会主义法治体系和社会主义法治国家建设"等②。如果我们在研究中国法治建设人力资源时忽略这类职业群体,则极有可能影响法治实践中法治职业群体对社会聚合功能的发挥。

其次,关照了"统一战线"。"统一战线"之价值,在中国的语境下是耳熟能详的,任何一项工作,如果有了"统一战线",就有了凝聚人心、汇聚力量、攻坚克难、夺取胜利的重要载体。共同体的存在意义即在于整合力量,那么即使是为了法治事业而扩大同盟的需要,也应尽可能"团结一切可以团结的力量",把具有共同理念的相关职业从业者纳入共同体中。在这一构想下,法知识权力拥有者主要负责"创造并生产法学知识",释明法治困惑,评价司法现象、参与立法进程③;法律职业共同体成员主要负责互相制约,协同推进法治工作实践,力保在行政执法,刑事侦查、起诉、裁判,诉讼与非诉讼事务中都能树立法的权威,依法为之,让"专业胜于死磕";其他分散在各种涉法岗位上从事法治工作的从业人员亦各司其职。所有法治职业从业者结合成一个共同体,在中国特色社会主义法治建设进程中,才能够形成一种可持续发挥作用的合力,协同推动法治事业的发

---

① 侍鹏.法治建设指标体系解读[M].南京:南京师范大学出版社,2016:302,324.
② 中共中央印发《深化党和国家机构改革方案》[EB/OL].(2018-03-21)[2020-03-20].http://www.gov.cn/zhengce/2018-03/21/content_5276191.htm#1.
③ 李小红.法学学者的知识权力问题研究[J].南京社会科学,2016(12):85-91.

展。同时随着科技的发展,一些新类型的涉法职业群体也在渐次出现,如理查德·萨斯坎德就乐观地为受过法律训练的年轻人展示了各种新的法治职业选择,如"法律知识工程师""法律流程分析师""在线纠纷解决师""法律风险管理师"等①,而且这已经不是未来,"未来已来,只是尚未铺开"②。作为一个开放性的职业共同体,未来会有更多涉法职业类型出现,那么对于任何新出现的涉法职业,只要符合法治职业共同体的特征,成为共同体成员均应无障碍,这既有利于共同体的创新发展,亦可为新型法治职业提供专业支撑,同时还对中国法治事业的现代化转型提供了便利。

再次,关照了学术研究的理顺。过往学界基于"法律职业共同体"这一术语开展研究:一方面,目光较多地聚集在"法律"这一专业角度,而在职业共同体的研究视域内,专业当然是需要关注的重要视角,但同时更要关注"共同体"的价值问题,这是共同体建设的难点所在。在强调相同的思维方式、职业技能、专业知识的同时,也要关注法治事业推动的功能性、环节的完整性,特别是法治建设过程中各个环节的互相配合与协调问题。另一方面较多进行"内向"式研究,围绕着法官、检察官、律师三者展开,当试图进行"外向"式研究时,鉴于术语的涵盖能力不足,很多时候分析论证无法理顺。研读有关法律职业共同体的科研文献时,可以发现很多时候,研究者在对"法学家""立法者"等群体进行讨论时,往往或蜻蜓点水或欲说还休,研究的腿脚无法伸展。

如上几方面,加之中国式法律人职业共同体形成的根本性机制或"超常规体制"③,决定了推动职业共同体价值发挥的力量,不能仅限于来自当前法律职业共同体内部,我们需要对传统意义上的"法律职业共同体"主体范围进行合理扩容调整。扩容调整之后的共同体以何种术语代

---

① 萨斯坎德.法律人的明天会怎样?:法律职业的未来[M].何广越,译.北京:北京大学出版社,2015:129.
② 参见严青《遇见法律知识工程师》,中国政法大学出版社2016年版。该书为我们介绍了"法律知识工程师"这一职业在中国的落地实践过程。
③ 葛洪义.一步之遥:面朝共同体的我国法律职业[J].法学,2016(5):3-12.

称,笔者斟酌可取的词汇即"法治职业共同体"。其原因,一是通过多年的学术论辩和实践摸索,我国的法治建设已经完成了从工具主义向价值主义的提档升级,我国的法学研究已经完成"法制"走向"法治"的学术论辩。动态的"法治"较静态的"法律"更能代表法治追求的精神实质,而"法律"一词内涵相对狭窄,也应当如同"行政法规""地方性法规"般法定化、特定化。同时,学术论辩形成的基本共识经由各种途径已经向大众普及,并正指导着法治建设实践。二是"法律职业共同体"过往的研究所指多为法官、检察官、律师等狭义的法律职业范畴,并且已取得较好的研究共识,在职业主体、职业类型范围大为拓宽的背景下,如果继续单纯沿用"法律职业共同体"这一概念并进行广义解释,则会导致原有的研究成果出现涵盖能力不足的问题,所以应当选择一个新的术语。"法治职业共同体"就是一个适宜的术语,因为"法律职业共同体"这一术语可特指过去学者习惯指称的、共同意味更为凝练、标准法定的几类法律职业。"法治职业共同体"则可指包括"法律职业共同体"在内的、更大范围参与法治建设工作的职业群体。三是便于通过宣传推动共同体聚合。在我国,口号、标语具有极强的宣传价值,对力量的整合也具有特殊作用。推进"中国特色社会主义法治建设事业",必须具有"中国特色的法治事业人力资源",将这种人力资源统称为"法治职业共同体",会极具宣传效果和感召效应。

"如果主客观条件暂时无法保证法律职业者做到内心对法律的确信与尊重,或者,现实不允许他们忠实执行法律,他们之间又无法找到妥协的方式",那么,依法还是依其他标准办事的矛盾就不可弥合,法律人"也就不可能团结起来成为一个共同体"[①]。亦即,建设法治社会,狭义法律职业共同体根本无法自顾,为了实现法治和法律人的专业抱负、职业梦想,必须在一个更大范围内获得更多职业同行的支持、协助,才能实现在狭义范围内的"法律的统治"。所以"法治职业共同体"既是一个从理论体系来分析应当存在的概念,也是从法治建设的功利角度考量较适宜的概念。

---

① 葛洪义.一步之遥:面朝共同体的我国法律职业[J].法学,2016(5):3-12.

四、"法治职业共同体"构建的理念校正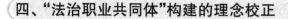

基于对中国法治事业人力资源开发之考量,提出"法治职业共同体"这一概念,或者说,我们应期望通过构建这一既有实在内核也有精神外壳的职业共同体,发掘和整合广大法治职业从业者的智力价值、劳动价值,以为建设法治国家、法治政府、法治社会形成更大合力。在新时代中国政治、经济、科技、文化等因素都发生较大革新的背景下,这一期许或考量的实现,必须对原有的一些法治职业共同建设理念进行校正。

(一)应摒弃法学院全能观,建立法学院与用人单位共构理念

当代中国的法学教育从最初的少而精,到后来的大而全,导致所培养的法科学生就业率降低,专业知识、工作能力、职业素养等良莠不齐,人们对中国法学教育提出了较多质疑。于是法学教育界展开不断的批评与自我批评,总结出诸多的"问题",如"准入门槛过低""与职业技能教育完全脱节""欠缺通识教育""欠缺职业伦理教育"等等,认为"法学教育必须以职业为导向,在教育过程中实现法律知识教育、职业技能教育和职业伦理教育的三位一体"[①]。各法学院系为培养学生的职业实践能力,纷纷在教学计划中增加了模拟法庭、诊所式教育等内容,积极推进和实践部门人员互聘计划等。笔者认为,这种努力可以为之,但无须过度。法学科班教育与法律实务工作实践的连接,能起到了解实务场景,明确法律职业分工及工作效能的判断标准,熟知所模拟或诊断专题的相关法理支撑与法律规定的作用即可,在此过程中,给学生建立起法学专业实践的基本理念,其全面的、核心的职业实践性素养则要在未来的工作实践中由其任职单位负责。

换言之,法学院并不一定要将法律人的全部素养都养成,或者说都高

---

① 郝艳兵.法治中国语境下的法律人才培养模式研究[M].成都:西南交通大学出版社,2015:2-4.

标准养成,法学院应专注于法治职业所需要的核心素养的培养。"核心素养",是一种胜任力,是一种经过大量专业知识熏陶之后沉淀在受教育者身上的、解决复杂问题时所表现出来的一种综合性能力,而不只是专业知识的丰富和职业技能的娴熟。当然核心素养的养成,专业知识和职业技能应该是基础,至于何种知识和技能是养成核心素养的关键,则是法学教育者应研究并做出取舍的。比如法庭是展示法律职业从业者核心素养最为集中的地方:对律师而言,是速录技能重要,还是准确捕捉争议焦点、迅速形成论辩观点重要;对法官而言,是熟记法庭审判流程关键,还是准确归纳争议焦点关键——这些都是不言自明的。对学生来说,是对更新极快的各种法条背得滚瓜烂熟重要,还是具备法治思维理念,学会在具体的做事做人、交往互动中融会贯通这种法治思维重要,也是不言自明的。正因如此,尽管笔者赞成法学教育、法律职业资格考试、法治职业培训契合、互动、对接,但对类似"一个从事法学教育的老师,从来没参加过司法考试,怎么能确保教学内容跟学生未来的法律职业产生紧密联系?"等的质疑不能苟同[①]。对此,何美欢的观点值得借鉴,她认为"真正的专业法学教育并不教授实务技能,并不仅教授法条",而是"学术性的""博雅的","学院里的教育任务不应是将一切现存内容传授给学生,而是装备他日后终身自学"[②]。

当然,笔者也并不是二元思维,主张非此即彼地开展法治人才培养,而是说要有取舍侧重,毕竟分工已经成为社会常态,并且与法治实务工作相关的知识、规范、经验和技巧"往往是具体化的、情境化的,甚至个人化的知识,因而是难以言之于书、授之于课堂的"。很多法学专业性问题,在课堂上可能老师怎么讲也讲不明白,学生怎么学也感觉云遮雾障,但接触到法治实务工作后,可能一个案件处理下来很多问题就会迎刃而解。理论知识运用于具体实务,"在实践中学习、请教、领悟、体会","法律职业训练不宜在学校的课堂上,乃至于模拟的环境(如模拟法庭)中进行,而必须

[①] 何勤华,唐波,戴莹,等.法治队伍建设与人才培养[M].上海:上海人民出版社,2016:71.
[②] 何美欢.论当代中国的普通法教育[M].2版.北京:中国政法大学出版社,2011:82;何美欢,等.理想的专业法学教育[M].北京:中国政法大学出版社,2011:1-8.

在法律实践这个活生生的课堂上进行"①。最理想的状态是法学教育与法治人才用人单位的职业训练犬牙交错、和谐对接、各司其职,共同构建职业共同体。基于此,法学教育的各类实习环节无疑具有重要价值,这是连接法学教育与法治实务工作的关键环节,但当前的法学科班教育中对此类模块的教学安排却不尽如人意,存在类型单一、形式主义、偷工减料、虎头蛇尾等现象。

(二)应剔除"完人"情节,坚持职业素养的持续提升

法律是平衡社会主体权益的技术,法治是追求公平正义的价值体系,人们天然地认为受过法学教育、熟知法律规范的法治职业从业者应当道德高尚、公正严明,对共同体成员存在技术与道德上的高标准要求。事实上,因为评价体系和标准的多元,世界上很难有"完人"。同时,知识可以形塑人格,但知识的价值追求与人的品格并不必然对称,掌握平衡利益之术者处事并不必然公平正义,熟知法律知识的人也不能保证其不犯错误。社会主体对法律人不宜做"完人"苛求,唯此才能给法律人适度宽容,不应因为某些法律人出现问题而否定共同体、否定法治,也不应因为某一时段法律人的群体性不振而对法治失去信心。同时,法律人亦不应以"完人"自居,在处理法律事务时故步自封、刚愎自用,忽视证据、程序、规律,以及其他共同体成员的意见和建议等。所谓兼听则明,承认局限,并不断能动地更新知识、理念,才能不断提升个体的职业素养,从而保证法治的治理功能。事实上,法治职业从业者获得职业技能、专业知识的路径,以及养成职业人格特征、伦理道德的模式等,与其他社会主体并无不同,需要在其长期的职业发展过程中不断提升修炼,在这个过程中共同体良好的有机互动是核心推动力。

(三)应淡化"精英"想象,呈现理智仁爱的群体气质

托克维尔在讨论美国的法律职业人时,谈到他们"在研究法律当中获

---

① 黄文艺,卢学英.法律职业的特征解析[J].法制与社会发展,2003,9(3):44-49.

得的专门知识,使他们在社会中独辟一个行业,在知识界中形成一个特权阶级";他们在执业过程中时时觉得自己优越,经常在公民中间充当仲裁人,认为他们是"一门尚未普及的不可或缺的科学的大师";"把诉讼人的盲目激情引向正轨的习惯","使他们对人民群众的判断产生一种蔑视感";他们自成一个团体,所拥有的法学知识保证他们"在同胞中出人头地",所掌握的政治权力,则把他们"推上高人一等的地位",由此,逐渐养成该类人员的特权阶级习性①。在我国,也有不少研究者将法律人的职业化、专业化、正规化理解为精英化,认为法律职业可通过垄断特性促进精英化,进而提升法律服务的质量②,或者认为法律人通过法学教育获得了"职业语言、职业知识、职业思维、职业技术"之"才","职业信仰和职业道德"之"德",法律人之治就不会走向人治③。笔者认为,这种推理并不周延,因为"才"养成与否是一个变量问题,"德"具备与否是一个超验问题,特别是"职业信仰"的问题,因为信仰是一个人内心不做质疑的心灵体会,是对一个概念体系的无限度尊崇,在人力资源培育问题上谈信仰养成是不适宜的,或者说对信仰谈养成是不适宜的。

法治职业共同体是社会大架构中一个特别重要但并无特权的协作团队,"法律职业卡特尔"④在我国既不可能,也并不值得推崇,反而应警惕。法治的追求是高尚的,法治的推进则是具体的,我国的政治体制和权力架构决定了精英的定位,并不适合中国特色法治职业人,构建法治职业共同体应淡化法治职业从业者的精英化色彩。中国的法治职业共同体成员宜呈现理性、智慧、仁爱的群体气质。"法律和法院在国家中的职能,在很大程度上是理智和道德功能在个人身上的延伸,个人凭理智和道德将其经历转化为行政准则。做什么是对的,什么事又是最该做的,完全由他个人决定;如果他是个品格高尚的人,他会坚持这些原则,抵抗感情和激情的

---

① 托克维尔.论美国的民主[M].董果良,译.北京:商务印书馆,1997:303-309.
② 黄文艺,卢学英.法律职业的特征解析[J].法制与社会发展,2003,9(3):44-49.
③ 孙笑侠,等.法律人之治[M].北京:中国政法大学出版社,2005:54.
④ 波斯纳.超越法律[M].苏力,译.北京:中国政法大学出版社,2001:54.

欲望。"①理智的"法律职业共同体",会目标明确,精准导航,拨开蒙蔽在法治天空中的身份、地位、人情、面子等各类"非法治化"因素,毫不动摇地依法办事,树立法律权威;仁爱的"法治职业共同体",会关怀终极人权,呵护实质自由,承受被误解被放逐的委屈,在各种法律实践场域,将公平正义的法治价值理念客观化,倡导法治精神,丰富法治文化,促进法治文明。

(四) 应改变"机械独立"的共同体思维,追求与其他社会主体的融通整合

"机械独立"共同体观念,主要表现如下:一是追求共同体的纯粹,认为"法官、检察官、律师和公证员"是"正规化的法律工作者",是"法律职业共同体"中,主张"大学法学教育的目标可以瞄准"的这部分人②;二是要求每个成员的共同体属性要纯粹,比如,认为法学教学科研人员是教育职业共同体或知识分子群体中人,所以就不宜归属于法律人职业共同体。

构建法治职业共同体,应当拓宽视野,向内应专注于共同体的专业性,向外应致力于共同体的整合性。对任何一个从业者或职业群体来说,其角色定位不外乎横向关注社会分工,纵向关注社会分层,在这一社会群体纵横交互的模型中,一定数量和类别的人可共处于某一界域,虽然个体的归属界域可能并不唯一,但当我们讨论某一职业内容时,这个主体的界域是可特定化的。比如,讨论法学家的法学观点我们一定是将其视作法治职业共同体成员的,而讨论教育教学技术、模式、理念等时,则是将其视作教育职业共同体成员的。我们应当明确,人的角色定位是一个基于概念演绎而成的抽象模型,而不是如数学模型般,必须有一个确定的、唯一的点。

按照滕尼斯的说法,精神共同体是"真正属于人的最高形式的共同体"③,精神的养成依靠强调和认同,前者必须宣讲、灌输,需要外力强加,

---

① 威尔金.法律职业的精神[M].王俊峰,译.北京:北京大学出版社,2013:145.
② 刘坤轮.法学教育与法律职业衔接问题研究[M].北京:中国人民大学出版社,2009:职业化的反思:代序言.
③ 滕尼斯.共同体与社会[M].林荣远,译.北京:商务印书馆,1999:65.

后者需要共同体成员内省为之。所以构建法治职业共同体重要的是加强法治职业共同体的研究,达成共识,并且不断宣传和使用"法治职业共同体"这一号召性、宣示性概念,在整个社会,特别是相关职业共同体群体内形成情感、精神、文化性共识。一旦诸多个体拥有共同体的"观念和利益,情感和职业",他们"就会带有某些相似性,就像有一种力在推动他们一样","彼此相互吸引,相互追求,相互联系,紧密结合在一起,在一定程度上变成了一般社会中的一个有限的群体,而且具有鲜明的特点。一旦这种群体形成了,任何事物都阻挡不了这种恰如其分的道德生活演化下去,同时,这种生活也成了促进它产生的特定条件的标志"[①]。简言之,内在情感的认同促成了共同体形成并实现群体对社会的整合浸融,这种状态又反哺共同体的建构。

综上,一个以职业化为表征,以专业化为内质,有相同的价值理念指引的,开放的"法治职业共同体",既解决了学术研究术语混乱、涵盖能力不足的问题,也为中国特色的法治建设事业构建了一个更广泛的"统一战线"。未来,开发中国法治事业人力资源,构建法治职业共同体,对内应关注共同体内各职业群体的素质提升、互动协调,对外应致力于共同体价值理念的外渗融合,推动法治文明与中国传统文明的交汇,一步一步将中国的法治向前推动,要保证不走偏不走样,努力实现与其他国家和法域的法治文明同步契合。这个共同体的建构,既要以《关于完善国家统一法律职业资格制度的意见》《国家统一法律职业资格考试实施办法》规范为指引,通过对法学教育和法律职业资格考试内容的综合设计,培养、遴选出职业能力与职业道德最优的法律职业从业者;也要以法治职业"共同体"价值发挥为追求,通过法学理论供给、法学教育托底、法律制度建构、法律实践坚守、法律职业培训等内容和环节共同努力,服务于"中国法治"这个共同体的根本旨归。

---

① 涂尔干.职业伦理与公民道德[M].渠东,付德根,译.上海:上海人民出版社,2006:21.

第二章
法治职业共同体的职业素养：职业人格特征

综合素养是社会主体在其行为过程中表现出来的心理、性格、知识、技能、伦理、道德等各种内外修养的总和，从业者在职业行为过程中表现出来的职业作风、职业能力、职业道德等是职业素养。从业者职业素养的高低以及是否与职位匹配是人力资源管理过程中关注的基本问题。法治职业从业者的职业素养是以法知识技能、法思维信念、法伦理道德等为基础，整合了主体情感、态度或价值观在内的，能够满足法治职业需求的综合性表现。法治职业共同体职业素养的高低，影响着共同体整合社会价值水平的高低，一定意义上也决定着法治建设水平的高低。

中共十九大以来，中央对政法队伍建设提出政治过硬、业务过硬、责任过硬、纪律过硬、作风过硬的"五个过硬"要求，在正规化、专业化、职业化建设要求基础上，将法治工作队伍的思想政治建设和纪律作风建设摆在了首要位置。与此同时，2018年4月教育部颁布《普通高等学校法学类本科专业教学质量国家标准》，该标准对法学类专业人才培养目标的设定，既考虑了当下社会对法学人才的要求，也注意呼应信息化、全球化的时代背景，明确提出培养法学人才要"坚持立德树人、德法兼修"，要"适应建设中国特色社会主义法治体系，建设社会主义法治国家的实际需要"，要求学生在具备专业理论、专业知识、职业技能的同时，还要具备推进法律运行的职业能力和创新创业能力，"复合型、职业型、创新型"成为新的法学专业人才评价指标。分析该标准可知，国家对法学专业人才提出了较之前更高更严格的综合素养要求。此外，该标准有些设定与本章将要展开的讨论直接相关：一是将"法律职业伦理"课与宪法学、法理学、中国法制史、刑法、民法、行政法、国际法以及三大诉讼法等课程并列为法学专业学生的专业必修课;二是对法学专业人才的"职业人格"素养提出明确的培养要求,规定学生应掌握法学的思维和研究方法,应具备良好的人文和科学素养,要养成"良好的道德品格、健全的职业人格、强烈的法律职业认同感"。

当"法律职业伦理"被以一门课程的形式提出,当"法律职业人格"被以一个专业术语的形式提出时,研究法治职业共同体的职业素养问题,我们就必须重新考虑法治职业从业者的职业素养体系架构。对伦理与道德问题,有研究者总结认为"伦理是外在的制度、风习、秩序、规范、准则,道德是遵循、履行这些制度、习俗、秩序、规范、准则的心理特征和行为"①。基于大致相似的概念认知,当"法律职业伦理"作为一种法治职业素养被提出时,研究者往往将其与"法律职业道德"相提并论,认为二者是表里关系。现在的问题是:"法律职业人格"如何安放?在笔者看来,一定意义上,可以说法治职业共同体外在的职业人格特征、内在的职业道德是法律职业伦理的重要构成模块,也是法治职业群体综合素养的重要内容。法律职业人格和法律职业道德会对法律职业行为产生直接影响,法律职业行为又制约着法治职业共同体整合社会价值的效能发挥,进而影响法律职业认同感的形成。因此法律职业人格、法律职业道德、法律职业行为、法律职业认同感、法治职业共同体等都可以考虑纳入法律职业伦理课程的教学内容中。当然,对于这一问题在本专题的研究中不宜展开,此处提及法律职业伦理话题,主要目的在于为"法律职业人格"这一法治职业素养寻找一个大致确定的体系定位。

通过检索学术界目前的研究成果,针对法律职业道德的研究者众多且研究较为深入,针对法律职业伦理的学术研究与最新的法学专业人才培养标准已不相匹配,针对法律职业人格特征的研究则非常薄弱,只有少数文章关注了警察类法律职业群体的人格特征。基于此,在本章及下章将围绕法治职业共同体的"职业人格特征"及"职业道德"两项职业素养展开阐述。

---

① 李泽厚.伦理学纲要续篇[M].北京:生活·读书·新知三联书店,2017:74.

一、人格特征及职业共同体的人格特征

"人格"之词义,既可指人对外呈现于社会关系中的相对稳定的性格、气质、能力等特征总和,也可指规范意义上社会主体的权利义务资格。讨论职业共同体的人格特征,这两方面的词义都可关注:一方面职业共同体的基本构成单位是一个个独立的自然人,所以个体的人格特征一定会影响职业共同体的人格特征,或者说形塑共同体的人格特征,只能通过形塑个体的人格特征去完成。另一方面职业共同体是基于职业状况与职业精神而呈现和凝聚的社会共同体之一,某个职业共同体的社会主体资格生成与否,取决于共同体成员的群体气质是否在社会中呈现出该共同体的虚拟具象体。有职业群体并不必然就有职业共同体,正如有学者分析的,"法律职业群体并非等同于法律职业共同体或会自然过渡到法律职业共同体,尽管法律职业者有着因职业而生的共同性,但也只有在这一群体能够折射出一种无形的、支撑着这一群体所从事的法律事业的法治精神时,它才能够被称为法律职业共同体"[①]。

一个个体长期的社会行为和人际交往状态会呈现出其个体的人格特征。有研究者认为,"人格特征的种类是人类共有的,但每一种特质在量上是因人而异的,这就造成了人与人之间在人格上的差异",人格特征表现为"跨情境时个体的一致性、普遍性和跨时间的稳定性、持续性"[②]。人格特征受制于个体内在的情绪控制,却只有外化为行为时才有研究的必要和可能,同时,相似人格特征的人又表现出大致相似的行为特征。基于这些特点,心理学家一直致力于研究人格特征的度量方式。他们发现,使用不同的评价方法、测量工具对身份、背景各异的被测试者进行测试时,很多被测试者的分析结果十分趋近,经过对人格特征大量的描述性词汇的筛选,研究者最后确定了五个词汇来描述人的五个突出的人格特质或

---

① 卢学英.法律职业共同体引论[M].北京:法律出版社,2010:6.
② 朱作燕.大五人格对工作绩效评价的影响:自我监控的调节作用[D].上海:上海交通大学,2012:10.

人格因素,即严谨性(conscientiousness)、顺同性(agreeableness)、神经质(neuroticism)、开放性(openness)和外向性(extraversion),这就是目前被普遍接受并得到广泛应用的"大五"人格分类法[①]。在"大五"人格因素下,每个因素可包含着多个更加具体的人格特征,心理学家据此设计出不同的人格特征度量方案。可量化的人格特征,方便了人们把人格特征和行为主体的行为进行关联性研究,所以在经济学领域出现了一个新的研究专题,即人格经济学。人格经济学研究者主要关注人的人格特征对人的经济行为和表现的影响,比如"人格特征作为影响代表性个体技能水平和工作表现的重要因素,其对于工资收入的影响效应逐渐引起学者们的重视"等[②]。这些研究成果又影响了人力资源管理的模式,有的用人单位在进行人才引进和人力资源管理时,开始使用这种评价方法去测评人力资源的质量。

基于人格特征对劳动者行为的诱导作用已经被大量学者的研究所证实,所以我们研究中国法治事业人力资源问题时,有必要对这一研究动向予以关注。讨论职业共同体的人格特征,关注的是共同体成员的职业行为,以及职业行为对职业目标的影响;同理,讨论法治职业共同体的人格特征,关注的是法治职业从业者的人格特征对其从事具体的立法、执法、司法、释法等法治建设相关工作时的影响,以及从业者如何履职才能对法治建设事业整体上产生正向效应。

研究表明,"人格特征不仅是一种心理特质因素,也是劳动力进行人力资本积累的重要技能要素。作为重要的非认知能力,人格特征通过教育干预不仅可以实现自身的有效积累,并将显著提升受教育程度、技能状况等认知能力投资的边际收益"[③]。由此可推知,一是人格特征可以经由后天的教育、培训等外力干预产生变化;二是人格特征的正向有效积累还

[①] 李涛,张文韬. 人格经济学研究的国际动态[J]. 经济学动态,2015(8):128-143.

[②] 程虹,李唐. 人格特征对于劳动力工资的影响效应:基于中国企业—员工匹配调查(CEES)的实证研究[J]. 经济研究,2017,52(2):171-186.

[③] 程虹,李唐. 人格特征对于劳动力工资的影响效应:基于中国企业—员工匹配调查(CEES)的实证研究[J]. 经济研究,2017,52(2):171-186.

可推动劳动者其他职业相关能力的有效积累,并最终影响人力资源的职业价值。所以在确知法治职业共同体人格特征的价值后,需要进一步思考该类职业共同体最适宜的人格特征是什么、这种最适宜的人格特征应怎样养成等问题。

二、法治职业共同体的普遍性人格特征

(一) 自律

律,意指约束,自律意指自我约束。就法治职业从业者个体而言,自律表现为不管有没有强制性约束规范,其行为举止都外化呈现出与法治职业从业者相称的妥当性和得体性。此处的"妥当"和"得体"是指法治职业从业者个体行为的表现,应与一般大众对其的行为期望相称,这其中又以司法职业者的自律最为重要。因为司法官员是裁判者,是法律监督者,他们拥有把持公平正义之权,维护法律之责,从业过程中理应行居中平衡之职责,亦应有清正庄重之风貌。法官、检察官如果不自律,对法治职业共同体的人格形塑冲击最大,比如同样是贪污腐败,社会公众对行政官员和司法官员的态度是不同的,人们对司法腐败的反应往往会更加激烈,反感度更甚。"法院是法律帝国的首都,法官是帝国的王侯"[1],正如《财经》记者在一份中国法官腐败报告中所阐述的,作为法律帝国的王侯,法官是社会公平正义的最后一群守护者,最后一道防线,"法官腐败更重要的是伤及社会公平正义、司法权威",司法腐败"受损的不只是当事人或受害者的利益,更主要的是伤及司法正义和对法治的信心"[2]。也正因此,利用司法权进行"权权交易、权钱交易、权色交易、滥用职权、枉法裁判"最为公众所痛恨。

进而言之,如果说司法腐败系因司法从业者手握司法权,权力容易异化是权力特征之一,依此,人们还可以从行为发生的合理逻辑角度为司法

---

[1] 德沃金.法律帝国[M].李常青,译.北京:中国大百科全书出版社,1996:361.
[2] 郑小楼.中国法官腐败报告[J].财经,2013(15):58-75.

者的不自律寻求解释,但当司法者突破社会一般人的行为底线,做出了同其所从事的职业关联度较低的不自律行为,其所呈现的个人形象被"猥琐""下流"等词汇来描述时,人们就无法再通过与职业相关的逻辑去解释其行为了。这种法治职业从业者的无逻辑、非理性行为,极容易降低社会公众对其人格的评价,前者是"寡廉",后者是"鲜耻",对"廉"的问题人们还可用体制、制度等解释,会自忖"我如果在他那个位子上,说不定也没办法",而对"耻"的问题人们会说"即使是我,也不至于如此",对该类行为人们只能用人性、人品等先验、内质的理由去解释。法治职业共同体对此也有深刻认知,也正因此,当2013年8月1日发生上海法官集体嫖娼事件后,法院系统的应急反应非常迅速,事发不到一周,最高人民法院即发出《关于上海市高级人民法院赵明华、陈雪明等法官违纪违法案件的情况通报》,指出涉事法官的该类行为"在社会上产生了恶劣的影响,抹黑了人民法院队伍的整体形象,对司法公信力造成了严重的损害",要求全体法官"自觉抵制各种诱惑",要求各级人民法院"整顿作风",以防类似事件再次发生。

就共同体而言,自律则意味着群体的自治性,通过群体自治,在社会中呈现出法治职业共同体独有的人格特征,以增强社会主体对法治职业共同体的人格想象。群体自治的前提是群体有自治意识、自治目标、自治行动、自治能力。法治职业共同体的自治意识从"法律职业共同体"提出之日起即已产生,因为共同体本身即蕴含着共同的精神气质、相似的职业背景等。在法治职业共同体概念下,更强调这种共同精神气质的影响力,甚至人们期望这种精神影响力能为职业群体职业目标的实现提供助力。法治职业共同体的自治目标,就当下中国而言,是且只能是围绕"建设中国特色社会主义法治体系,建设社会主义法治国家"确立。"法治体系不仅包括立法、执法、司法、守法等法律实施环节,而且包括保证法律体系运行的保障机制和监督机制。"[①]法治职业共同体是法治建设基本的人力资

---

① 张文显.全面推进依法治国的伟大纲领:对十八届四中全会精神的认知与解读[J].法制与社会发展,2015,21(1):5-19.

源保障,应成为中国特色社会主义法治人才的聚合体。同时,共同体的自治行动也从未中断,发布职业共同体宣言、开展职业共同体研究、加强律师协会建设、推动司法队伍员额制等等无不是在行动。就共同体群体自律性行动来说,早期法学人号召"所有的法律人,团结起来!",坚持"形式理性的道德不涉""为权利而斗争""通过诉讼机制来创造规则",寻求"基于法律自主性的法治"①,一定意义上,是一种职业共同体的自律。近来行业组织倡议"拥护党的领导,尊重宪法法律;坚守法治信仰,追求公平正义;忠于事实真相,遵循程序规范;恪守职业道德,遵守从业纪律;相互平等尊重,构建新型关系;维护司法权威,提高司法公信"②,也是一种自律。共同体持续不断探寻如何自律的行为向社会公众呈现出其自律的职业群体人格特征。

因为自律是个体内在的一种约束力,是个体的精神自控,法治职业从业者的自律人格特征可通过法学教育、法治职业培训干预,也可以通过行业道德、职业纪律引导,但能否养成,以及养成的程度,从根本上只能由法治职业从业者对法治精神的认知度与认可度来决定。"精神的东西,会按精神的方式行进,而获得这一精神最好的办法就是崇尚它,只有崇尚才能根植于心,为灵魂所拥有。"③

(二) 审慎

审慎意指周密而谨慎。审慎的从业者讲逻辑,有理性,有大局观、全局观,不冒进、不冲动,职业目标清晰,工作条理严谨,团队合作能力良好。就法治职业从业者个体而言,基于审慎的人格特征而呈现的职业行为大致如下:

一是处理法律事务规范合理。规范是指处理事务必须遵循程序。法治职业共同体各职业群体所处理的具体法律事务,几乎都有严格的

---

① 强世功.法律共同体宣言[J].中外法学,2001,13(3):328-339.
② 中国行为法学会司法行为研究会,天津大学法学院.构建法律职业共同体研究[M].北京:中国法制出版社,2016:10-11.
③ 威尔金.法律职业的精神[M].王俊峰,译.北京:北京大学出版社,2013:152.

程序规定。在三大诉讼法、仲裁法、公证法、行政复议法、行政处罚法等法律中,不但对诉讼、仲裁、公证、行政复议与行政处罚等的具体工作流程有明确规定,还对处理这些法治事务的法官、仲裁员、公诉机关、公证人、代理人等职业从业者的岗位职责、行为方式都有确定的分工和规范性要求。由法律所确定的程序是法律程序,法律程序会对何时、何地、哪个用人单位,哪类法治职业从业者以何种方式承担何种事务做出规范。法治职业从业者则是在各法治职业用人单位具体落实和推进法律事务的直接行为者,在处理岗位职责所该当的事务时,必须遵循严格的程序规范,以通过直观的、看得见的公正来彰显法律事务处理过程和结果的妥当性。

合理是指遵循法律程序的同时还应致力于实现正当程序价值。"正当程序是一种为了限制恣意,通过角色分配与交涉而进行的,具有高度职业自治的理性选择的活动过程。"法治职业从业者处理法律事务时,如果行为对象是普通社会公众,则应充分释明程序要求和价值,确保当事人程序利益不受损,如果行为对象是共同体内成员,则应在程序中排除"一切意气用事,所有的喜怒哀乐的情绪、情节、情况,通过形式化、专门化的法言法语,统统凝结为程序中的论辩、推理、证明和决定"①。

对此,我们可以通过假设一幕刑事案件的庭审场景,去理解法律人审慎与否所呈现的不同行为风格:

> 公诉机关指控某律师涉嫌"帮助伪造证据罪",在场的审判人员、公诉人员、被告人、辩护人均是或曾经是法治职业从业者,不特定的社会公众旁听庭审。
>
> (以下审判人员简称"审",公诉人员简称"公",被告人简称"被",辩护人简称"辩"。)

场景一:

审:请公诉人发表第二轮辩论意见。

---

① 张文显.法理学[M].2版.北京:高等教育出版社,2003:161.

公:张三这样一个人,接受李四委托以来,以办案为名入住七千元一天的套房,享受着免费嫖宿,品德低劣……

被:我嫖宿了谁?你看到了?你认识吗?是你的朋友还是你的亲戚……

辩:你这是强词夺理、胡说八道、黔驴技穷,你人格有问题……

场景二:

审:请公诉人发表第二轮辩论意见。

公:《中华人民共和国刑法》第×条第×款明确规定:帮助当事人伪造证据,情节严重的,处三年以下有期徒刑或者拘役。在刚才的庭审中公诉人已经对被告人帮助当事人伪造证据的事实,以及情节严重等事实均进行了充分举证,第一轮辩论时公诉人也对被告人行为的社会危害性进行了充分阐述,公诉人无新的辩论意见,请法庭依法审判。

被:我没有犯罪,我所做的一切,都是在尽一名律师基本的代理职责,请求法庭核实证据,判决我无罪。没有其他新的辩论意见。

辩:没有新的辩论意见。

对比以上假设庭审场景,我们可以很清晰地理解审慎的法律人如何行事,以及法律人审慎的行事风格对社会公众法治素养的影响力。社会公众旁听第一类庭审时,会感觉所谓法庭审理,不过类同于菜场吵架,而旁听第二类庭审时,审判者的中立性、控辩双方的公平对抗、被告人的权利保护等,都能通过专业的法言法语、规范的程序推进得到呈现。在此过程中,公众的证据意识、程序意识、理性意识等法治意识会受到正面影响,如此,法治职业从业者在完成本职工作的同时,其职业行为的文化价值、整合价值也得到了充分体现。

二是发表法律观点有理有据。法治职业从业者发表法律观点是履职过程中最普通、最频繁的行为,因此也是最能呈现从业者职业人格特征的行为。审慎的法律人发表法律观点应有理有据。"有理"意指得出某个法律观点的推理过程逻辑严密,论证观点所依托的法理科学、情理适宜。"有据"意指支撑法律观点的法律依据明确,证据链条完整。法官、仲裁员等归纳庭审争议焦点，检察官发表公诉意见，律师发表代理意见，法学家出具专家法律意见书等等都是直接影响当事人权利义务的法律行为，作为受过系统法学知识与法律方法训练的专业人才，在做出具有法律效力的行为时理应体现出该当的专业性。

三是评论法治事件理性严谨。信息时代，人人都是主播，处处皆是新闻，各类涉法事件、案件或者会激发社会公众的猎奇心，或者与社会公众息息相关，因此极易成为社会焦点，甚至法治事件。特别是有些当事人甚至代理人会主动利用媒体进行炒作，以推动案件处理向自己期望的方向走。每每有社会法治焦点、热点事件发生，各种媒体上会迅速出现各种观点，此时社会公众更期望权威专家、权威机构发表评论观点，以释困惑、以正视听。应该说这是法治社会建设过程中极好的普及法律知识、传播法治文化的机会，法治职业从业者作为法治事业的建设者在评论法治事件时一定要理性严谨、就事论事，以引导社会舆论回归法治轨道、回归理性对话。"某地高官用国家保护动物热情款待富商之子""某纨绔子弟闹市车速70码撞人""某人做好事扶老人反被诬"……媒体为吸引眼球，常以类似略带夸张的词汇报道社会事件，作为法治职业从业者，在对类似未经权威部门查实的法治事件发表评论时，一定不能以"报道事实即为真"作为前提展开。审慎的做法，是表明我们应论事不论人，因为事情是什么我们要等调查结果，假如此事经过调查为真，则从法的角度来看应当如何处理。

就法治职业共同体而言，职业群体审慎的人格特征应呈现出如下共同体行为模式：

一是法律事务各司其职，有机互动。如果说单个的共同体成员处理法律事务规范合理是一种审慎人格特征表现的话，这种特征在法治职业共同体中则应呈现于各职业主体之间的分工合作、制约互动中。《中华人民共和国宪法》（简称《宪法》）规定：人民法院依照法律规定独立行使审判权，不受行政机关、社会团体和个人的干涉；最高人民法院监督地方各级人民法院和专门人民法院的审判工作，上级人民法院监督下级人民法院的审判工作；最高人民检察院领导地方各级人民检察院和专门人民检察院的工作,上级人民检察院领导下级人民检察院的工作;人民法院、人民检察院和公安机关办理刑事案件,应当分工负责,互相配合,互相制约,以保证准确有效地执行法律。此外《仲裁法》《中华人民共和国民事诉讼法》(简称《民事诉讼法》)等下位法多有类似具体规定。根据宪法和有关法律的规定,不同的法治职业、不同的法治机构承担着各不相同的法治任务,或立法,或审判,或法律监督,或侦查,或代理,职业主体相互之间各司其职、有机互动才是共同体的常态,法治职业从业者越是尽责,越能体现共同体的审慎人格。正如有论者谈及的,律师有商人气质、司法官员有官僚气质、法学学者有牧师气质,在共同体内部总是充满对抗,但正是这种对抗才是法律人寻求职业认同的方式①。

二是专业论辩就法论法,求同存异。专业论辩不同于法治职业群体对社会热点法治事件的点评,专业论辩是共同体成员之间的"华山论剑"。对法治问题的论辩,需要的是价值选择而不是真伪验证,价值的张力和多元性,以及共同体内不同职业群体在法治事业中的功能设定,决定了彼此之间会存在价值取舍、利益平衡差异,但这种差异的存在不应该影响彼此为了法治共同努力的"初心"。专门论辩是法治职业共同体内部的协商民主,从多年前的"许霆案""彭宇案"到近年的"赵春华案""于欢案"等,法治职业共同体内对专业问题的讨论方式日渐成熟,专业水准日益提高。共同体内成员之间只要本着就法论法、求同存异的审慎态度开展互动,则每一次专业论辩都能成为针对社会公众的普法大课,同时还能促进共同体成员个体业务精进和相互之间的精神凝结。

(三) 担当

"担当"作为人格特征描述词汇,意指"接受并负起责任"。法治职业共同体担负的唯一社会责任是推进法治事业,共同体内各职业群体围绕法治有各自明确的行业分工,每个法治职业从业者也有各自的岗位职责。

---

① 刘小吾.走向职业共同体的中国法律人:徘徊在商人、牧师和官僚政客之间[M].北京:法律出版社,2010:321.

有担当的人力资源不但能尽职尽责完成本职工作,还能不断思考和总结,以期提优本职工作;有担当的共同体必有高度的自治精神,强大的自治能力。是否具有法治精神,是判断社会中是否已出现了法治职业共同体的关键标准,"也是这一群体能否担当得起推进法治之责的关键因素"[①]。换言之,共同体是否表现出担当法治建构责任,是鉴别其是否具有共同体群体职业人格的标准之一。

  法治职业共同体的最大担当是稳步推进法治事业,坚守法治底线。法治不是一种从中国民族历史文化传统中自发生成的治理方式,而是中国对人类先进治理方式的借鉴。经过近百年求索,20世纪末,法治在中国从形式意义上完成国家性共识,进入根本法;中共十八届四中全会以来,中国法治建设站在了新的历史起点上,确定全面推进依法治国的总目标是建设中国特色社会主义法治体系,建设社会主义法治国家。可以说中国的法治事业当前正在稳步推进,但是推进过程不可能一帆风顺,挫折甚至倒退都可能出现。法治职业共同体作为中国法治事业的人力资源,应凝聚专业力量,在中国特色社会主义法治建设大业中发挥好生力军、智囊团的作用。同时,担当的人格特征应表现为勇于、善于担负责任,从共同体角度来说,是做好社会分工范围内的事,从个体来说是做好岗位职责所要求之事。换言之,法治职业共同体应有所为有所不为,无论是强调共同体建设,还是推进法治建设,从社会整体架构来说,我们的目的都是做好本职,现代法治理念指导下的法律人,不应当追求唯法独尊,唯法律职业人马首是瞻。中国特色社会主义法治事业所追求的法治图景是法律与道德、文化、政治、经济、社会等的协力共进。

  有担当的法治职业共同体,首先要充分了解所处时代的法治推进背景,在既定框架内,即使戴着镣铐也要跳出法治之舞。中共十九大在过去"构建全民共建共享的社会治理格局"的基础上提出"打造共建共治共享的社会治理格局",新增的"共治"理念彰显了我国当前社会治理理念的新发展。"共治"所指不外强调多元社会主体对社会的共同治理,"共治"必然包

---

① 卢学英.法律职业共同体引论[M].北京:法律出版社,2010:6.

含社会治理水平趋于"法治化"之义,法治职业共同体即应抓住关键,思考如何在社会治理中,让"法治化"有利于社会治理的"社会化、智能化、专业化",同时又借助社会治理的"社会化、智能化、专业化"推进"法治化"等命题。

其次,在法的建构、落实中要发挥群体优势,将最接近法治精神、最有利于法治建设的价值判断固化为制度,并推行严格实施,以树立法律权威。社会主义法律体系建构得越科学,制度运行得越顺畅,则离法治就越接近。立法工作是否有规划,民众意见收集是否全面,利益平衡是否到位;执法工作者是否对执法后果做了充分考量,是否合理采纳了执法相对人的意见,是否给予其充分的阐述、辩论机会;司法工作者在法庭上是否对原被告双方当事人的意见进行平等、深度的关怀等等:任何一种法治职业行为都能体现共同体中法律人的职业担当精神。

最后,法治职业共同体对法治文化的担当精神要充分彰显。法治社会中社会主体推进和维护民主法治的能力,应能足以维系民主法治的良性互动,表现为:经过最大范围的民主立法参与,制定的法律制度最大程度兼顾了各方利益;确定的法律制度得到最大程度的遵守、执行;大多数社会主体对该当社会责任有担当;违法、失信者受到法律惩罚等。然而,社会生活中存在的"中国式过马路"、小区占道毁绿、广场舞扰民、突击建造违法建筑等现象,在法治实践中存在的领导干预办案、滥诉、缠访、执行难等乱象,一定程度上说明中国法治事业的推进状况并不乐观,还存在很多问题。同时,漠视政治事务、公共事务,主张权利积极、承担义务消极,动辄人肉个人隐私、发动网络暴力等社会风气,一定程度上也说明一般社会公众的公民素养、自治精神养成不足。以上种种问题的存在,很大程度上是因中华传统文化中有诸多根深蒂固的,与现代法治文化不相匹配的文化因素。法治职业共同体在履行社会分工、岗位职责的同时,在共同体精神凝聚的过程中,还要自觉能动地为社会公众识别、剔除、矫正这些文化基因,以传播法治理念,倡导法治精神。只有社会主体的法治意识理念趋于成熟,规则意识、责任意识、担当意识、协商意识等得以践行,辅之以道德、信仰等的力量,则法律权威树立,法治理念普及,当下执政主体、当下时代所构想的社会共治才可能实现。

三、法治职业共同体的特征性人格特征

（一）法治职业共同体的国别人格特征

法理的共通性决定了法治职业一定存在普适性特征，但法律的近政治性特点也决定了不同国体和政体之下的法治职业从业者，不可避免地具有国别性特征。正如有论者分析的，法治职业活动不可能是单向度的，同时法律秩序作为社会政治制度的一部分，"法律家阶层的状况又表明国家法治化的程度，更使得法律职业者及其法律行为，都不可避免地与政治有着密切的联系"[①]。当然法治职业共同体的国别人格特征形成，一定程度上也与每个国家的法治建设路径、法治文化环境、法治职业从业者入职条件和职业状态等不同有关。以法官为例，美国法官基于权力分立的政治结构，他们的职业形象是司法独立，是法治权威；德国法官崇尚"以民族的名义"进行审判；法国法官则宣称以"政府的名义"进行审判。中国的法治事业人力资源是一支中国特色社会主义法治工作队伍，中国的法治职业共同体也有鲜明的中国特色，在笔者看来，基于中国政治和法治的独特性，这种国别人格特征就是"党性"。

对中国法治职业从业者的党性要求，以及我国的法治建设特色，执政党的法治建设纲领和执政党领袖的言论最能体现。习近平总书记指出："依法治国是我们党提出来的，把依法治国上升为党领导人民治理国家的基本方略也是我们党提出来的，而且党一直带领人民在实践中推进依法治国。"[②]"必须牢记，党的领导是中国特色社会主义法治之魂，是我们的法治同西方资本主义国家的法治最大的区别。离开了中国共产党的领导，中国特色社会主义法治体系、社会主义法治国家就建不起来。"[③]对于

[①] 卢学英.法律职业共同体引论[M].北京:法律出版社,2010:205.
[②] 习近平.加快建设社会主义法治国家[J].求是,2015(1):3-8.
[③] 中共中央文献研究室.习近平关于社会主义政治建设论述摘编[M].北京:中央文献出版社,2017:31.

当前中国法治建构的方式,有学者总结为:"必须与中国共产党带领人民实现中华民族伟大复兴的崇高历史使命紧密结合起来、深度融合起来""必须坚持以习近平新时代中国特色社会主义思想为指导思想和行动指南""必须把党领导人民治国理政的依法治国基本方略与新时代坚持和发展中国特色社会主义的基本方略有机结合起来、完整统一起来"①。

可见,中国共产党的领导是中国特色社会主义法治最为本质的特征,也是建设社会主义法治最根本的保证。中共十八届四中全会《决定》对法治职业共同体的建设部署是应当"忠于党、忠于国家、忠于人民、忠于法律",指出立法、行政执法、司法队伍等法治职业群体要"把思想政治建设摆在首位";要加强律师队伍思想政治建设,把拥护中国共产党领导、拥护社会主义法治作为律师从业的基本要求;对法治人才培养,要坚持用马克思主义法学思想和中国特色社会主义法治理论全方位占领高校、科研机构法学教育和法学研究阵地,师资队伍要"政治立场坚定、理论功底深厚、熟悉中国国情"。从中国共产党对法治工作队伍的建设部署可以很清晰地推断出执政党和国家对中国法治职业从业者的"党性"要求。中共十九大报告明确指出,"党政军民学,东西南北中,党是领导一切的","必须把党的领导贯彻落实到依法治国全过程和各方面",可见法治职业共同体建设过程中,加强党的领导也是题中之义。

(二) 法治职业共同体的岗位人格特征

法治职业共同体由多个职业群体构成,各职业群体担负各不相同的法治建构责任,在履职过程中,也应当彰显鲜明的岗位人格特征。

第一,法律制度建构者应兼收并蓄。该类从业者的主要岗位职责是参与立法,制定并完善以宪法为核心的中国特色社会主义法律体系。从事法律制度建构的从业者大致包括:有制度创制权的机关中有法定权力参与制度创制的人,包括提起法案、参与审议、进行表决的代表、委员、职

---

① 李林.开启新时代中国特色社会主义法治新征程[J].环球法律评论,2017,39(6):5-29.

能机关负责人等,这些可以称为法定的立法者①;"不具有立法权或立法性职权,但参与立法活动、对立法能起作用,在立法主体的法制工作机构或其他机构从事立法工作的国家公职人员"②,包括但不限于有立法权的人大、党内法规工作机构、政府法制机构的部分工作人员,负责起草、制定司法解释的工作人员等;受委托负责起草法律草案的专家学者等。这些任职于不同单位中的制度建构工作者,因为工作方式较为隐性、任职单位特征性不明显,过往研究较少关注。立法工作包括立法规划、计划的制定,立法准备期间的调研、论证、听证、起草法案,从法案到有效法律出台过程中的多次审议,以及立法之后修改、补充、废止、编纂、解释等立法完善程序。

在履行立法职务过程中,立法工作从业者应呈现出兼收并蓄的行事风格。因为立法的过程是一个价值选择的过程,立法的科学性和民主性要求决定,立法有必要听取专家学者的建议,征求各单位、各界别以及社会大众的意见,以使立法能兼顾各方利益。2015 年河海大学通过竞标取得《南京市住宅物业管理条例》的起草资格,从当年 2 月中标到 6 月底,法规起草组开展了规模空前的调研工作,"共召开了 28 场征求意见会、在 30 余个小区发放了 1200 余份线下问卷、分析了近年来的 2 万份物业管理投诉,并调研了北京、杭州、温州等 10 余个城市的立法工作"③。广泛搜集各方意见,大量研究各地立法例,只是立法草案起草过程本身就为此次地方立法带来良好的社会反响。2019 年,江苏省为提高行政立法质量,将寻求外部专业力量智力支持工作常态化、规范化,组建、招募了近 30 支立法专业团队,并出台《江苏省司法厅立法专业团队工作制度(试行)》用来规范工作。2020 年伊始,该省司法厅已有多部行政立法邀请了立法专业团队参与,充分呈现出立法者兼收并蓄的职业人格。

第二,法律纠纷裁判者应衡平中立。该类从业者的主要岗位职责是

---

① 李小红.法学学者的法治参与[M].北京:中国政法大学出版社,2016:79.
② 周旺生.立法学[M].2 版.北京:法律出版社,2009:194.
③ 徐成.一部即将来的法规:2015 南京物业管理地方立法小记[J].住宅与房地产,2015(26):33-34.

裁判具体法律纠纷,在解决个案的同时普及法律知识,传播法治文化,培育法治精神。法律纠纷裁判的从业者大致包括:法院法官,各类仲裁委员会仲裁员,各类行政机关中负责行政处罚决定审核、行政复议、行政裁决的人员,各类调解人员等。法院法官是这类任职者的典型代表,在我国,法官职业人格特征在不同时空表现各异:廉洁公正、不惧权贵、铁面无私、神秘威严,这是中国古典小说中塑造的包公式法官形象;马锡五式法官骑自行车、骑马、翻山越岭、田间地头巡回审判,这是极具亲民色彩的职业形象;之后头顶国徽、大檐帽的军事化、行政化法官形象也很突出。当前,法官身着西式法袍,执卷、执槌,高踞法庭问案,具备了权威中立裁判的外部职业形象,但由职业行为所呈现的职业人格则存在"多重、复杂、矛盾"的特征,"历史的、现实的、中国的、西方的夹杂在一起,单一的形象已经无法准确描述":基层法官要塑造"人情练达、经验丰富、务实勤奋、善做群众工作,能真正解决纠纷的基层法官民间形象";中、高级人民法院法官要塑造"知识渊博、勇于创新、明谋善断、公正高效的法官职业形象";刑事法官要"威严庄重、不徇私情";民事法官要"中立客观、细致亲和";商事法官要"业务精湛、办事高效";行政法官要"公正不阿、关注民生、保护弱势";少年法官要"和蔼可亲,慈祥善良"等等①。

  法律纠纷裁判者职业形象的变迁史反映了中国法治建设理念的变迁过程,其职业形象现状则反映了中国当前裁判工作的复杂性。从职业共同体角度分析,法律纠纷裁判者基于工作岗位的特征性人格特征,最突出者当为衡平中立。衡平中立意指法律纠纷裁判者在处理法律纠纷的过程中,行事风格表现得应不偏不倚、权衡持平,在处理纠纷的程序中应注意保证纠纷双方当事人的程序权利平等实施,对纠纷最后的裁判、决定应以正义、公正为基本原则,以情理、法理为内心理念,以有效法律为裁判依据,以实现和体现公平、定分止争为主要任务。特别是在刑事案件审判过程中,因为业务往来和单位性质所致,社会公众,甚至在这些用人单位内任职的从业者自身都有"公检法一家亲"的内心预判,作为裁判者的法官

---

① 田成有.法官的信仰:一切为了法治[M].北京:中国法制出版社,2015:10-11.

在案件处理过程中更应注意对被告人及其辩护人的权益平衡，包括调查权、举证权、辩论权等。

第三，法律事务代理者应尽职尽责。该类从业者的岗位职责是基于法律规定、有权机关指定或者合同约定等，以代表人、代理人身份参与处理法律事务。从事法律事务代理的从业者大致包括：为国家利益而代表国家参加法律事务的从业者；为公共利益而参与法律事务的社团组织、公益组织等；为集体利益而参与法律事务的基层群众性自治组织中的工作者；为公民、法人等私人利益而参与法律事务的律师等法律服务工作者。在代为处理法律事务的过程中，代理者应呈现出尽职尽责的行事风格。因为该类法治职业从业者的代理权，有的是经由国家法律明确授权，如果代理者渎职，就意味着其他主体权益受损；有的是基于和他人建立合同关系而获得，双方对权利义务有明确约定，不积极履行义务则要承担相应的合同责任。

从人格特征角度来看，履职担责和尽职尽责是不同的职业风格，两种风格所体现的人的积极性不同。对律师来说，接受当事人委托后，对代理业务做、认真做、非常认真做的具体行为表现相差很大。以代理民间借贷案件为例，该类案件当事人多为年迈不懂法的老年人，基于信任委托同一名律师代理，律师只要把起诉书、借款合同、转账证明等基本证据提交法院，启动诉讼程序就达到了对履职的一般要求，对于其他类案件，则只要在第一个案件的材料基础上直接修改姓名、数据等就能完成代理义务。对同样的案件，尽职尽责的律师所做的则包括但不限于以下这些：为当事人执行考量，判断是否要诉讼保全；为诉讼程序快捷考量，判断是否要将所有担保人都列为被告；对比不同案件中证据的细微差别，比如转账银行卡是否为本人所有，是否有收条，是否是本人签字等等；指导当事人提交对诉讼有利，但当事人容易忽略的证据，比如借款收益的银行对账单等。当事人通过个案接触，对履职担责和尽职尽责两种不同职业风格的律师就会形成一个内心确认，进而影响其下次选择或向他人推荐代理人时的判断。此时，法律事务代理者的职业人格特征，直接影响了其职业发展。

第四，法学理论阐释者应权威超然。该类从业者的岗位职责是对法律问题、法律现象、法学理论进行分析、论证、阐明、解释等。承担该类岗位职责的从业者一般任职于科研院所,从岗位职责角度来分析,其他法治职业用人单位中专司科研工作的人员也可归入此类。法学理论阐释者在生产法学知识、参与制度建构、评议法律现象、释明法治困惑的同时,在共同体中还有一项最为重要的责任,即社会教化。法治文化建构是法治建设的根本,法治的真正实现需要文化、理念等对社会主体的精神、内质产生影响,"而文化只能通过点滴细微的说教化约而完成"①。这一职业群体应有权威超然的人格特征。他们应志趣高雅、学问高深、品格高尚,拥有正义、理性精神②;应有"一种对法律学术痴迷的状态,对法学研究一丝不苟的严谨扎实的治学态度,对法和法学事业的尊敬、信仰乃至勤奋、刻苦、献身的精神,以及高风亮节、生命不息奋斗不止的法治追求"③。简言之,该类法治职业从业者还有一个恰当的类群归属,即知识分子群体,在法治事业建设进程中,他们如能充分展示知识分子睿智、理性、淡泊名利、执着于职业、富有批判精神等精神特征,则对法治的贡献无疑将实现群体最大化④。

四、法治职业共同体人格特征的培养架构

讨论法治职业共同体人格特征的培养架构,目的在于廓清共同体内各职业群体如何规范职业行为,才能最大化彰显其职业人格特征,又或者说当法治职业从业者的职业人格特征得到最优呈现时,其履职状态会达到怎样的水准,共同体对社会价值的整合功能又达到怎样的程度。在明确了职业人格特征的型构目标后,无论是具体建设各类法治工作队伍,还是构建抽象的法治职业共同体,才能都做到有的放矢。具体说来:

第一,型构法治职业从业者人格特征应以法官为核心主体。确定型

---

① 李小红.法学学者的法治参与[M].北京:中国政法大学出版社,2016:69.
② 王卫国.论法学家的人格[J].民主与科学,1998(1):32-33.
③ 何勤华.法学家的人格[J].法制资讯,2011(4):9-10.
④ 李小红.法学学者的知识权力问题研究[J].南京社会科学,2016(12):85-91.

构法治职业从业者人格特征的核心主体,主要考虑两个因素:一是该类主体对法治事业的影响力,二是该类主体对共同体职业形象的影响力。法官对法律纠纷有终极裁判权,故对当事人权益影响重大,又因裁判案例具有很强的示范效应,故对其他不特定当事人也会产生制约力,可见法官作为裁判者以及规则的隐性制定者,对法治事业有很大影响力。同时,前已述及,基于法官作为公平正义最后守护者的职业形象,法官职业人格特征异化,对共同体的人格形塑冲击巨大。由此,法官理应成为型构法治职业从业者人格特征的核心主体。型构法官的职业人格,应着重坚持两点:一是以不冲击"衡平中立"这一特征性岗位人格为基本原则。法官个体外化的职业形象是亲和还是威严并不重要,重要的是其具体职业行为与法官衡平中立职业形象不能冲突。二是通过职业行为,具体呈现衡平中立。法官无论是主持法庭审判,还是撰写法律文书,都应有意识地锤炼这一职业人格。

第二,型构法治职业从业者的人格特征应以法治职业共同体建构为依托。研究法律职业人格特征的终极目的是推动法治建设,法治是治国理政的模式,也是一种价值追求、文化样态,当一项事业已经向文化理念、精神文明层面发展时,必须依托一个知识、技术、理念、思维等高度统一的职业和文化共同体去推动事业发展。法治职业共同体就是这样的共同体,因其是职业共同体,故可通过共同体内部的良性职业互动协作,推动法治建设;又因其是文化共同体,在法治事业推进过程中,共同体可持续发挥文化的辐射效能,改变人们的生活方式、理念模式、交往范式,最终实现法治文化对社会价值的整合。

第三,型构法治职业从业者的人格特征应以职业行为规范合理为基本内容。职业行为是型构职业人格特征的基本载体,不同法治职业群体的职业形象主要通过处各种法律事务得以彰显,其职业行为符合该当的行为规范,则外呈的人格特征就是适宜的,反之则有损其职业人格,从而影响其职业行为的效力。

第四,型构法治职业从业者的人格特征以法律人的职业言论为重点。一言而兴邦,一论而丧邦,法律人的职业言论能最直观地呈现出其职业人格特征。此处,言论取广义,包括动态交互言论,如主持庭审、法庭质证、发表公诉意见等,也包括静态言论,如裁判意见、代理词、辩护词等。通过交互言论,相对方可直接感受法律职业人的性格、气质、处事能力等;通过研读书面言论,他人也可间接识别法律职业人处理法律事务的专业能力、价值取向等。

从具体事务来看,法治职业从业者的人格特征的养成,重点应着手完善法律职业行为规范制度、推进法律职业社团组织建设、充实职业人格特征培养内容等,这些重点培养模块应当体现在法学教育、职业资格考试、职业培训等各个法治职业共同体的养成路径中。例如在法学教育环节,可依托博雅教育培育法学专业学生的职业人格;在法律职业资格考试中,可将职业人格素养列入考核范围;在法律职业培训过程中,则应长期坚持针对职业人格素养的专项培训。对法治职业从业者人格特征的具体培养问题,将在讨论法治职业共同体的养成时集中分析,此处暂不赘述。

马克斯·韦伯在《新教伦理与资本主义精神》一书中,着力验证一个构想,即"透过任何一项事业的表象,可以在其背后发现有一种无形的、支撑这一事业的时代精神力量;这种以社会精神气质为表现的时代精神,与特定社会文化背景,有着某种内在的渊源关系;在一定条件下,这种精神力量决定着这项事业的成败"①。如果说经济"在创造出实效价值的同时,也创造着人文的、伦理的社会价值,涵贯着厘解人与人之间关系的道德秩序和价值范式,孕育着与之相应的人格和精神气质,产生着并行不悖的文化价值",那么基于一定理念形成的"带有普遍性的社会精神气质或社会心态"也推动了经济范式的形成②。同理,在全面推进依法治国,建设社会主义法治国家、法治政府、法治社会的过程中,同时也培育着一种全新的、现代化的生活方式、文明范式;而随着国家大力倡导的民主、自由、平等、公正、法治、敬业、诚信等价值观在大多数社会公众那里内化于心,外化于行,则中国特色社会主义法治建设大业亦会获得大的推动力。

---

① 中国大百科全书·社会学[M].北京:中国大百科全书出版社,1991:406.
② 孙兰英.意义的失落与重建[M].长春:吉林人民出版社,2005:112.

如果说新教徒群体的新教伦理是现代资本主义产生和发展的多元因果之一元,那么中国特色法治职业共同体在履职过程中展示的自律、审慎、担当、民主、公正、妥协、理性,以及党性等职业精神、职业人格特征等,则是中国特色社会主义法治事业的重要推动力。这也正是研究法治事业人力资源问题时,关注劳动力人格特征的原因所在。当然,出于剖析法治职业共同体精神和文化内质之所需,笔者对法治职业人格特征的分析侧重概念剖析和现象描述,职业人格特征作为劳动者的重要职业素养,从人力资源管理的实用性来看,更有价值的探索是建立测评体系和评价指标,以服务于人才引进;完善呈现职业人最佳人格特征的职业行为规范体系,以服务于人力资源的价值提升等;这些问题需要今后由多学科专业人员长期合作完成。

第三章
法治职业共同体的职业素养：职业道德

一、从"道德"到"法治职业共同体职业道德"

（一）道德与职业道德

"职业道德是从事一定职业的人在职业活动中应当遵循的符合特定职业要求的规范和行为准则，是同人们的职业活动紧密联系的、符合职业要求的道德准则、道德情操与道德品质的总和。"[①]职业道德作为与道德有关联的概念，其与一般社会道德的共性在于都有道德的特征。法律、道德、宗教作为三种实现社会控制，构建人与人、人与社会、人与自然、人与自我之间关系的手段，粗略来分析，法律关注主体的权利义务，道德关注主体对他人、他物的义务，宗教则关注主体对其信仰对象的义务。道德内容多是基于一定时期社会成员的主流价值选择而确定的是非观，为基于道德的"是"与"非"，主要取决于个体基于价值认同的自觉，而无强制力可约束。如此，推进道德素养养成很大程度上需要的是精神教化，路径主要是知识灌输、文化渗透等，职业道德中很多内容则表现出明显的宣示性、说教性特征。

职业道德与道德的主要区别是其与职业关联，规范性更强，除道德性的约束外，职业道德还有来自用人单位、行业协会、行政主管机关等的纪律性、强制性约束。当一项道德内容上升为职业道德时，如果从业者违反这一道德要求，则会给他的职业发展带来不利后果，比如"师生恋""未婚

[①] 肖群忠.中国伦理学年鉴(2013年)[M].北京：九州出版社，2016：297.

同居"一度属于道德关注的内容,但当某一高校通过规范程序制定的工作纪律中规定"师生之间不得未婚同居,违者学校有权辞退",则如果有教师违反这一职业纪律,其极有可能会失去教职。

现代社会是以职业为中心的社会,从事一定的职业是社会主体个人生存以及价值实现的主要条件,而职业道德是保证从业者顺利完成本职工作、建立良好职场关系的基本保证,也是支撑社会分工、规范行业发展、促进社会进步的重要因素。将与职业相关的道德内容进行量化、可控化是构建良好职业道德体系的路径之一。从这一角度来看,对职业道德做如下定义是恰当的,即职业道德是行业行政主管部门、行业协会、用人单位等基于职业发展需要而针对整个行业及其从业者倡导和制定的职业精神和行为规范。

(二) 共同体与职业道德建构

职业道德与共同体紧密联系,相互依存,一方面职业道德的形成与共同体紧密联系,另一方面职业道德对共同体的职业追求以及群体凝聚力也有极大的推动作用。正如涂尔干所分析的:在社会中,许多个体"拥有共同的观念和利益,情感和职业",他们彼此"相互吸引,相互追求,相互联系,紧密结合在一起",变成了社会中的一个特色鲜明的群体;这一共同体一旦形成了,群体的道德生活就会继续演化下去[①]。换言之,基于共同的伦理道德,人们形成共同体,找到了"整体感",继而同舟共济,自觉"依附于这个整体,与其休戚与共",用行动去捍卫这一共同体。涂尔干分析认为,"这种对超出个体范围的事物的依附,对个体所属的群体利益的依附,是所有道德活动的源泉",而"这样的整体感变得越来越强烈,最终被应用于共同生活的事务,共同生活成为最平常、最重要的生活,也变成了各种程式",从而在社会中形成了"道德规范的整体"[②]。作为职业群体产物的职业伦理道德,"必然带有群体的性质","群体的结构越牢固,适用于群体

[①] 涂尔干.职业伦理与公民道德[M].渠东,付德根,译.上海:上海人民出版社,2006:21.
[②] 涂尔干.职业伦理与公民道德[M].渠东,付德根,译.上海:上海人民出版社,2006:21.

的道德规范就越多,群体统摄其成员的权威就越大。群体越紧密地凝聚在一起,个体之间的联系就越紧密、越频繁,这些联系越频繁、越亲密,观念和情感的交流就越多,舆论也越容易扩散并覆盖更多的事物"。因此,"职业伦理越发达,它们的作用越先进,职业群体自身的组织就越稳定、越合理"①。

职业道德是某个职业范畴之内主体的职业伦理追求和行为规范,这个主体既可以指某职业共同体,也可以指某类岗位共同体,还可以指作为自然人的劳动者。也就是说,职业道德的体系有大有小,共同体意义上的职业道德内部结构是叠床架屋的,有时候与共同体外的其他职业群体,甚至其他共同体也存在勾连。"法治职业共同体"内部包含着法律规定的,以通过国家统一法律职业资格考试才可入职的"法律职业共同体";有基于不同性质用人单位而形成的职业群体,如立法机关、监察机关、行政机关、审判机关、法律监督机关、律师事务所等;有基于不同岗位职责形成的职业群体,如法律制度建构者、法律纠纷裁判者、法律事务代理者、法学理论阐释者等。共同体内某些职业行为需要共同体内外某些从业者临时加入职业团队,最典型的如立法工作,为了保证立法的科学性,有些专业性很强的立法,立法团队中不但需要法学学者、法律专家加入,还必须有相应的非法科专业人员加入。法治职业共同体内的法学教学科研队伍除归属于"法治"这一专业职业共同体外,还归属于"教育"这一行业职业共同体,也是较为特殊的职业共同体构成部分。

鉴于法治职业共同体是如此庞大的职业架构,我们在讨论共同体的职业道德时,则应有基本认识,即不可将共同体的职业道德构想得过分简单化。对于某个职业共同体来说,共同体内每一构成部分的职业道德细致恰当,则共同体整体的职业道德就能得到最好呈现。以法治职业共同体为例,如果共同体内法官、检察官、律师这三类职业群体的职业道德相同,则共同体整体的职业道德就一定是有问题的,因为此三类法治职业群体在法治建

---

① 涂尔干.职业伦理与公民道德[M].渠东,付德根,译.上海:上海人民出版社,2006:8.

设过程中的分工不同,如果他们的职业道德相同,说明各职业群体相互之间未能形成该当的互动制约,这三者的职业道德之间应有同有异。基于此,建设中国法治职业共同体的职业道德,必须向更精细化努力。

同时,基于如下两方面考量,全面推进依法治国,建设中国特色社会主义法治也必须高度重视法治职业共同体的职业道德建构:一是依法治国与以德治国的合力。当前我国的法治事业要坚持依法治国和以德治国相结合推进,只有法、德同步,社会治理才能得以有效实现,法治事业才会规避短板,才会有优良的发展环境。道德促进法律体系不断完善,法律规范保障道德底线不被突破。全面推进依法治国背景下,对法定治理主体的道德要求自然更高,法治职业群体是依法治理进程中基本的和专业的人力资源,作为担负治理分工的重要职业群体,对其的职业道德要求相较于其他行业应更为严格。二是社会规范和社会风气的整合。法治职业共同体作为与教师、医生同样重要的职业共同体,对通过"职业共同体建设实现新的社会整合"具有重要价值,而要实现这种整合,职业道德建设是首要路径。正如有学者分析的:传统社会对一些职业有着明显的角色期待,法官要公正不阿,医生要救死扶伤,教授要为人师表,而现实中存在的"司法腐败,医生'拿红包''吃回扣',教授剽窃、嫖娼"等现象则会极大地冲击社会公众的道德预期[①]。因此职业共同体的职业道德建设对社会规范、社会风气等的养成异常重要。

二、法治职业共同体职业道德建设概况

(一)法治职业道德建设的模式

法治职业群体的职业道德建构,与特定国家、特定法域的法治职业发展模式有很大关联。各国法治职业共同体职业发展模式有同有异,如美、英等国是行业协会主导下的一体化模式,德、日等国是"同训同考"支撑下

---

① 李强.职业共同体:今日中国社会整合之基础——论"杜尔克姆主义"的相关理论[J].学术界,2006(3):36-53.

的二元模式。在一体化模式下,"虽然法律职业的范围包括了律师、法官、检察官、公司法律顾问、政府法律官员以及法学教师等,但不管是法官、检察官、政府法律官员,还是公司法律顾问、法学教师,一般情况下都是从律师队伍中选任出来的"[①]。如此,律师职业成为其他法治职业的基础,对律师的专业教育保证了其他法治职业的专业素质。在二元模式下,进入职业发展序列之前,为了共同体有相同的思维方法、专业背景,知悉、理解相同的法律体系、制度规范,各国对法治职业从业者的入门要求和条件多是同一、同质的。

一体化模式下,其法学教育一定意义上可以说就是律师职业教育,"无论是从培养模式、课程设置,还是教学方法、执业考试上看,都具有很强的实用主义色彩",律师的职业道德得到全面而系统的培育,这种育成效果就会直接影响其他法治职业群体的职业道德。比如,当一个律师被选拔为法官后,对于基于法治职业共同体共性的职业道德,完全可以作为该从业者从事新职业后的新职业道德组成部分,其之后只要对新职业道德的特征性要求予以关注即可良好地开展新职业,并且鉴于新旧职业之间特征性职业道德内容的强烈对比,在其内心的印迹会更清晰,对新职业道德遵守的概率更高。同时,这种"因为前期从事律师职业,所以后期从事法官职业"的纵向式法治职业生成路径,更容易产生共同体意识,或者说对共同体的整体感更强烈。

经过法学专业学习后,"或者做法官,或者做律师"的横向开花式法治职业发展模式,职业道德需要从业者各自进入法官、律师等不同职业体系后再行强化,各职业类型的职业道德建构则分途而为,当然前期的同质化教育,以及后期的职业共同体研讨交流等互动行为,也会影响彼此对不同职业类型职业道德的认知。

我国的法治职业发展模式一度表现为"花开几朵,各表一枝",其独特之处,一是受过系统法学教育并不是从事法治职业的硬性要求,非法学专

---

① 何勤华,唐波,戴莹,等.法治队伍建设与人才培养[M].上海:上海人民出版社,2016:145.

业的劳动者只要能通过法律职业资格类考试,可以直接从事法治职业,甚至有些今天看来应为法治职业的岗位,一直以来对法律职业资格也未做要求,如立法工作者、行政裁决者等。二是一旦进入某类法治职业行业后,职业共同体之间的流动难度和成本较大,主要原因是我国用人单位的性质多有不同,相应的社会保障体系也不尽相同。三是除律师外,法官、检察官等主要法治职业岗位的取得需要通过国家公务员考试。基于此,我国法治职业共同体的职业道德建设模式表现出如下特征:

(1) 同质性专业教育基础不同,导致对入职后的职业道德内涵理解难以体系化。一些没有经过法律职业资格考试,甚至没有受过正规、系统法学专业教育的法治职业从业者,其专业知识基础的夯实与专业精神的养成需要一定的培训周期才能跟进,而其法学知识、法治精神与法治职业道德的融合则需要更长周期。随着我国司法体制、教育体制的改革,这种状况在慢慢好转,但存量劳动者多数资历老、职位高,他们对法治职业的影响力不容小觑。

(2) 共同体内职业道德的向度一致有难度。法治职业共同体内部因共同体事业追求需要而存在不同分工,相应的职业道德要求也存在差异,但基于知识体系、职业技能、思维方式的相似性,以及共同体相同的理想信念,共同体整体职业道德的向度应是一致的,即各司其职、良性互动、有效制约、群体协力推进法治建设。如果共同体内各职业种类之间流动不畅,则能够深层次了解对方职业道德体系、行为规范要求的人才就相对缺乏,各自为政、阻隔互动的职业模式,不利于改善各职业种类的道德体系,进而调整彼此在共同体中的行为规范,优化互动制约机制。

(3) 职业道德的职业特色较模糊。法治职业共同体中各职业群体在职业归属上有时具有多重性,除上述提及的法学教学科研群体外,法官、检察官这两类最典型的法治职业群体,还可归属于公务员群体。在2008年中组部与最高人民法院、最高人民检察院共同出台的《公开选拔初任法官、检察官任职人选暂行办法》中规定初任法官、检察官任职条件与资格,要符合《公务员法》《法官法》《检察官法》和《党政领导干部选拔任用工作条例》等的规定,初任法官、检察官均需通过公务员考试方能入职。事实上,典型的公务员是行政机关工作人员,行政官员的职业模式与法官、检察官差异很大。依《公务员法》,"服从和执行上级依法作出的决定和命令"是公务员应尽的义务,而《法官法》规定"审判案件,应当以事实为根据,以法律为准绳,秉持客观公正的立场"是法官的基本义务,《检察官法》规定"履行职责,应当以事实为根据,以法律为准绳,秉持客观公正的立场"是检察官的基本义务。履职依据差别如此,则相应的职业行为规范也应不同,职业道德是职业行为准则和规范、职业信仰和理念的总和,为了最大化地兼顾这些职业种类,则相应的职业道德制定一般也较宏观、抽象,职业特征不明显。

(二)中国法治职业道德建设状况

我国法治职业共同体内含有多个职业分支,各职业分支的发展路径、社会定位、用人单位性质等都有很大差别,法治职业共同体职业道德建构模式的中国特色非常明显。为方便对比,笔者选取几类典型的法治职业进行纵向、横向两方面分析,辅以介绍其他法域的职业道德建设状况,如此即可大致把握中国法治职业共同体职业道德的建设状况。

1. 中国法官职业道德建设状况

在《法官法》出台之前,我国专门针对法官的规范性文件较少,对法官职业的特殊性关照不足,法官应遵守的职业道德规则屈指可数,有一定联系的规定主要有1987年的《最高人民法院关于严明纪律的通知》,1993年的《中共中央政法委关于政法部门严肃纪律严格执法的通知》等。"这些规定没有区分法官与一般干警,也缺乏可操作性",故"法官缺乏一种合理而有效的职业道德约束"[①]。

表1将《法官法》出台以来有关法官职业道德的规范性文件做了详细梳理:

---

① 孙笑侠,等.法律人之治[M].北京:中国政法大学出版社,2005:130.

表1 《法官法》出台后中国法官职业道德建设状况

制定者及时间	文件	主要内容	特点
全国人大常委会1995年2月28日通过；2019年4月23日最新修订	《法官法》（有效）	法官应当：忠实执行宪法和法律，维护社会公平正义，维护社会公平正义，全心全意为人民服务；公正对待诉讼参与人，对一切主体适用法律一律平等，勤勉尽责，清正廉明，恪守职业道德；秉公办案，不徇私枉法，保障诉讼参与人诉讼权利，维护国家利益、社会公共利益，维护当事人合法权益，保守秘密，接受监督，有良好的政治、业务素质和道德品行；德才兼备。法官不得有下列行为：散布有损国家声誉的言论，参加非法组织，参加旨在反对国家的集会、游行、示威等活动；徇私枉法；贪污受贿，刑讯逼供，隐瞒证据或者伪造证据，泄露国家秘密或者审判工作秘密；滥用职权，侵犯自然人、法人或者其他组织的合法权益；玩忽职守，造成错案或者给当事人造成严重损失，拖延办案；利用职权为自己或者他人谋取私利；从事营利性的经营活动；私自会见当事人及其代理人；接受当事人及其代理人的请客送礼；兼任律师、兼任人大常委会组成人员、行政机关、检察机关、企业、事业单位以及其他社会团体的职务，兼任律师；从人民法院离任后两年内，以律师身份担任诉讼代理人或者辩护人；从人民法院离任后，担任原任职法院办理案件的诉讼代理人或者辩护人等	非专章专篇式规定，有关职业道德的内容分散在《法官法》的不同法律条文中

64

续表

制定者及时间	文件	主要内容	特点
最高人民法院1998年9月7日发布	《人民法院审判纪律处分办法》（试行）（失效）	法官不得有下列行为：违反立案、回避、收费、调查取证、财产保全、执行等基本制度；为当事人和律师牵线搭桥；私自会见所承办案件的当事人、代理人、擅自干涉下级人民法院审判工作；接受当事人及其委托的人的财物、宴请，或者违反其他有关规定；接受当事人及其委托的人的费用，以及向其委托的当事人及其委托的人及其委托的人及其委托方面提供的优惠；胁迫、诱使当事人撤诉；委托当事人及其委托的人住购物、装修等方面提供的优惠；胁迫、诱使当事人撤诉；复查，伪造或者故意毁损审判笔录；向合议庭、审判委员会报告案情故意隐瞒主要证据，重要情节，或者提供虚假材料；审判委员会讨论案件出错误裁判；复查，伪造或者故意毁损合议庭评议记录、审判委员会讨论记录；泄露审判委员会讨论案件的具体内容或者合议庭评议结果，审判委员会讨论案件的具体内容或者合议庭评议结果；拒不执行上级法院裁判；泄露审判秘密；私自制作诉讼文书，或者制作诉讼文书、诉讼文书，造成严重后果；无正当理由，拒不制作诉讼文书；不依法送达诉讼文书；不依法办理委托送达、调查取证协助、阻挠、干扰外地人民法院依法调查取证或本地外地人民法院依法采取法律规定采取强制措施；故意违反法律规定采取强制措施、执行措施、强制措施、假释；为谋私利故意拖延办反法律规定，对不符合减刑、假释条件的罪犯，裁定减刑、假释；私自办理执行案件、追讨债款、提审犯罪嫌疑人、押解犯罪嫌疑人或者其他诉讼材料，影响审判工作正常管不严，造成犯罪嫌疑人脱逃；故意损毁案卷或者其他诉讼材料，影响审判工作正常进行	1.该规范性文件中，通过列举应受处分的行为以呈否定性行为的方式体现了对法官的职业道德要求。2.该规范性文件中所列明的职业道德相关内容，整体上体系不明。3.有的内容非常具体、操作性较强

65

续表

制定者及时间	文件	主要内容	特点
最高人民法院2001年10月18日发布	《中华人民共和国法官职业道德基本准则》(失效)	第一,保障司法公正。1.应当切实做到实体公正和程序公正,并通过自己在法庭内外的言行体现出公正,避免公众对司法公正产生合理的怀疑。2.应当忠实于宪法和法律,坚持和维护审判独立的原则,不受任何行政机关、社会团体和个人的干涉,不受来自法律规定之外的影响。3.独立思考,自主判断,敢于坚持正确的意见。4.法官除履行审判职责外,不得探询其他法官承办案件的审理情况和有关信息。5.避免受到新闻媒体或者公众舆论的不当影响。6.法官在公众场合和新闻媒体上,不得发表有损生效裁判的严肃性和权威性的评论 第二,提高司法效率。1.勤勉敬业,全身心地致力于履行职责,不得因个人的事务、日程安排或者其他行为影响职责的正常履行。2.遵守法律规定的诉讼期限,在法定期限内尽快地立案、审理、判决。3.杜绝粗心大意,无故拖延,贻误工作的行为,认真、及时、有效地完成本职工作 第三,保持清正廉洁。1.不得直接或者间接地利用职务和地位谋取任何不当利益。2.不得接受当事人及其代理人、辩护人的馈赠,财物和其他利益。3.不得参与可能导致个人声誉和影响不得为了获得特殊照顾而对其廉洁形象产生不信任感的商业活动或者其他经济活动。4.妥善处理个人事务,不得为了获得特殊照顾而有意披露自己的法官身份;不得利用法官的声誉和影响为自己、亲属或者他人谋取私人利益。5.不得允许其家庭成员与其所任职的法院的职位相称。6.不得兼任律师、企业或者其他当事人及其代理人、辩护人及其代理人提供咨询意见或法律意见	1.该文件是专门的法官职业道德规范性文件 2.文件明确的法官职业道德基本准则体系较为全面,共设保障司法公正,保持清正廉洁,遵守司法礼仪,加强自身修养,约束业外活动等6大模块

第三章 法治职业共同体的职业素养：职业道德

续表

制定者及时间	文件	主要内容	特点
最高人民法院 2001年10月18日发布	《中华人民共和国法官职业道德基本准则》（失效）	第四，遵守司法礼仪。1.严格遵守各项司法礼仪，保持良好的仪表和文明的举止，维护人民法院的尊严和法官的良好形象。2.尊重当事人和其他诉讼参与人的人格尊严。3.开庭时应当遵守法庭规则，并监督法庭内所有人员遵守法庭规则，保持法庭的庄严。 第五，加强自身修养。1.加强修养，具备良好的政治、业务素质和良好的品行，忠实地执行宪法和法律，全心全意为人民服务。2.具有丰富的社会经验和对社会现实的深刻理解。具备忠于职守、正直善良、谦虚谨慎的品格，弘扬正义的良知，树立良好的学风，精研法理，汲取新知识，提高审判能力。3.有权利并有义务接受教育培训，制作裁判文书等各项司法技能，具备行为检点、培养高尚的道德情操，成为社会公正严格自律，行为自律，以及各种司法行为。4.在日常生活中，应当严格自律，行为检点，培养高尚的道德情操，成为社会公德和家庭美德的楷模。 第六，约束业外活动。1.从事各种职务外活动，应当避免使公众对法官的公正法和清正廉洁产生合理怀疑，避免影响法官职责的正常履行，避免公众对人民法院的公信力产生不良影响。2.杜绝与公共利益、公共秩序、社会公德和良好习惯相违背的，可能影响法官形象和公正履行职责的不良嗜好和行为。3.谨慎出入社交场合，谨慎交友，慎重对待与当事人、律师以及可能影响法官形象的人员的接触和交往，以免给公众造成不公正或者有邪恶性质的组织，并避免在履行职责时可能产生的困扰和尴尬。4.不得参加邪教性质的组织，并避免在履行职责时可能产生的困扰和尴尬。5.退休后应当继续保持自身的良好形象，避免因其不当言行而使公众对司法公正产生合理怀疑。	3.要具有引导性。对法官履行职责的要求，以及职务之外的行为规范均提出明确的"应当""不得"式要求。 4.职业道德规范的范围扩展至法官职业活动之外，包括工作之余和退休后

67

续表

制定者及时间	文件	主要内容	特点
最高人民法院 2005 年 11 月 4 日发布	《法官行为规范(试行)》(失效)	第一，坚定政治信念。坚持以马克思列宁主义、毛泽东思想、邓小平理论和"三个代表"重要思想为指导；坚持马克思主义发展观，为构建社会主义和谐社会而奋斗；坚持党的领导；维护司法公正，忠实执行党纪国法律等。第二，以法律为准绳，忠实执行宪法和法律等。第三，坚持审判独立，自觉抵制权势、金钱、人情、关系等对审判活动的干扰，依法独立审判，不受任何行政机关、社会团体和个人的干涉；敢于坚持正确意见，平等保护各方当事人合法权益，不偏袒一方。第四，保持司法廉洁。严格遵守有关廉政规定，不利用职务之便为自己或者他人谋取不当利益；不从事营利性活动，在业余或者其他组织中兼任职务。第五，加强职业修养。提倡崇尚法治，维护正义；公正廉洁，勤勉敬业，忠于职守；刚正不阿；正直善良，以人为本。第六，注重着装仪表。工作时间穿制服时，应当配套，穿便服时，做到整洁，庄重；工作时间不浓妆艳抹，不佩戴与法官身份不相称的饰物等。第七，约束言行，谨言慎行，不得有任何损害司法公正和法官形象的言行；态度温和，举止得体，乐于助人，庭审诉讼调解，对法官制作、执行、涉诉访处理的行为规范进行具体细化。第八，对案、对立案、庭审、诉讼调解、对法官从事业外活动下列规范进行具体细化；受邀请参加庭外活动、研讨活动，接受新闻媒体与法院工作有关的采访，授课等司法职务外活动，亲友邀请及子肩要求帮助解决，因私出国(境)探亲旅游等诉讼方式解决，亲友邀请，出入社交场所注意事项，本人及家庭成员需通过诉讼方式解决，因私出国(境)探亲旅游等	1. 该规范文件糅合了《法官法》和《公务员法》对法官、公务员的职业行为要求 2. 对法官信念的政治问题做出更加明确的要求 3. 对法官的职业外活动规范得更加具体 4. 更加重视法官的社会修养、自我修养、兴趣爱好等 5. 对法人格特征要求非常明显

68

第三章 法治职业共同体的职业素养：职业道德

续表

制定者及时间	文件	主要内容	特点
最高人民法院 2009 年 12 月 31 日发布	《人民法院工作人员处分条例》（有效）	第一，违反政治纪律的行为。主要包括以下行为：散布有损国家声誉的言论；参加旨在反对国家的集会、游行、示威等活动；参加非法组织或者参加罢工、违反国家的民族宗教政策；在对外交往中损害国家荣誉和利益的；非法出境，或者违反规定滞留境外不归；未经批准私自获取永久居留资格，或者取得外国国籍。第二，违反办案纪律的行为。主要包括以下行为：应当受理不受理，不应当受理违反规定受理，应回避不回避，请托人、代理人、辩护人及其辩护人不许担任代理律师、辩护人，或者为当事人介绍律师、违反规定会见当事人及其辩护人，过问案件；应调查取证、采取保全等措施，委托有关机构审计、鉴定、评估、拍卖等而不作为或乱作为；故意毁弃、隐匿、伪造证据、偷换证据，重要情节或者提供虚假情况的；泄露工作秘密；枉法裁判；违规撤、解、执；私放被羁押人员等。第三，违反廉政纪律的行为。主要包括以下行为：利用职务便利，非法占有涉案财物或者其他公共财物；利用司法职权或者其他职务便利，索取、收受他人财物；利用职权或者其他职务便利，为其他营利性组织中兼职，在企业或者其他营利性组织中兼职，为特定关系人谋取不正当利益。第四，违反组织人事纪律的行为。主要包括以下行为：违反议事规则，对职责范围内的重大事项，决定、处理不报告；违反规定选拔任用干部；隐瞒不报，或者向被举报人透露举报情况或者拒不执行上级依法作出的决定；违反规定职责范围内发生的重大事故、事件不按规定报告、处理；对职责范围内的违法违纪案件，压案不查，包庇起草；打击报复，销毁举报信件，或者向被举报人透露举报情况。第五，违反财经纪律的行为。主要包括以下行为：违反规定私设"小金库"；伪造、变造、隐匿、毁弃财务账册、会计凭证，财务会计报告；违反规定擅自开设银行账户；工程项目招投标；违反规定采购挥霍浪费国家资财	1. 该规范性文件将此前颁布的最高人民法院《人民法院审判纪律处分办法（试行）》《人民法院执行工作纪律处分办法（试行）》等文件进行了整合。2. 在该文件中对法院工作人员的违纪行为进行了专编排列。对违反政治、办案、廉政、组织人事、财经、履职等管理要求，违反社会道德秩序和规定的处分种类、幅度、变更等进行了规定

69

续表

制定者及时间	文件	主要内容	特点
最高人民法院 2009年12月31日发布	《人民法院工作人员处分条例》(有效)	第六,失职行为。主要包括以下因过失而产生不良后果的行为:应受理未受理、不应受理违法受理、错误裁判;错误采取或者采取各类措施、或应采取各类措施而未采取;超出规定期限办案违反、诉讼文书执行错误;工作秘密被泄露;案卷、材料损毁、丢失;职责范围内发生刑案、重大治安案件、国家和人民利益遭受重大损害性事故或者重大人员伤亡事故,使公共财产、国家和人民利益遭受重大损失等。第七,违反审判秩序和社会道德的行为。主要包括以下行为:因工作风纪懈怠、工作态度恶劣,造成不良后果;故意泄露国家秘密、工作秘密或者造成其他不良后果;酗酒后果;因酗酒影响正常事务;属发生不正当两性关系;重婚或者包养情人;与所承办案件当事人或者当事人的商业近亲属通奸,与所承办案件当事人有瞻养、抚养、扶养义务,或者虐待、遗弃家庭成员等;拒不承担赡养、抚养、扶养义务,或者虐待、遗弃家庭成员等	3. 该文件中法官与法院其他岗位工作人员的体规定,法纪律职业纪律特征性不甚清晰
最高人民法院 2010年12月6日发布	《中华人民共和国法官职业道德基本准则》(有效)	第一,忠诚司法事业。1. 牢固树立社会主义法治理念,忠于党、忠于国家、忠于人民,忠于法律,做中国特色社会主义事业的建设者和捍卫者。2. 坚持和维护中国特色社会主义司法制度,自觉贯彻落实依法治国基本方略,严格执行法律,自觉维护法律的权威和尊严。3. 热爱司法事业,珍惜法官荣誉,以维护社会公平正义为己任,认真履行法定职责。4. 牢固树立司法良知,遵守司法纪律,保守国家秘密和审判工作秘密,不从事或者有损国家利益和司法权威的活动,不发表有损国家和司法权威的言论。第二,保证司法公正。1. 坚持和维护人民法院依法独立行使审判权的原则,不受任何行政机关、社会团体和个人的干涉,在审判活动中独立思考、自主判断,敢于坚持原则。2. 坚持以事实为依据,以法律为准绳,避免主观臆断,超越职权、滥用职权,人情等因素的影响,正确把握法律精神,准确适用法律,合理行使裁量权,避免主观臆断,超越职权、滥用职权,确保案件裁判结果公平公正。3. 牢固树立程序公正与实体公正并重,严格按照法定程序办案,充分保	1. 该规范性文件对2001年《中华人民共和国法官职业道德基本准则》重大修订。2. 在该文件中提炼出了法官职业道德的核心基本要求:法官职业道德的核心要求,为公正、廉洁、为

第三章 法治职业共同体的职业素养：职业道德

续表

制定者及时间	文件	主要内容	特点
最高人民法院 2010年12月6日发布	《中华人民共和国法官职业道德基本准则》（有效）	障当事人和其他诉讼参与人的诉讼权利，避免执法办案中的随意行为。4.严格遵守法定办案时限，提高审判执行效率，及时化解纠纷，注重节约司法资源，杜绝玩忽职守、拖延办案等行为。5.认真贯彻司法公开原则，尊重人民群众的知情权，自觉接受法律监督和社会监督，同时避免司法审判性质受到外界的不当影响。6.自觉遵守司法回避制度，审理案件保持中立公正的立场，平等对待当事人及其代理人、辩护人，不偏袒或歧视任何一方当事人，不私自单独会见当事人及其代理人。7.等重其他法官对审判职权的依法行使，除履行工作职责或者通过正当程序外，不过问、不干预、不评论其他法官正在审理的案件。第三，确保司法廉洁。1.树立正确的权力观、地位观、利益观，坚持自尊、自警、自励。2.严格遵守廉洁司法底线，依法正确行使审判权、执行权，杜绝以权谋私、贪赃枉法行为。3.严格遵守廉洁司法规定，不接受案件当事人及相关人员的请客送礼，不利用职务便利或者自身份谋取不正当利益。3.不从事与参与或者其他营利性的经营活动，不在企业及其他营利性组织中兼任职务，不就未决案件或者再审案件给当事人及其他诉讼参与人提供咨询意见。4.妥善处理个人和家庭事务，不利用法官身份寻求特殊利益。按规定如实报告个人有关事项、教育督促家庭成员不利用法官的职权、地位谋取不正当利益。第四，坚持司法为民。1.牢固树立以人为本、司法为民的理念，强化群众观念，重视群众诉求，关注群众感受，自觉维护人民群众的合法权益。2.注重发挥司法的能动作用，积极寻求有利于案结事了的纠纷解决办法，努力实现法律效果与社会效果的统一。3.认真执行司法便民规定，努力为当事人和其他诉讼参与人提供必要	民。基本要求是忠诚司法事业，保证司法公正，确保司法廉洁，坚持司法为民，维护司法形象

71

续表

制定者及时间	文件	主要内容	特点
最高人民法院 2010年12月6日发布	《中华人民共和国法官职业道德基本准则》(有效)	的诉讼便利,尽可能降其诉讼成本。4. 尊重当事人和其他诉讼参与人的人格尊严,避免盛气凌人、"冷硬横推"等不良作风,依法保障律师参与诉讼活动的权利 第五,维护司法形象。1. 坚持学习,精研业务,忠于职守,秉公办案,惩恶扬善,弘扬正义,保持昂扬的精神状态和良好的职业操守。2. 坚持文明司法,遵守司法礼仪,在履行职责过程中行为举止规范、语言文明,态度平和,保持良好的职业形象和司法作风。3. 加强自身修养,培育高尚道德情操和健康生活情趣,杜绝与法官职业形象不相称、与法官职业道德相违背的不良嗜好和行为,遵守国家相关规定,避免因个人不当言行对法官职业形象造成不良影响。4. 法官退休后应当遵守国家相关规定,不干预执法办案,维护良好的个人声誉	3. 对于具体职业道德准则的表述更加精炼,从2001年版的50条减为30条 4. 突出"司法"这一职业道德的界域
最高人民法院 2010年12月6日发布	《法官行为规范》(有效)	一般规定:忠诚坚定、公正司法、高效办案、清正廉洁、一心为民,严守纪律,敬业奉献,加强修养 分则规定:对立案、庭审、诉讼调解、文书制作、执行、涉诉信访处理、业外活动监督和惩戒的行为细化。与2005年《法官行为规范(试行)》相较变化不大	规定法官退休后应当参照本规范的有关要求约束言行

72

综观中国法官职业道德建设的推进历程,以及现行有效的规范性文件之内容,大致可以得出如下两方面的初步判断:

一是对法官职业道德的建设一直在推进完善。《法官法》出台以后,最高人民法院出台了一系列有关法官职业道德建设的规范性文件,并根据中国政治、法治,以及社会整体发展状况不断进行修订完善。除上表列明的文件外,还有《监察部关于对犯错误的已退休国家公务员追究行政纪律责任若干问题的通知》(监发〔2001〕3号)、《监察部关于对犯错误的已退休国家公务员追究行政纪律责任中如何扣减退休金问题的答复》(监法复〔2004〕1号)、《人民法院执行工作纪律处分办法(试行)》(法发〔2002〕15号)、《关于严格执行〈中华人民共和国法官法〉有关惩戒制度的若干规定》(2003)等,这些文件从各个角度规范着法官群体的职业行为。

二是法官职业道德制度规范体系有待进一步优化。从上表可知,现行有效的有关法官职业道德的规范性文件主要是《人民法院工作人员处分条例》《中华人民共和国法官职业道德基本准则》(简称《法官职业道德基本准则》)、《法官行为规范》等。可以说《法官职业道德基本准则》是有关法官职业道德的原则性、总则性规定,《法官行为规范》是对法官职业道德的具体化,而《人民法院工作人员处分条例》则是对法官职业道德的保障性规定。但很明显,无论是从制定时间,还是具体内容分析,政策制定者制度体系化的自主意识并不强。比如作为保障性规范,2009年修订的《人民法院工作人员处分条例》在内容上不但未注意与2005年出台的《法官行为规范(试行)》中所规定的内容相对应,反而把1998年出台的专门针对审判人员的《人民法院审判纪律处分办法(试行)》进行合并,将对法官与法院其他岗位工作人员的职业纪律进行混合式规定。再如《法官职业道德基本准则》《法官行为规范》对应性也不强,后者在具体规定法官处理立案、庭审、诉讼调解、文书制作、执行、涉诉信访等各类职业行为的规范前,有一个一般规定,即规定法官要忠诚坚定、公正司法、高效办案、清正廉洁、一心为民、严守纪律、敬业奉献、加强修养,这事实上类似设置了另一套法官职业道德基本准则。

2. 检察官职业道德建设状况

作为最典型的两类司法职业群体,中国检察官制度与法官制度建构几乎是同步的。《检察官法》出台后不久,为了加强检察队伍建设,最高人民检察院随即出台了一系列配套规定,如《检察官考评委员会章程(试行)》《检察官培训暂行规定》《初任检察员、助理检察员考试暂行办法》《检察官考核暂行规定》《检察官辞职、辞退暂行规定》《检察官纪律处分暂行规定》等,此外,最高人民检察院还会同中共中央组织部、人事部共同出台了《检察官登记暂行规定》。在加强检察队伍建设的同时,检察职业从业者的职业道德制度化建设也同步开展。

表2将《检察官法》出台以来有关检察官职业道德的规范性文件做了详细梳理。

分析表2,可以看出,规范中国检察官职业道德建设的制度性文件,有效的除《检察官法》外,专门性规范文件主要有2016年的《中华人民共和国检察官职业道德基本准则》和《检察人员纪律处分条例》两部;又鉴于前者宣言性色彩明显,对检察职业从业者的职业行为缺乏实质性规范价值,所以真正具有规范效力的主要是《检察人员纪律处分条例》。从《检察人员纪律处分条例》具体内容来看,总体上较为庞杂,可以说围绕检察官方方面面的行为事无巨细都做了罗列,尽管最新的版本中对所列事项的类型做了较大归并,但职业行为和非职业行为混同、违纪行为和违法行为混同的问题依然存在。

3. 律师职业道德建设状况

中国律师业在1976年之后,大致发展历程如下:1979年《中华人民共和国刑事诉讼法》(简称《刑事诉讼法》)出台,对律师制度做了专章规定,律师制度恢复;1980年律师制度单行法《中华人民共和国律师暂行条例》(简称《律师暂行条例》)出台,该条例对律师的性质、任务、权利、义务、主要业务等做出较为全面的规定,律师制度不断健全;1986年司法部推进开展全国律师资格考试,律师向专业化方向迈进;1996年《律师法》出台,"《律师法》的颁布标志着具有中国特色、内容较为完备的律师法体系得以形成",中国的律师事业"迎来了蓬勃发展的黄金期"[①]。至此,中国律师的职业道德建设也开始全面展开,表3梳理了大致的制度建构过程。

---

① 何勤华,唐波,戴莹,等. 法治队伍建设与人才培养[M]. 上海:上海人民出版社,2016:128.

第三章　法治职业共同体的职业素养：职业道德

表 2　《检察官法》出台后中国检察职业道德建设状况

制定者及时间	文件	主要内容	特点
全国人大 1995 年 2 月 28 日通过；2019 年 4 月最新修订	《检察官法》（有效）	表同《法官法》所列	非专章专篇式规定，有关职业道德的内容分散在《检察官法》的不同法律条文中
最高人民检察院 2002 年 2 月 26 日发布	《检察官职业道德规范》（失效）	忠诚：忠于党，忠于国家，忠于人民，忠于事实和法律，忠于人民检察事业，恪尽职守，乐于奉献。公正：崇尚法治，客观求实，依法独立行使检察权，坚持法律面前人人平等，自觉维护程序公正和实体公正。清廉：摸范遵守法纪，保持清正廉洁，淡泊名利，不徇私情，自尊自重，接受监督。严明：严格执法，文明办案，刚正不阿，勇于纠错，祥卫法律尊严	该文件与 2001 出台的《法官职业道德基本准则》相较得非常简练
最高人民检察院 1995 年 8 月 7 日发布	《检察官纪律处分暂行规定》（失效）	检察官不得有下列行为：散布有损国家声誉的言论，参加非法组织，参加旨在反对国家的集会、游行、示威，罢工等活动；贪污、挪用公款，收受贿赂，挪用赃物，或对赃物和扣押物品、经商办企业或者其他营利性的经营活动、或利用职务之便为自己或他人谋取私利；经商办企业或参与其他营利性的经营活动，或利用职务之便为自己或他人谋取私利；经商办企业或自己会见案件当事人或其代理人、亲友，接受案件当事人或其代理人、亲友宴请；私自会见财经法规、纪律，为该起诉不起诉、为该立案不立案、或者改变案件性质徇私舞弊；泄露国家秘密或者检察工作秘密；私放人犯或纵轻人，为案件当事人或者其他人说情；伪造证据，改变案情或变造风报信；非法搜查他人身体、住宅，或者非法侵入他人住宅；非法剥夺他人人身自由	1. 该规范性文件系同年出台的《检察官法》的配套文件，此外还有《检察官培训暂行规定》《检察官考核暂行规定》《检察官辞职、辞退暂行规定》等一起出台

75

续表

制定者及时间	文件	主要内容	特点
最高人民检察院1995年8月7日发布	《检察官纪律处分暂行规定》（失效）	讯被告人或传讯他人；刑讯逼供；非法查封、扣押、冻结、没收公私财产；违反规定插手经济纠纷；干预他人办案或擅自办理案件；违反监管法规，对被监管人员实行体罚虐待，或者让监管人员为自己干私活；滥用职权，对举报人、控告人、申诉人或者当事人打击报复，陷害；因玩忽职守致使案犯脱逃或死亡；丢失案卷、案件材料或机密文件；玩忽职守，造成错案；故意拖延办案，贻误工作，造成严重损失，或者与其亲属、朋友参与赌博；参与淫乱活动；嫖娼、卖淫，制作、复制、传播淫秽物品；吸食、注射毒品，介绍、教唆、引诱他人嫖娼、卖淫；将枪支借与他人或聚众观看淫秽录像、并进行淫乱活动；嫖娼、卖淫；赌博、被骗、被盗；违反枪支管理规定，造成枪支失火、丢失、死亡；违反枪支使用管理规定，违反交通法规，造成重大交通事故或者私用公车造成损失，因公夫职责规定驾驶车辆丢失、被盗	2. 早期的纪律要求中对检察官行政监督权利的行使已经有了明确要求 3. 对从业过程中纪律要求突出了对检察官参与"黄赌毒"的惩罚
最高人民检察院2004年、2007年发布	《检察人员纪律处分条例（试行）》(2004)（失效）《检察人员纪律处分条例（试行）》(2007)（失效）注：2004与2007版之间只有微小调整，内容无本质差别	第一，违反政治纪律的行为。包括组织、参加反对党的基本理论、基本路线、基本纲领、基本经验或者重大方针政策的集会、游行、示威等活动；坚持资产阶级自由化立场，公开发表反对四项基本原则、反对改革开放的文章、演说、宣言、声明等；组织、领导会道门或者邪教组织，或者利用会道门、邪教组织进行违法犯罪活动；在国（境）外驻华使（领）馆申请政治避难；或者违反纪律私自违法后逃往国（境）外、外国驻华使（领）馆或公开发表反对党和政府的言论；编造谣言丑化党和国家形象；在涉及国家和人民利益的民族、宗教政策，损害党和国家严重利益的政治活动中，违反党组织决定或违反民主集中制原则，拒不执行或者擅自改变组织作出的重大决定，或者违反党纪决定，个人或者少数人决定组织的分配、调动、任免等重大事项；在干部选拔任用工作中，违反干部选拔任用规定；拒不执行组织决定	1. 对检察官的政治纪律要求相对严格，比如检察官发表不同意见的文章、领（境）外公开发表反对党和国家政策的文章"即给予开除处分

76

第三章 法治职业共同体的职业素养：职业道德

续表

制定者及时间	文件	主要内容	特点
最高人民检察院，2004年，2007年发布	《检察人员纪律处分条例（试行）》(2004)（失效）《检察人员纪律处分条例（试行）》(2007)（失效）注：2004版与2007版之间只有微小调整，内容无本质差别	交流决定；在干部、职工的录用、考核、职务晋升、职称评定等工作中，隐瞒、歪曲事实真相或者利用职务上的便利违反规定为本人或者他人谋取利益；以不正当方式谋求本人或者其他人用公款出国（境）、涂改考勤等违反有关规定基本人员谋取利益；以不正当方式求本人或者其他人用公款出国（境）、考场舞弊、临时出国（境）团（组）或者人员，擅自延长在国（境）外期限，或者擅自变更路线第三，违反办案纪律的行为。主要包括隐匿、销毁举报、控告、申诉材料，包庇被举报人，被控告人，或者滥用职权，对举报人、控告人、批评人及其亲友打击报复陷害；泄露国家秘密、检察工作秘密，非法提供、非法泄漏、刑讯逼供，非法讯问、非法搜查，非法处置公私财产信；徇私枉法，非法拘禁，贪污贿赂行为。主要包括利用职务上的便利，索取他人财物，侵吞、窃取、骗取或者以其他手段非法占有公共财物，或者利用职务上的便利，索取他人财物，或者非法收受他人财物为他人谋取利益。第四，违反廉洁从检规定的行为。主要包括利用职务上的便利的，非法占有国家、集体和个人财物；违反规定，接受可能影响公正执法的礼品馈赠、不登记交公；违反规定经商办企业，或者违反规定从事营利活动，或者利用职务上的便利为其支付的营利活动谋取利益；挥霍浪费公共财产，用公款超过规定标准乘坐对案件当事人及其亲友的小轿车进行奢华装修、健身活动，或者购买、更换超过规定标准乘坐对案件当事人及其亲友的小轿车，利用工作上的便利，私自向发案单位或者案件当事人及其亲友借用住房、财物或者交通、通信工具；私设"小金库"，乱收费、乱罚款，接受赞助，违规操办婚丧喜庆事宜	2. 文件罗列的受处分行为非常宽泛，几乎触及自然人生活的各方面，比如"妨碍社会管理秩序的行为"

77

续表

制定者及时间	文件	主要内容	特点
最高人民检察院，2004年，2007年发布	《检察人员纪律处分条例（试行）》(2004)（失效）《检察人员纪律处分条例（试行）》(2007)（失效）注：2004与2007版之间只有细微小调整，内容无本质差别	第六，违反财经纪律的行为。主要包括隐瞒、截留、坐支应当上缴国家财政的赃款赃物；违反规定将公款、公物借给他人、或者以个人名义存储公款；在财务管理活动中违反会计法律、法规第七，失职、渎职行为。主要包括不正确履行职责或者严重不负责任，致使发生重大责任事故，给国家、集体财资财和人民群众生命财产造成较大损失第八，违反警具和车辆管理规定的行为。主要包括擅给他人使用、违反枪支管理规定，擅自携带枪支进入公共场所，将枪支、弹药借给他人或者随意鸣枪、示枪桶吓他人或者警具管理规定使用不当，造成枪支丢失，违反枪支、管理规定，违反警车、警戒、警具管理规定第九，严重违反社会主义道德的行为。主要包括遇到国家财产和人民群众生命财产受到严重威胁时，能救助而不救；与他人通奸、与案件当事人及其亲属发生两性关系、重婚或者包养情妇(夫)；拒不承担抚养教育义务或者赡养义务，虐待家庭成员；道言陷害、侮辱、诽谤他人第十，妨碍社会管理秩序的行为。主要包括进行色情活动；参与卖淫嫖娼；以营利为目的的聚众赌博；走私、贩卖、运输、制造毒品，或者违反有关规定种植毒品原植物等	3. 非常具体、事无巨细地罗列对检察职业和非职业行为的要求，如"与他人通奸""重婚或者包养情妇(夫)""拒不承担抚养教育义务或者赡养义务"等均在处分之列

续表

制定者及时间	文件	主要内容	特点
最高人民检察院 2009 年 9 月 3 日发布	《中华人民共和国检察官职业道德基本准则》（试行）（失效）	第一，忠诚，即忠于党，忠于国家，忠于人民，忠于宪法和法律。 第二，公正，即树立忠于职守、秉公办案的立场，养成正直善良、温和平和的品格，培育刚正不阿、严谨细致的作风；依法履行检察职责，不受行政机关、社会团体和个人的干涉，敢于监督、善于监督，正确行使检察裁量权，依法客观全面地处置证据，不为金钱所诱惑，不为人情所动摇，不为权势所屈服，自觉遵守法定回避制度，正确行使检察裁量权，严格遵循法定程序，维护程序正义；树立人权保护意识，尊重他人人格，尊重律师的职业尊严，尊重庭审法官等。 第三，清廉，即秉持清正廉洁的情操，不以权谋私，不利用职务便利或者检察官的身份、声誉及影响，为自己、家人或其他人谋取不正当利益；不从事、参与经营活动，不参加营利性或者可能借助检察官影响力营利的社团组织；不收受案件当事人、法律任理人、辩护人或者诉讼代理人以及其他可能有损检察官廉洁公正形象的财物、利益；不兼任律师、法律顾问等职务，不私下为所办案件人介绍辩护人或者诉讼代理人；保持与合法收入、财产相当的生活水平和健康的生活情趣，退休检察官应当继续保持良好操守 第四，严明，即增强法律监督能力和做群众工作的本领，执法理念、行为、作风、语言文明；保持良好的职业操守和风范，仪表庄重、言行得体，维护检察职业良好形象	该文件系对 2002 年《检察官职业道德规范》（失效）的具体化，文件基本围绕 2002 年的检察官职业道德"八字方针"展开，即忠诚、公正、清廉、严明

79

续表

制定者及时间	文件	主要内容	特点
最高人民检察院 2016 年 11 月 4 日发布	《中华人民共和国检察官职业道德基本准则》(有效)	坚持忠诚品格,永葆政治本色;坚持为民宗旨,保障人民权益;坚持担当精神,强化法律监督;坚持公正理念,维护法制统一;坚持廉洁操守,自觉接受监督	1. 取代 2009 年的试行版 2. 口号性特征明显
最高人民检察院 2016 年 10 月 20 日发布	《检察人员纪律处分条例》(有效)	分 7 大类列明对检察人员的违纪分事项:1. 违反政治纪律行为;2. 违反组织纪律行为;3. 违反办案纪律行为;4. 违反廉洁纪律行为;5. 违反群众纪律行为;6. 违反工作纪律行为;7. 违反生活纪律行为	1. 在 2007 年试行版的基础上制定 2. 相较于 2007 年的规定,对违纪类型列得了合理归并,但违纪事项罗列得了详细,增加了 40 条条款

第三章　法治职业共同体的职业素养：职业道德

表 3 《律师法》出台后中国律师职业道德建设状况

制定主体及时间	文件	主要内容	特点
全国人大常委会 1996 年 5 月 15 日通过，2017 年 9 月 1 日修订。	《律师法》（有效）	以事实为根据，以法律为准绳；不得以诋毁其他律师事务所、律师或者支付介绍费等不正当手段承揽业务；不得从事法律服务以外的经营活动；维护委托人的合法权益，无正当理由的，不得拒绝辩护或者代理；保守在执业活动中知悉的国家秘密、商业秘密，不得泄露当事人的隐私；不得在同一案件中为双方当事人担任代理人，不得代理与本人或者其近亲属有利益冲突的法律事务；不得私自接受委托、收取费用，接受委托人的财物或者其他利益，侵害委托人的权益，与对方当事人或者第三人恶意串通，侵害委托人的权益；不得违反规定会见法官、检察官、仲裁员及其他有关工作人员，不得向法官、检察官、仲裁员以及其他有关工作人员行贿，介绍贿赂或者指使、诱导当事人行贿；不得以办理案件为由向法官、检察官、仲裁员以及其他有关工作人员提供不正当利益或影响依法办理案件；不得故意提供虚假证据或者威胁、利诱他人提供虚假证据，妨碍对方当事人合法取得证据；不得扰乱法庭、仲裁庭秩序，干扰诉讼、仲裁活动的正常进行；曾经担任法官、检察官的律师，从人民法院、人民检察院离任后二年内，不得担任诉讼代理人或者辩护人	非专章专篇式规定，有关职业道德的内容分散在《律师法》的不同法律条文中

续表

制定主体及时间	文件	主要内容	特点
中华全国律师协会1996年10月6日发布	《律师职业道德和执业纪律规范》（失效）	第二章律师职业道德规定如下：坚持为社会主义经济建设和改革开放服务，为社会主义民主和法制建设服务，为巩固人民民主专政和国家长治久安服务，为维护当事人的合法权益服务；忠于宪法和法律，坚持以事实为根据，以法律为准绳，严格依法执业；忠于职守，坚持原则，维护国家法律与律师职业正义；道德高尚，廉洁自律，珍惜职业声誉，保证自己的行为无损于律师职业形象；诚实信用，严密审慎，尽职尽责地为当事人提供法律帮助，保守在执业活动中知悉的国家秘密、当事人的商业秘密，当事人的隐私，尊重同行，同业互助，公平竞争，共同提高执业水平；敬业勤业，努力钻研和掌握执业所应具备的法律和业务知识，注重陶冶品德，提高服务技能和职业修养，遵守律师协会章程，履行会员义务	1. 该规范性文件中，列专章规定了律师职业道德 2. 该文件同时规定了律师在其工作机构中、与诉讼与仲裁活动中、与委托人、对方当事人，以及与同行之间关系的纪律要求 3. 制度体例非常容易产生执业纪律非职业道德的误导
司法部1997年1月31日公布	《律师违法行为处罚办法》（失效）	主要规定了如何处罚律师和律师事务所违反《律师法》（1996）规定的各类行为	相对简单，共13条

82

续表

制定主体及时间	文件	主要内容	特点
中华全国律师协会 1999 年 12 月 18 日发布	《律师协会会员处分规则》（失效）	由中华全国律师协会根据《律师法》和《律师协会章程》的有关规定制定的，主要对律师协会会员违反《律师法》和《律师协会章程》《律师职业道德和执业纪律规范》有关规定的行为，律师协会如何处分进行规范	该文件是程序性规范，主要规定了处分的种类、适用、管辖、实施机构、程序等
中华全国律师协会 2001 年 11 月 26 日发布	《律师职业道德和执业纪律规范》（已修订）	第二章律师职业道德基本准则规定如下：忠于宪法和法律，坚持以事实为根据，以法律为准绳，严格依法执业；忠于职守，尽职尽责，维护委托人的合法利益，维护国家法律和社会正义；诚实守信，勤勉尽责，掌握执业所应具备的法律知识和服务技能，不断提高执业与社会公德，模范遵守社会公德，注重陶冶品行和职业道德素养；珍视和维护律师职业声誉，保守国家机密、保守委托人的商业秘密及委托人的隐私；自觉履行义务，切实履行会员义务；积极参加社会公益活动	1. 章名由"律师职业道德"改为"律师职业道德基本准则"，表明本文件规定内容均为律师职业道德。第二章与其他章的关系为基本准则与具体规定的关系 2. 淡化政治性表述，增加了律师的社会公益责任

83

续表

制定主体及时间	文件	主要内容	特点
中华全国律师协会2004年3月20日发布	《律师执业行为规范（试行）》（已修订）	律师职业道德之基本准则：忠实于宪法，法律；诚实守信，勤勉尽责；依照事实和法律，维护委托人利益，维护法律尊严，维护社会公平、正义；注重职业修养，珍视和维护律师声誉，以影响言行，加强公众对于法律权威的信服与保守国家机密、委托人的商业秘密及个人隐私；努力钻研业务，不断提高执业水平；尊重同行、公平竞争、同业互助，积极参加社会公益事业；遵守律师协会章程，履行会员义务 律师职业道德之执业职责主要有：律师提供法律服务时，应当行独立的职业思考与判断，认真、负责；律师提供法律服务时，不仅应当考虑委托人的状况相关的可以适当方式考虑道德、社会、经济、政治以及其他与委托人的状况相关的因素等	1. 该文件专章规定律师职业道德，下分两节，分别是基本准则、执业职责 2. 除律师职业道德一章外，该文件还以收费规范、执业推广、执业过程中各种关系的形式规定了律师的行为规范 3. 执业纪律与职业道德呈并列关系
司法部2004年3月19日发布	《律师和律师事务所违法行为处罚办法》（失效）	围绕《律师法》"法律责任"一章规定的律师和律师事务所应受处罚的违法行为制定，具体细化"口袋条款"，明确处罚的具体种类、幅度等	与1997年《律师违法行为处罚办法》相较变化不大，未分章节，共17条

第三章 法治职业共同体的职业素养：职业道德

续表

制定主体及时间	文件	主要内容	特点
中华全国律师协会2004年3月24日发布	《律师协会会员违规行为处分规则》(已修订)	第一，规定个人会员有"同时在两个律师事务所以上执业的或同时在律师事务所和其他法律服务机构执业"等二十九项行为之一的，由省、自治区、直辖市及设区的市律师协会给予训诫、通报批评、公开谴责；第二，规定个人会员有"泄漏国家秘密的"等三项行为之一的，由省、自治区、直辖市及设区的市律师协会取消会员资格，同时报请同级司法行政机关吊销其律师执业证书；第三，规定团体会员有"采取不正当手段阻挠合伙人律师退所"等二十三项行为之一的，由省、自治区、直辖市律师协会给予训诫、通报批评、公开谴责；第四，规定团体会员有"受到停业整顿处罚后拒不改正，或者在停业整顿期间继续执业"等四项行为之一的，由省、自治区、直辖市律师协会取消会员资格，同时报请同级司法行政机关吊销其律师事务所执业证书	该文件相较于1999年版的《律师协会会员处分规则》，主要变化为将个人会员和团体会员应受处分的行为列举式规定，对进行列举式规定的行为引导更加明确
中华全国律师协会2009年12月27日发布	《律师执业行为规范》(已修订)	主要规定了律师执业基本行为规范，业务推广行为规范，律师与委托人或当事人的关系规范，律师参与诉讼或仲裁行为规范，律师与其他律师关系规范，律师与所任职律师事务所的关系规范，律师协会关系规范	"律师职业道德"一词未在该文件中出现

续表

制定主体及时间	文件	主要内容	特点
司法部2010年4月8日发布	《律师和律师事务所违法行为处罚办法》（有效）	第一，律师应予处罚的违法行为主要包括《律师法》规定的"律师"同时在两个以上律师事务所执业的""以不正当手段承揽业务的""在同一案件中为双方当事人担任代理人，或者代理与本人及其近亲属有利益冲突的法律事务的""从事诉讼代理或者辩护业务期间担任诉讼代理人或者辩护人的""私自接受委托、收取费用，接受委托人财物或者其他利益的""拒绝履行法律援助义务的"等。第二，律师事务所应予处罚的违法行为主要包括《律师法》规定的"违反规定接受委托，收取费用""违反法定程序办理业务变更名称、负责人、章程、合伙协议、住所、合伙人等重大事项的""从事法律服务以外的经营活动的""拒绝履行法律援助义务的""向司法行政部门提供虚假材料或者有其他弄虚作假行为的""对本所律师疏于管理，造成严重后果的"等	1. 该规范性文件分章子以处罚了"律师"和"律师事务所应予处罚的违法行为" 2. 内容相较于1997年版、2004年版，处罚办法大为扩充，共50条 3. 内容繁和《律师法》
中华全国律师协会2014年6月5日发布	《律师职业道德基本准则》（有效）	1. 坚定中国特色社会主义理想信念，坚持中国特色社会主义的本质属性，拥护党的领导，拥护社会主义制度，自觉维护社会主义法制，全心全意为人民群众服务，通过执业活动努力为维护人民群众的根本利益，维护公民，法人和其他组织的合法权益。 2. 把执业为民作为根本宗旨，全心全意为人民群众服务，通过执业活动认真履行法律援助义务，积极参加社会公益活动，自觉承担社会责任	1. 贯彻中共十八大精神，对律师提出了明确的党性要求

86

第三章 法治职业共同体的职业素养：职业道德

续表

制定主体及时间	文件	主要内容	特点
中华全国律师协会 2014 年 6 月 5 日发布	《律师职业道德基本准则》（有效）	3．坚定法治信仰，牢固树立法治意识，模范遵守宪法和法律，切实维护宪法和法律尊严。在执业中坚持以事实为根据，以法律为准绳，严格遵守诉讼规则和法庭纪律，与司法人员建立良性互动关系，尊重司法权威，维护法律正确实施，促进司法公正。4．把维护公平正义作为核心价值追求，为当事人提供勤勉尽责、优质高效的法律服务，努力维护当事人合法权益。引导当事人依法理性维权，维护社会大局稳定。依法充分履行辩护和代理职责，促进案件依法、公正解决。5．牢固树立诚信意识，自觉遵守执业行为规范，在执业中恪守职守、诚实守信，勤勉尽责，严格执业自律。积极履行合同约定义务和法定义务，维护委托人合法权益，保守在执业活动中知悉的国家秘密、商业秘密和个人隐私。6．热爱律师职业，注重陶冶个人品行和道德情操，忠于职业、爱岗敬业、尊重同行，维护律师的个人声誉和律师行业形象	2．确定律师职业道德核心为"忠诚、正义、法治、为民、诚信、敬业"
中华全国律师协会 2017 年 3 月 20 日发布	《律师执业行为规范修正案》（有效）	增加规定："律师应当把拥护中国共产党领导，拥护社会主义法治作为从业的基本要求""律师不得利用律师身份和以律师事务所名义炒作个案、攻击社会主义制度，从事危害国家安全活动，不得利用律师身份煽动、组织有关利益群体干扰、破坏正常社会秩序，不得利用律师身份教唆、指使当事人串供、伪造证据，干扰正常司法活动"	2009 年之后《律师执业行为规范》体例再做大的调整

87

续表

制定主体及时间	文件	主要内容	特点
中华全国律师协会 2017 年 1 月 8 日发布	《律师协会会员违规行为处分规则》（试行）（有效）	主要的违规行为有：第一，利益冲突行为，如"律师在同一案件中为双方当事人担任代理人"等。第二，代理不尽责行为，如"超越委托权限，从事代理活动"等。第三，泄露秘密或者隐私的行为，如"泄漏当事人的商业秘密或者个人隐私"等。第四，违规收案、收费的行为，如"不按规定与委托人签订书面委托合同"等。第五，不正当竞争行为，如"为争揽业务，向委托人作虚假承诺"等。第六，妨碍司法公正办理业务的行为，如"违反规定单方面会见法官、检察官、仲裁员"等。第七，以不正当方式影响依法办理案件的行为，如"对本人或者其他律师正在办理的案件进行歪曲、有误导性的宣传和评论、恶意炒作案件的"等。第八，违反司法行政管理或者行业管理事实或者有其他弄虚作假行为的"等。违反律师协会提供虚假材料，隐瞒重要事实或者有其他弄虚作假行为"等	1. 对会员违规行为通过专章的形式做出实体性规定 2. 将《律师法》《律师执业管理办法》《律师事务所管理办法》《中华全国律师协会章程》等文件中的律师及律师事务所纪律要求全面整合

88

分析如上有关中国律师职业道德的规范性文件，可以得出如下初步判断：

一是律师职业道德规范制度体系逐渐理顺。《律师法》出台以来，从1996年制定《律师职业道德和执业纪律规范》，1997年制定《律师违法行为处罚办法》，1999年制定《律师协会会员处分规则》，几经修改、调整，到2009年出台《律师执业行为规范》，2010年出台《律师和律师事务所违法行为处罚办法》，2014年出台《律师职业道德基本准则》，2017年出台《律师协会会员违规行为处分规则（试行）》等，中国律师的职业道德规范体系逐渐理顺。总的格局是通过《律师职业道德基本准则》抽象规定律师的"忠诚、为民、法治、正义、诚信、敬业"这六大职业道德基本准则；通过《律师执业行为规范》等为律师执业行为提供指引和依据；通过《律师和律师事务所违法行为处罚办法》《律师协会会员违规行为处分规则（试行）》等保障律师恪守职业道德，严守执业纪律。

二是律师职业道德的制约主体较多。律师作为体制外的法治职业群体，首先，其个体对自己的职业形象非常关注。因为律师的业务主要来自当事人一对一个案式的委托，当事人在选择律师时，出于对个体利益的关怀，一定会对所选律师的人品、能力等充分考量，而一个律师的好口碑，一定是通过长期严格遵循职业道德、执业纪律积累而成的。其次，律师事务所基于同样的口碑积累考量，既会对律所自身的形象高度重视，也会对加盟律师的执业行为充分关注。再次，律师协会作为律师自律组织，对律师职业共同体建设发挥着较大作用。表3所列的中国律师职业道德和执业纪律规范，多数由该行业组织牵头制定并保障实施。除此之外，中华全国律师协会还持续制定专项性执业规范，如《中华全国律师协会律师业务推广行为规则（试行）》(2018)、《律师办理刑事案件规范》(2017)、《律师和律师事务所诚信信息管理办法》(2014)等。最后，司法行政主管机关也是律师职业道德建设的重要推动主体。

4. 其他法治职业群体职业道德建设现状

综上，法官职业道德的核心是公正、廉洁、为民；检察官职业道德的核心是忠诚、为民、担当、公正、廉洁；律师职业道德的核心为忠诚、为民、法治、正义、诚信、敬业。在法官、检察官、律师三类典型法治职业群体的职业道德外,还有一些由不同制定主体发布的规范性文件,规定了其他法治职业群体职业道德的核心内容,如行政复议、行政处罚审核工作者涉及的公务员职业道德,仲裁员和公证员的职业道德等。具体如下:

第一,根据中共中央组织部、人力资源社会保障部、国家公务员局《关于推进公务员职业道德建设工程的意见》(人社部发〔2016〕54号),可知中国公务员职业道德以"坚定信念、忠于国家、服务人民、恪尽职守、依法办事、公正廉洁"为主要内容。

第二,根据中国公证协会发布的《公证员职业道德基本准则》(2011年修订),可知中国公证员的职业道德以"忠于法律、尽职履责、爱岗敬业、规范服务、加强修养、提高素质、廉洁自律、尊重同行"为主要内容。

第三,根据《教育部　中国教科文卫体工会全国委员会关于印发〈高等学校教师职业道德规范〉的通知》(教人〔2011〕11号),可知高校教师的职业道德以"爱国守法、敬业爱生、教书育人、严谨治学、服务社会、为人师表"为主要内容。

通过分析如上各种职业群体职业道德的核心词汇,以及诸多规范性文件,一定程度上可看出,我国法治职业共同体职业道德建设的共同体意识不足,主要表现为两点:一是对相关概念未形成共识。人们对道德、职业道德、个人道德、公共道德的内涵存在认知差异甚至冲突。这一问题的存在,使各行业在确定自身的职业道德时,既未注意体现职业类别的特殊性,也未注意职业道德的"职业性"。在笔者看来,只有从道德范畴中提炼出与职业关联性较强的那部分内容,作为职业道德并对职业者提出特别的遵从要求,职业道德的价值才能更好发挥。二是职业道德体系未形成共同体架构。法治职业共同体职业道德内容与共同体外其他职业混同,共同体内此职业群体职业道德内容与彼职业群体混同。

(三) 法治职业道德建设他山之石

在此,着重梳理其他法域法官和律师这两类典型法治职业群体的职业道德建设概况:

其一,英美法官的职业道德。英国是较早提出法官职业道德的国家,该国13世纪中叶后即产生了职业化法官。基于17世纪60年代大法官马修黑尔爵士"自我警示录"的启蒙,英国法官的职业道德建设,突出了诚实正直、深思熟虑、公正无私、敬业、慎重中立、对国担责、保持独立等职业精神,同时要求法官对职业外行为也要注意克制,如"不许介入任何诉讼事项;不许收取额外费用;不许对诉讼给予不公的偏袒;不许为当事人介绍律师;饮食有度,保持健康"等①。

美国是法官职业道德建设较为完善的国家。从《法官职业道德准则》(1924),《司法职业道德准则》(1972),《美国法官司法行为守则》(1973),到《美国法官行为守则》(1987)②,美国的法官职业道德规范越来越严格、规范,"这些准则包含了法官在法庭外的活动以及在法庭上的行为和责任,它告诫法官不受党派利益、利己的私利或相互矛盾的承诺——无论是由于金钱还是由于慈善的缘故——所影响,或给人以受这种影响的印象"③。"约束范围从法官的职业行为扩展到了日常行为。"同时,美国法官职业道德规范的配套监督制度也在不断完善,如《政府文明法》(1978),《道德改革法案》(1989)等,"对法官履行职务过程中的利害冲突、收受礼品、职务外服务的报酬、家庭财产的申报,甚至酒后驾驶等都作了规定"④。在美国,法官职业道德制度建设有两个突出特点,即强调"司法部对法官不良操守的独立处理"和"法官培训必须将法官职业道德作为必修内容"⑤。

历经多次修订的《美国法官行为守则》主要内容包括:法官应该维护司法的正直和独立;法官在所有活动中应该避免不当的行为或可能被视

---

① 英国法官·自我警示录[N].于秀艳,译.人民法院报,2001-04-30(B1).
② 刘政.民事诉讼理论探讨与制度创新:基于能动司法的视角[M].北京:中国法制出版社,2015:280-281.
③ 万鄂湘,李克.法官综合培训教程[M].北京:中国政法大学出版社,2006:51.
④ 刘政.民事诉讼理论探讨与制度创新:基于能动司法的视角[M].北京:中国法制出版社,2015:282.
⑤ 刘政.民事诉讼理论探讨与制度创新:基于能动司法的视角[M].北京:中国法制出版社,2015:282.

为不当的行为;法官应该公平和勤勉地履行职务;法官可以参与司法以外的活动以改进法律、法律制度和司法行政;法官应该约束司法以外的活动,尽量减低与法官职务冲突的风险;法官应该定时申报他与法律有关及司法以外活动所得的酬劳;法官应该克制自己的政治活动①。

其二,其他国家法官的职业道德。法国的《职业法官章程》中呈现出对法官"独立、正直、公正、服从法律和勤奋服务"等的职业道德要求,但法国法官职业道德建设中对"法官的业外活动约束较少,司法机关一般不干涉法官的私人生活"②。日本的《法院法》中呈现出对法官专注于法官职业的要求,不允许法官任职期间从事政治活动或经许可外的其他职务,更不允许从事其他"以金钱利益为目的的业务活动",故"日本法官职业道德建设的特色,就是突出强调法官不得从事第二职业,强调法官必须保持政治上的中立"③。俄罗斯的《法官地位法》则规定了法官宣誓程序,"将法官必须遵守的职业道德规范列入法官宣誓内容"④。

其三,大陆法系国家律师的职业道德。根据大陆法系相关国家立法规定,律师职业规则主要包括:不得私自接受委托;无正当理由不得拒绝提供法律服务;应当提供称职、高效、优质的法律服务;必须严守案件及当事人秘密;不得从事对委托人不利的活动;能且只能收取合理的报酬;不得妨碍诉讼和仲裁活动正常进行;限制律师兼职以及经营营利性业务等⑤。

其四,英美等国律师的职业道德。根据英国律师法和律师执业章程规定,其律师职业道德主要内容包括:不得招徕业务或进行广告宣传;不得同时作为纠纷双方的代理人;不得与无律师资格的人分享或同意与其

---

① 孙笑侠,等.法律人之治[M].北京:中国政法大学出版社,2005:130.
② 刘政.民事诉讼理论探讨与制度创新:基于能动司法的视角[M].北京:中国法制出版社,2015:282.
③ 刘政.民事诉讼理论探讨与制度创新:基于能动司法的视角[M].北京:中国法制出版社,2015:282-283.
④ 刘政.民事诉讼理论探讨与制度创新:基于能动司法的视角[M].北京:中国法制出版社,2015:283.
⑤ 陈业宏,唐鸣.中外司法制度比较(下册)[M].2版.北京:商务印书馆,2015:610-613.

分享律师费;担任治安法官的律师不得参与某些诉讼;不得担任不符合条件的人的代理人;负有保守秘密的责任;熟悉业务、认真负责;负有保护当事人权利的义务;不得在存在利益的案件中为不同的当事人担任代理人等①。在美国,"律师职业道德同其他行业的职业道德一样,有形的和无形的都很多",主要有律师不能支持和协助犯罪;要坚持回避原则;诚信为本;要尊重法官的裁决权等②。

三、法治职业共同体职业道德建设理念

(一)与一般道德相较,职业道德要有"强制性"

职业道德是特殊的道德,从概念本身来看,道德与职业道德是属种关系,是共性与个性的关系。一般说来,道德是"自然人关于是非、善恶、光荣与耻辱、公正与偏私、正义与非正义的观念、规范和原则的总和","道德的实施不是凭借国家强制力,而是主要依靠社会舆论、传统习惯和内在良知自觉维系"③。然而,道德也是人类社会中特有的一种关于精神、意识、思想的社会现象,道德内部包含着种类繁多的分支,当道德"以社会意志的形式出现,通过社会舆论、风俗习惯和内心信念等发挥作用,表现为章程、公约、守则、规范等形式"时④,其实施路径就不再总是那么单一。当道德与职业相勾连时,道德事实上就与行业规范、员工纪律、劳动合同、岗位职责,甚至法律等混同起来,此时道德就不再只是形而上层面的事情,而是与从业者基于职业建立的社会关系,都有了直接或间接的关联。以法官为例,基于审判这一职业行为,法官与任职单位、纠纷双方当事人、代理人、法官群体、法治职业群体等都有了关系,则法官原来的、基于一般道德要求的勤劳、正直、宽容、担当等精神、意志范畴的形象,在职业行为中

---

① 于绍元.律师学[M].北京:群众出版社,2001:193-196.
② 赵广俊.美国律师的职业道德[N].法制日报,2005-05-27.
③ 陈晓雷.法律运行的道德基础研究[M].哈尔滨:黑龙江大学出版社,2014:21.
④ 陈晓雷.法律运行的道德基础研究[M].哈尔滨:黑龙江大学出版社,2014:21.

就影响了法院的形象、当事人内心对审判的认可、律师的职业尊严,以及共同体在社会中的地位等。因此,职业道德作为一种特殊的道德,在道德原有的共性实施保障如舆论影响、习惯制约、良知促使外,出现了特殊保障机制,包括纪律处分、行政处罚、刑事处罚等。

基于职业道德的这一特点,在建构职业道德过程中,既要注意关注道德的基本特性,进行精神层面的灌输与宣示,也要注意将道德内容具体化,并有可强制约束职业道德实现的机制。从上文所列明的内容来看,中国法治职业道德建构路径基本上顾及了此特点,各法治职业的职业道德制度体系里,关于职业道德基本准则的规定,如《法官职业道德基本准则》《检察官职业道德基本准则》《律师职业道德基本准则》等所规定的内容多是宣示倡导性的,其目的就在于从肯定的角度让法治职业从业者确知、认同、强化行业的基本价值追求,使从业者知其然,在知的基础上期望能内化于心,外化于行。关于职业行为规范的规定,如《法官行为规范》《律师执业行为规范》等所规定的内容均是具体、明确、有操作性的行为要求,这些行为规范,不管是肯定式要求还是否定式告诫,均是抽象道德内容在职业中的具体化。关于惩处的规定,如《人民法院工作人员处分条例》《检察人员纪律处分条例》《律师和律师事务所违法行为处罚办法》《律师协会会员违规行为处分规则(试行)》等则是对职业道德要求的强制性保障。因此,评价一个职业的职业道德建设是否良好,既要分析职业共同体所宣示的职业道德内容是否合理适宜,符合职业所需,也要看良好的职业道德要求是否能够落实。

(二) 与个人道德相较,职业道德要有"职业性"

职业道德是基于职业而形成的行为规范,其外延应围绕着职业而设定,个人道德规范则围绕自然人包括工作在内的一切生活内容而设定。二者之间有关联但相对独立,评价标准并不完全一致。

职业道德与个人道德的关联性在于:第一,道德是职业道德与个人道德共同的属概念。基于此,二者的外延可能会有交叉重叠部分,比如"有担当""有正义感"等是个人道德外延,同时也是最恰当的法治职业道德外延。第二,职业道德与个人道德有可能同步实现。道德与动物和人共有的本能冲动有本质的不同,道德的本质在意志,"人的意志一产生,就与人独有的意识紧密联系着。道德意志,则与人的思辨观(意志)和人的情感观(情感)紧密联系着,组成道德意志行动,从而道德由此发生"①。也就是说,无论是职业道德还是个人道德,道德实现主体都只能是自然人或自然人群体,既然职业道德内容与个人道德内容有重合,那么当一个人的个人道德实现了,其职业道德极有可能也就得以实现;反之亦然,一个从业者职业道德良好,其个人道德可能也会表现不俗。

也正因此,人们经常会混淆职业道德与个人道德,将"好员工"和"好人"等同,而事实上这其中可能存在悖论,因为假如职业道德和个人道德的评价标准不同,一个"好员工"可能恰好就不是一个"好人"。拿加班来说,如果职业道德中的"爱岗敬业"包含不计报酬、"5+2""白加黑"式地加班,而个人道德要求对家庭、子女负责,那么"三过家门而不入"式员工,一定是"好员工",但在他的其他社会关系中,却极有可能得"差评"。同样,依不同的评价标准考量,一个"好人"也未必就是一个"好员工"。

由此,我们进一步分析职业道德与个人道德的不同。职业道德应强调与"职业"的关联性,职业道德影响职场对从业者的工作评价和其职业生涯,也影响从业者所在行业追求的群体价值目标的实现,同时职业道德的遵守依靠从业者自律和行业自律,违反职业道德,从业者会受到职业团体的否定性评价或制裁;而个人道德作为个人在日常生活中的品质反映,更多只是影响到其熟人群体对其个体的评价,除非自然人的个人道德问题社会化,影响大到冲击了行业的形象或者社会公德的养成。

具体到法治职业领域,法治职业道德的主体是法治职业从业者,法治职业道德规范的对象也应主要是从业者履行与职业有关的涉法事务行为,对与职业无关的行为应交由个人道德去调整。可能有人会质疑,依如上的道德规制分工,会得出"一个好法官却可能是一个对配偶不忠实的法官"的个案。在笔者看来,这个命题是成立的,即"对配偶不忠实的法官未

---

① 罗利建.中国人的美德塑造:意志伦理论[M].北京:中国经济出版社,2015:20.

必不是一个好法官",只是当"对配偶不忠实"这一行为脱离了纯私人的影响界域,影响到了职业形象、单位形象、行业形象,则应受到职业道德的约束。廓清这一理念的目的在于,我们应认识到在道德这一范畴内,有很大一些区域是职业道德具体化时无法企及的,特别是关涉到个人道德领域的部分。职业群体在对从业者的职业外行为进行规制时,应对个人道德规制部分有所克制,对职业范畴内的道德要求则可予以精细化。

(三)与社会公德相较,职业道德要有"特殊性"

理解"社会公德",核心是理解"社会"。社会是指人与人之间基于某种共识而结成的共同体。共识是社会的纽带,人们基于共识会进一步形成法律、伦理、宗教等人与人、人与自然、人与神等的交往规则,从而维持正常生活秩序,推进社会发展。社会与自然相对,在自然状态下,人与人之间因没有共识,因而与动物关系无异,人类为了区别于动物而形成的交互关系中,应当共同遵守一些最简单、最基本、最必要的行为准则,此即为社会公德。至于社会公德的主要内容,可以是"文明礼貌,助人为乐,爱护公物,保护环境,遵纪守法"[1],也可以是"凡是个人私生活中处理爱情、婚姻、家庭问题的道德,以及与个人品德、作风相对的反映阶级和民族共同利益的道德,通称为公德,包括'爱祖国、爱人民、爱劳动、爱科学、爱社会主义'以及社会主义公共生活中的一般道德要求"[2]。

理解"职业道德",核心是理解"职业"。职业是建立在社会分工基础上的人的社会角色,持续、稳定、专业化的职业发展,形成了一个个特征鲜明、可以类型化的职业分类,从事同一类型职业的从业者基于相同、相近或相关联的职业关系,生成了可识别、互相认同的职业文化和职业意识形态,职业道德也由是而生。

基于"职业"的职业道德对基于"社会"的社会公德有重要推动作用,因为现代社会,职业是家庭之外最重要的社会构成因素,"生产活动是人

---

[1] "天路公考"专家团队.公共基础知识[M].北京:中国铁道出版社,2019:101.
[2] 危国华,等.司法伦理学[M].武汉:武汉工业大学出版社,1993:122.

第三章 法治职业共同体的职业素养：职业道德

类最基本的实践活动","职业生活当然也应该是人类最主要的社会生活领域",因此"社会职业生活领域中的道德当然也就成为各个具体生活领域的道德的主体部分"①。2015年版《中华人民共和国职业分类大典》载明,我国当前的"职业分类结构为8个大类、75个中类、434个小类、1481个职业",至少2670个工种②。每一种职业都有其特有的道德规范性,即"职业活动必须符合国家法律和社会道德规范"③,社会公德中的很多道德外延都是对社会人的最底线、最基本的约束,职业道德的外延基本都是社会公德的外延。那么虽然不具有绝对性,但基于人的行为的一贯性,如下判断就可能是符合逻辑的,即一个职业道德良好的职业人,也应该是一个社会公德良好的社会人。

职业道德相较于社会公德,其特殊性也很明显,一个行业所要求的职业道德多数只直接影响行业内的从业者。职业道德的伦理要求很多"与共同意识并无深层的联系,因为它们不是所有社会成员共有的伦理","并非每个人都能够了解这些功能究竟是什么样子,应该是什么样子,或者在运用的时候个体之间究竟有什么样的特殊关系"④。比如,"公正司法、高效办案""严格执法,文明办案""遵守诉讼规则和法庭纪律,与司法人员建立良性互动关系",为"当事人提供勤勉尽责、优质高效的法律服务,努力维护当事人合法权益"等等,这些职业道德内容是法治职业群体的基本道德要求,但与社会公德并无直接关系。

综上,经由对比分析,我们基本明确职业道德是特殊的道德,其与个人道德有关联但相对独立,其推动社会公德形成但道德内容具有职业化特性。廓清这些概念的关系,我们在进行职业道德建构时,就既要兼顾"社会公德、职业道德、家庭美德、个人品德"推动的整体性,也要有目的、抓重点、明界线;不应把各种道德内容均列为职业道德,职业道德之外,还

---

① 李海波.职业道德[M].南宁:广西人民出版社,2014:36.
② 国家职业分类大典修订工作委员会.中华人民共和国职业分类大典(2015年版)[M].北京:中国劳动社会保障出版社,2015:7.
③ 国家职业分类大典修订工作委员会.中华人民共和国职业分类大典(2015年版)[M].北京:中国劳动社会保障出版社,2015:12.
④ 涂尔干.职业伦理与公民道德[M].渠东,付德根,译.上海:上海人民出版社,2006:7.

有其他道德类型,也不应对从业者的职业外生活过度干预,在职场之外,还有"诗和远方"。

以此考量,构建法治职业道德体系,有必要从整体上重新梳理、确定职业道德的内容。从共同体角度来看,因职业群体职业行为之间的高度关联性,各职业群体的职业道德内容也高度趋同,要素不外宪法至上、法律权威、清廉正直、公平正义、勤勉谨慎、惩恶扬善、扶弱济困、忠诚为民、诚信严明等。因此可以考虑将不同文件中所确立的职业道德规范进行整合,推进制定覆盖全部法治工作职业群体的"法治工作职业道德准则"。在此基础上,各职业群体再细化制定各自的工作纪律、行为规范等。当然也可沿用现有的建构模式,由各职业类群通过其主管机关或行业组织推进各自职业道德建构,但应剔除现有的职业道德体系中,那些与"本职业"关联度不大的内容。在笔者看来,类似严守纪律、敬业奉献、加强修养、依法办事、爱岗敬业、规范服务、提高素质、尊重同行等,作为法治职业道德内容略显泛化,法治职业道德应主要围绕公平、正义、规范、尽职、程序等内容构建。

四、法治职业共同体职业道德建构路径

(一)共同体意识是职业道德建构的内力

意识是人类特有的一种可控的精神活动。如果说"制造和使用工具"式的劳动"为意识的产生和发展提供了客观的需要和可能"[①],那么职业化、专业化、体系化的劳动则达到了人类意识的最高形式。法治是人类基于漫长的社会实践,通过群体自我意识的能动选择,最终认定的最不坏的治理方式。正是基于同样的意识,法治在中国经由过去一百多年的酝酿,以及执政党部署、宪法确定等,当前已发展到新的阶段,法治职业群体已经从众多劳动者群体中析出。依此,职业道德的内容和建设机制也就逐

---

① 郑国玺.马克思主义基础理论[M].成都:西南交通大学出版社,2005:29.

渐清晰起来。我们知道,意识具有认识客观世界,"确定目标,制订计划,选择实施方案""指导和控制人们行动""规范和调整社会成员的关系和行动"等作用①。因此,通过大力提升职业群体的共同体意识,可进一步优化法治职业共同体的职业道德内容和体系,有效实现各法治职业从业者岗位之间、各职业群体之间的相互促进、相互联系、相互制约。

(二)用人单位的制度化管理是职业道德形成的外力

追求法治的精神,建设法治的意志,共同体对职业追求的意识等是法治工作从业者职业道德提升的内力,其外力则主要是用人单位的奖惩、评价机制等。正如有学者分析的,尽管一个共同体必须要有统一的法律意志和价值追求,但由于"不是共同体使个体自觉接受统一意志,而是个体为了保障自身的私利要求共同体形成统一意志",共同体内部总会存在权利与义务不平等的分化现象,基于共同体内部"每个个体天然的利己性","共同体尽管外表更多地呈现出结合和一致,但其内部却是必然地存在着种种分离的现象"②。换言之,实现法治职业的职业道德,除了共同体意识的一体化,制度规范的完善外,真正实践还需要有区别于一般道德的强制力保障。这种保障力,除了从业者违反职业道德的行为因为突破职业的界域,受到行政处罚或刑事处罚外,在职业界域内,用人单位的制度化管理就成为基本保障力。与政府、行业协会等相比,用人单位能更为清晰、直接地监督从业者的职业道德状况,同时用人单位可以用更加多元化的管理手段制约从业者的从业行为,比如调岗、调薪、末位淘汰、评先、评优、评职称,直至开除等。

从管理的可操作性角度来看,落实职业道德,必须将职业道德中的宣示性、伦理性的要求具体化,要让职业道德的规范性更加明朗,更有操作性。以美国为例,美国律师职业道德的规则渊源,先后有《职业道德准则》《职业责任示范守则》《职业行为示范规则》等,职业道德所使用的术语越

---

① 徐文江,李凤龙,张洪亚.马克思主义哲学原理[M].北京:中国商业出版社,2013:44.
② 林林.法文化建构:穿越比较与社会的表象[M].重庆:西南师范大学出版社,2013:22.

来越客观、具体、有操作性。"道德"(ethics)这一术语首先"为职业责任(professional responsibility)这一更具技术性的术语所取代,到了《职业行为示范规则》,则直接宣示其调整的对象就是行为(conduct)"[①]。基于此,才可通过援引不断精细化的法治职业守则,对违反职业道德的从业者提起诉讼、进行处分和处罚等,从而既保护了当事人的权利,也净化了法治职业共同体。对于用人单位的内部管理来说,这种细化则应通过职工代表大会等民主程序,在单位内部形成劳动制度、员工守则,并严格执行之,唯此,职业道德才可能真正外化为行为方式。

---

① 王进喜.美国律师职业行为规则理论与实践[M].北京:中国人民公安大学出版社,2005:14.

第四章
法治职业共同体养成路径:法学教育

当前,法学专业毕业生是法治职业的主要人力资源,然而学法之人未必是法律人,法律人也未必就是法治人。一个合格的法治职业人才应当有基于法治理念、法治思维、法学知识、法律技能等支撑的工作能力、人格特征、职业道德等。按照一般人力资源常态的发展模式来看,一个法学专业毕业生的职业发展过程大致如下:成为学习法学专业的学生,获得相应学历学位和入职资格并正式选择从事某一特定法治职业,完成用人单位内部的上岗培训并正式成为推动法治事业发展的建设者,之后还要服从用人单位的纪律要求,不间断接受各类业务培训等,借助行业、专业或工作便利,慢慢进入法治职业共同体成员圈。理论上讲,在这一职业发展过程中,从业者应是越来越接近法治人的,但事实上,从社会人到法治人却是一个不断反复、存在变数的过程,需要用人单位、行业协会、主管机关,以及共同体本身持续不断地矫正和培养。笔者在第一章中曾论及,构建法治职业共同体的理念应予改变,我们应摒弃法学院人才培养一步到位的思路,要建立法学院与用人单位共构的理念;要坚持在职业发展的过程中持续提升从业者的职业素养;同时也要清楚法治职业群体的职业化、专业化、正规化,并不意味精英化,法治职业从业者做的是"人"的工作,整个群体要铺呈理性、仁爱、专业的群体气质,推动以法治而成就的社会整合。在深入讨论法治职业共同体的养成机制及路径时,有必要再次强调这些理念。

一、法治职业共同体的养成机制

基于各国各法域不同的权力架构和文明传统,法治职业共同体的构建模型也不尽相同,比如英、美等国是典型的一体化模式,德、日等国则实行"同训同考"基础上的二元模式。无论何种模式,各国都对法治职业从业者设置有相对严格的入职条件,职业道德要求也较高,用人单位对从业者有着惯行的人格特征期望。法治人才的培养都是由"学科教育、职业培训和继续教育共同组织并完成的,大多采用的是一种综合性的分阶段、相衔接的教育培训制度",即素质教育、专业教育、职业培训和继续教育的一体化模式[①]。

这种模式的关键问题是综合性推进、知识理念一体化、阶段相衔接,我国的法治职业共同体建构也需要重点围绕这几个问题下功夫。从客观状况来分析,虽然我国没有类似美国律师协会(ABA)那样高效能的行业管理主体,但我国是一党领导下的单一制国家,综合性推进某项政策的效率远大于行业组织,当然存在的不足是法治专业性可能受到政治功利目的的冲击。中共十八届四中全会《决定》对"加强法治工作队伍建设"做出了专门部署,为综合性推进法治职业共同体建设提供了政策支持,如果这些规划部署都能够遵循法治精神得以落实,那么关键问题就是如何保证政策落实中的专业性,防止外行推进内行建设,理想和行动背道而驰。为了保证政策落实中的专业性,在笔者看来,应重点从"知识理念一体化"角度着手。我国的法治建设理论体系、制度体系、实践体系等如何在"中国特色"的背景下,不背离"法治"的基本规律,这是需要法学研究者、法治工作推动者去协力解决的问题。法治职业共同体必须形成基本共识,并且在这些共识基础上加强互动、不断商讨,将共识制度化,进而从共同体共识向社会共识演化。"阶段相衔接"则是一个共同体建设综合性推进的技术性问题,难度最小。

---

① 霍宪丹,刘亚.法律职业与法学教育(上)[J].中国律师,2000(12):67-71.

从实际操作角度来看，培养法治人才，培育法治职业共同体，目前可以考虑的手段不外法学专业教育、法律职业资格考试、法律职业培训。这三者中法学教育是法治职业共同体构建的原动力，法学教育阶段学生授受系统的法学专业基础理论教育，以及初步的职业技能训练，熟知了法学专业的术语体系、知识体系、价值体系、职业体系等，这是法学专业人才后续参与职业资格考试和职业培训的前提。法律职业资格考试是风向标，因为与职业直接关联，特定区域内，职业资格考试内容的设置会引导法学教育课程体系设置，很多时候也会影响教师具体授课时的内容选择以及学生的学习兴趣。法律职业培训是跟踪器，法学专业人才的继续教育基本都通过职业培训担负，职业培训是法治职业从业者职业素养的重要养成阶段，同时，职业培训一直跟踪法治职业从业者的知识体系更新，也跟踪其职业技能的提升。原动力、风向标、跟踪器三者"三位一体"，互洽协同培养法治专业人才，这就是中国特色法治职业共同体的基本养成模式。对此，21世纪初已经有研究者意识到了法学教育、司法考试、法律职业培训是三位一体的，指出三者之间应相互适应、配合、促进、协调发展[①]，提出应建立起一个统一的证书体系，即"由法律学科教育学历文凭、法律职业资格证书和法律职业技能培训合格证书、法律继续教育注册证书所构成的"证书体系[②]。

　　后续有较多学者探讨了法学教育与法律职业资格考试之间的互动问题，但较少有将法律职业培训加入研究视域中者。有的学者则认为法学教育、司法考试、法律职业培训三者之间的关系应理解为线性、链条式关系[③]。

　　事实上，三者对法治人才的形塑过程并不总是线性展开，而是互洽协同的。法学专业教育要保证供给法律资格考试合格、足量的应试人才，也

[①] 霍宪丹.法律职业的特征与法学教育的二元结构[J].法律适用(国家法官学院学报)，2002(4):9-11.

[②] 霍宪丹.法律教育:从社会人到法律人的中国实践[M].北京:中国政法大学出版社，2010:71.

[③] 李红海.统一司法考试与合格法律人才的培养及选拔[J].中国法学，2012(4):54-72.

要支持职业群体的学历学位类培训。职业资格考试引导法学教育的内容、形式,同时为法律职业进行入职把关,储备人力资源。法治职业培训则应针对法治职业在职人员的不同情况,提出不同的培训要求,通过分立合并等多元组合方式开展培训。进而言之,法学专业教育以综合开展学科知识教育为主,法律职业资格考试是选择和储备法律职业人才的手段,法治职业培训重在管控从业者职业伦理并提升其职业技能,三者协同、互促才能成就法治职业从业者的专业化、正规化、职业化。三者发生作用的方式和机理各不相同:法学专业教育应保持其基本的自主自治权,在素质教育的基础上,作为"法学"教育,传授法律语言、基本法理和法律解释、推理等法律技能是基本内容和培育重点。法律职业资格考试本质上具有行政许可意义,意在考核把关,国家应通过对考核内容的设置筛选出有利于推动和实施国家法治政策和理念的、具有法律专业技能的人才。入职和职业发展培训则是为确保法治从业人员的思想政治素质、业务工作能力、职业道德水准等而强制开展的提升行为。对法学专业教育国家权力应较少介入,以促进学术繁荣;在法律职业资格考试中宜通过对考试内容的控制,实现理念与知识的权力引导;在职业培训中则可对从业者职业素养提出强制性要求。

　　法治职业共同体的这一养成机制,重点是专业教育、职业资格考试、职业培训在共同体培养过程中的互洽协同。法学专业教育的规模、布局、结构等问题重重,各界均有共识[①],因此研究如何破除现实格局,按理想的一体化架构开展专业教育是首要问题。其次,应研究法律职业资格考试新旧制度的衔接,立法、行政执法、法学教师等从业者的资格考试引导,法律职业伦理、职业道德以可见的形式考查等一系列问题。最后,要研究法治职业入职训和职业发展培训的衔接,以培训考核登记为支撑的法治职业从业者继续教育的全方位动态管理等。

　　法治职业共同体的这一养成机制,难点是"一体化"实践的体制困境。

---

① 王健.构建以法律职业为目标导向的法律人才培养模式:中国法律教育改革与发展研究报告[J].法学家,2010(5):138-155.

当下法学专业教育、法律职业资格考试、法律职业培训的主管主体各不相同,由哪个主体统筹推动协同机制运行是一个体制困境。有学者曾提出"建立非政府的全国法律教育专家委员会"[①],司法部恢复设立"法学教育司"[②]等设想,但至今法治职业的职业发展类培训推进主体依然是各行业主管部门、行业自律组织或各用人单位。法学专业教育则是"教育部门宏观管理、司法部门行业指导、教育行业协会自律管理、法学院自主管理"的"四位一体"模式[③]。同时从法治职业群体的身份区分来看,有体制内外、公务员与事业编制人员等不同类型,在我国人力资源与社会保障机制没有完成一体化之前,综合推动法治职业共同体构建,在很多方面需要突破。

二、法学教育的职业化倾向

对于法学教育,有的学者从教育属性角度分析,认为法学教育具有双重属性:即既具有教育属性,又具有法律属性;既是教育工作,也是政法工作;既是高等教育的组成部分,也是司法制度的重要构成;既是学科(专业)教育,也包含法律职业教育,是通识教育与职业素养教育的统一,主张"法学教育既要为建设一支高素质的同质化的法律职业共同体,同时也要为全社会培养法律人才、提供智力支持和广泛的社会服务"[④]。有的学者从教育内容角度分析:或者认为法学教育是精英教育、素质教育,主张"中国法学教育面临的最大问题是法学教育培养出的人才素质偏低,应用型、复合型的高层次法律人才缺乏,需要加强素质教育,培养复合型、高素质的法律精英";或者认为法学教育是职业教育、大众教育,主张"加强法律职业教育,以职业为导向建立法学教育和职业教育的链接机制,打造具有

---

① 霍宪丹,刘亚.法律职业与法学教育[J].中国律师,2001(1):48-49.
② 王健.构建以法律职业为目标导向的法律人才培养模式:中国法律教育改革与发展研究报告[J].法学家,2010(5):138-155.
③ 袁贵仁.创新法治人才培养机制[N].人民日报,2014-12-12(7).
④ 霍宪丹.法律教育:从社会人到法律人的中国实践[M].北京:中国政法大学出版社,2010:160.

扎实法律基础知识、娴熟法律职业技能和良好法律职业伦理的法律职业共同体"①。

从如上学界的观点可见,尽管对法学教育的认知角度不同,但人们对法学教育应与法治职业密切联系是形成共识的。从教育行政主管部门对法学的定位,也能明显地看出法学教育的职业化特点。多年来,我国的法学专业培养目标和要求并无实质性变动,其中培养目标主要为"培养系统掌握法学知识,熟悉我国法律和党的相关政策,能在国家机关、企事业单位和社会团体,特别是能在立法机关、行政机关、检察机关、审判机关、仲裁机构和法律服务机构从事法律工作的高级专门人才";培养要求主要为"学生主要学习法学的基本理论和基本知识,受到法学思维和法律实务的基本训练,具有运用法学理论和方法分析问题和运用法律管理事务与解决问题的基本能力"②。教育部、中央政法委员会于 2011 年发布的《教育部 中央政法委员会关于实施卓越法律人才教育培养计划的若干意见》(教高〔2011〕10 号)(简称《卓越法律人才教育培养计划的若干意见》),在该意见中,针对法学教育"还不能完全适应社会主义法治国家建设的需要,社会主义法治理念教育还不够深入,培养模式相对单一,学生实践能力不强,应用型、复合型法律职业人才培养不足"等问题,教育部、中央政法委员会对法学教育提出了新目标,即要经过 10 年左右的努力"培养造就一批信念执着、品德优良、知识丰富、本领过硬的高素质法律人才"。为此将"培养应用型、复合型法律职业人才"作为工作重点,将"培养涉外法律人才作为培养应用型、复合型法律职业人才的突破口"。在培养机制上要探索"高校—实务部门联合培养"和"国内—海外合作培养"机制;为强化法学实践教学环节,要求"加强校内实践环节,开发法律方法课程,搞好案例教学,办好模拟法庭、法律诊所","充分利用法律实务部门的资源条

---

① 郝艳兵. 法治中国语境下的法律人才培养模式研究[M]. 成都:西南交通大学出版社,2015:4-5.
② 中华人民共和国教育部高等教育司. 普通高等学校本科专业目录和专业介绍:1998 年颁布[M]. 北京:高等教育出版社,1998:43-44;中华人民共和国教育部高等教育司. 普通高等学校本科专业目录和专业介绍(2012 年)[M]. 北京:高等教育出版社,2012:66-76.

件,建设一批校外法学实践教学基地";在法学教育师资队伍建设方面,启动了高校与法律实务部门人员互聘制度等。可以说,这一政策性文件对法学教育的职业化定位更加突出,所以有学者认为:法学是一门应用性科学,"着重培养应用型法律人才已成为时代趋势"①。

基于《卓越法律人才教育培养计划的若干意见》的推动,多年来法学教育一直在为满足职业化的需要而努力改变,不少法学院校对自身的专业建设和学科方向做了调整、创新。有的学校设置了个性化的实践教学环节,如山西大学法学院有"辩论与口才"课程、中南大学法学院有"司法鉴定实验"课程、重庆大学法学院有"实践观摩教学"课程等。而"演讲赛"、"辩论赛"、"模拟法庭赛"、"法律诊所"、法庭旁听、法治职业场所参观、免费法律咨询等几乎成为各法学院培养学生法治职业能力的标准动作。有的学校推进开展了四年一贯制的项目训练,即"以项目为抓手,将课程、活动内容统一纳入项目中,四年不间断地开展","一年级开展法律职业感知项目训练,二年级开展法律职业能力专项项目训练,三年级开展法律职业能力综合项目训练,四年级开展法律职业创新创业能力项目训练"②。还有的大学直接设立应用法学院,开设应用法学二级学科。应用法学直接"以培养应用型、复合型法律人才作为根本的培养目标,即培养的法律人才应当具备扎实的法学专业基础理论知识,完善的人文知识结构,严密的逻辑思维能力,良好的语言表达能力,娴熟的法律职业技能,良好的法律职业道德以及运用法律理论和法学思维方式分析社会问题、解决社会问题的能力"③。作为法学二级学科意义上的应用法学,不同于传统法学二级学科,其"打破了学科之间的壁垒,以法律职业为界构建跨部门法、系统化的实务主导型的研究和教学模式,关注法律实施过程中运用法律的原则、方法、技术、规律等,开展对特定法律职业人员在法律实务中

---

① 郝艳兵.法治中国语境下的法律人才培养模式研究[M].成都:西南交通大学出版社,2015:117.
② 刘振红.如何成长为卓越法律人[M].北京:中国政法大学出版社,2016:28.
③ 郝艳兵.法治中国语境下的法律人才培养模式研究[M].成都:西南交通大学出版社,2015:6.

应用法律所需要考虑的诸种因素的研究,培养学生在法律职业实践中的法律综合运用能力和整体思维能力,并通过加大实务教学在课程中的比例保障法学教育和真实职业实践的深度融合"[1]。

综合来看,中国的法学教育呈现出如下特征:"法学教育完全承袭了以培养专门法律职业人才为特点的职业化教育模式";法律职业的发展又大大推动了法学教育向职业化模式的发展[2]。需要特别指出的是,在2018年教育部、中央政法委共同发布的《教育部 中央政法委关于坚持德法兼修实施卓越法治人才教育培养计划2.0的意见》(教高〔2018〕6号)中,对卓越法治人才教育培养目标要求的设定,职业化倾向相较要淡化一些,该意见指出要"培养造就一大批宪法法律的信仰者、公平正义的捍卫者、法治建设的实践者、法治进程的推动者、法治文明的传承者,为全面依法治国奠定坚实基础",培育一流法治专业人才,是"为全面推进新时代法治中国建设提供有力的人才智力保障"。这一目标设定,考虑到了对法治专业人才法治信仰、法治精神、法治文明等的培育问题。

三、法学教育职业化的内涵

尽管对法学教育的职业化倾向越来越明显,教育部公布的2018年版《法学类教学质量国家标准》中,将法学类专业教育直接定性为"素质教育和专业教育基础上的职业教育",但还是有研究者清晰地认识到"法学教育的培养目标不能局限于培养法律从业者,法学教育也不能和职业教育完全等同起来","我国的法学教育改革不可能走单纯职业化的道路,不可能完全移植西方的实用主义教学模式","职业化的法律人才单靠本科法学教育很难完成"等[3]。在笔者看来,那种认为法学教育就是职业教育,

---

[1] 郝艳兵.法治中国语境下的法律人才培养模式研究[M].成都:西南交通大学出版社,2015:6.

[2] 贾国发,尹奎杰.论我国法学教育模式改革的目标[J].东北师大学报(哲学社会科学版),2008(1):117-121.

[3] 郝艳兵.法治中国语境下的法律人才培养模式研究[M].成都:西南交通大学出版社,2015:5.

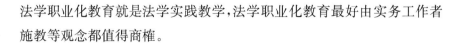

法学职业化教育就是法学实践教学,法学职业化教育最好由实务工作者施教等观念都值得商榷。

(一)法学教育培育学生职业化素养但不是职业教育

教育的本义是培育新生一代健全人格、综合素养、知识技能,为其走向社会生活做准备的活动。从学前教育、中小学教育到高等教育,这是一个系统性工程,对学历学位类教育的本质属性进行探讨,首先应从教育体系角度切入。私塾式教育是通才教育,所谓"上知天文,下知地理",随着人类的知识体系变得无比繁复,教育开始进行专业化分类,法学教育由此而生;基于所学知识广度、深度的不同,法学教育又分类出法学本科、硕士、博士等不同学位层次的教育。中国规范法学教育的法律主要是《中华人民共和国教育法》(简称《教育法》)和《中华人民共和国高等教育法》(简称《高等教育法》),而职业教育在中国另有《中华人民共和国职业教育法》(简称《职业教育法》)规范。依《职业教育法》规定,我国的职业教育是"职业学校教育与职业培训并举"式的,职业学校教育分初等、中等、高等三级,其中初等、中等职业教育主要由初等、中等职业学校实施,高等职业教育主要由高等职业学校或普通高等学校实施;从业前培训,以及转业、学徒、在岗、转岗等职业培训主要由相应的职业培训机构、职业学校实施。广义的法学教育有的可能确实是职业教育,但狭义的学历学位类法学教育不应称为职业教育。

我国《教育法》针对教育的定性,曾规定"教育必须为社会主义现代化建设服务,必须与生产劳动相结合",后又表述为"教育必须为社会主义现代化建设服务、为人民服务,必须与生产劳动和社会实践相结合,培养德、智、体、美等方面全面发展的社会主义建设者和接班人"。依此,不只是法学教育,可以说任何专业性教育都有职业化的诉求,但法学高等教育的"职业化因素""职业化导向"与"职业教育"有本质的不同。同时,在不同层次的高等教育中,对职业化的要求也不尽相同,如依《高等教育法》(2018年修正)第十六条规定,高等学历教育中的专科教育应当使学生"具有从事本专业实际工作的基本技能和初步能力";本科教育应当使学生"具有从事本专业实际工作和研究工作的初步能力";硕士研究生教育应当使学生"具有从事本专业实际工作和科学研究工作的能力";博士研究生教育应当使学生"具有独立从事本学科创造性科学研究工作和实际工作的能力"。

(二) 法学职业化教育有实践价值但不是实践教学

有学者认为"法学教育不仅仅是单纯的知识传授和学术培养,更多的是一种职业训练,教授学生作为法律职业者必备的技能和素质",为加强职业训练,要从实践教学着手改变,"要提高实践教学的质量,改变原有的教学模式",要让学生"在真实的案件中体会法律的真谛和自己所肩负的正义使命,在实践中把握法律职业标准,进一步确立法律职业工作者应有的职业道德和法律信仰"①。《卓越法律人才教育培养计划的若干意见》则提出法学教育要"加大实践教学比重,确保法学实践环节累计学分(学时)不少于总数的15%"。基于以上的学界认识及政策引导,各法学院校对实践教学的方式方法不断创新,在互相学习、借鉴的基础上形成了一些固定模式。如校内一般要组织演讲比赛、辩论赛、模拟法庭、法律诊所等各种类似教学活动,旨在提升学生的语言表达能力、临场应变能力、法律思维能力等;校外则加大了与法治职业用人单位的对接,建立各种校外法学实践教学基地,学生们通过参观办公场所、旁听庭审、专业实习等了解各法治职业的具体职业场景。

在笔者看来,加强实践教学当然对法学专业学生的职业化素养有切实的帮助,但是绝不可将法学职业化教育简单地理解为法学实践教学,认为职业化教育最好场景化,甚至认为不组织模拟法庭、不开展法律诊所式教学模式、不建立校外实践基地就完成不好法学职业化教育。法学职业化教育与法学实践教学有密切联系,但也有根本区别,前者的核心关注点应是内容,后者则是一种教学组织方式,理想的状态是这种实践性教学方式能够更好地提升学生的职业化素养。我们必须认识到法学实践教学组

---

① 邹晓红,齐秀梅.法学实践教学新探[J].教育与职业,2012(18):153-154.

织的形式多样,并不能保证学生的职业化素养就一定会同步提升,法学职业化教育也并不是一定要在法学实践教学中完成。

职业化教育,是一种以职业导向为指引的专业教育,对于法学专业学生来说,重要的是让学生在系统掌握法学理论知识、全面了解法律法规体系、娴熟运用文献数据检索工具的基础上提高"法律诠释能力、法律推理能力、法律论证能力以及探知法律事实的能力",因为这些能力才是支撑法学专业学生未来从事法治职业的基本能力。这种能力的培养与场景本身并没有太大的关联,而是与所受教育的内容与视角有关。法学教育常规的课堂教学,并不代表着就是在进行"填鸭式"灌输,更不代表着就是在进行纯理论知识教育。随着现代教育教学技术的提升,各教育机构教学设备的更新换代,慕课、微课、反转课堂等现代化教育模式的出现,教师们可以调动和使用的教学资源越来越广泛,而且学生对这些资源的获取时间、途径与教师几乎是同步同源的,应该说在课堂的方寸之间,完全可以实现连通世界,课堂之上也可将提高职业化训练的环节和理论教学完美融合。

案例教学法是法学教师经常运用的一种教学方法。这种教学法以现实的或虚拟的案例为切入点,培养学生运用法学理论知识、解决实际问题的能力。案例教学贴近生活,有情节、可讨论,便于教师激发学生的求知欲、表现欲,如果运用得好,可很好地培育学生的职业化素养,而能不能运用好案例教学法,与教师的能力、态度有很大关系。对比分析以下几种模式,一定程度上可以看出案例教学法对法学专业学生职业化素养的培育价值和路径。

1. 封闭式、描述性案例教学

封闭式、描述性案例教学的教学模式大致为:教师首先讲理论知识和法律规定,然后给学生一个自编或现实的案件素材,设定一些干扰条件,让学生根据教师刚刚讲授过的理论知识和法律规定来分析案件可能的处理结果,最后由教师公布标准答案。早期的司法统一考试试题,有不少是量"法条"而编案例,只要考生法条背熟,做对题目基本没难度。封闭式案例教学的模式与此类似,教师往往是为了加深学生对某个知识点的印象,而选择一个案例进行诠释,这种案例教学是最简单、机械的案例教学模式,教师的智力投入较少,没有特别的组织技巧,学生只需要简单推理即可得出结论,职业化素养训练效果较差。

2. 开放式、研究性案例教学

在信息时代,案例资源获得途径多元,裁判文书网、中国司法大数据服务网等司法资源数据库非常丰富,案例的获取已经不是问题;同时,从各类法治职业群体建立的微信公众号、App 等处也可以很快检索出不同法治职业群体对相似案件的观点、理念。在此条件下,案例教学可采用更灵活的方式开展。基于此,开放式、研究性案例教学的教学模式大致为:教师选取社会影响度大的案例或事件作为切入口,通过组织课堂教学,一方面给学生讲授完整的法学理论脉络,另一方面通过案例分析引导学生发现、对比、总结各法治职业群体如律师、法官、立法工作者等,对这一法学理论运用的视角、问题与不足,以及同一法治职业群体,如法官对这一法学理论在案件处理中的分歧与共识等等。具体组织教学的过程,可以是常规课堂模式,也可以采取翻转课堂模式,模式的选取由教师根据教学内容、教学对象的学习主动性和能力等而定。翻转课堂自不必说,学生前期必须投入较多精力,先行自主学习教师提供链接的各类资料或录制好的微课等,在课堂上才能有效参与讨论;即使是采用常规课堂教学模式,该教师也可通过前期布置作业的方式,"逼迫"学生动起来。这一案例教学模式,教师备课任务很重,在组织学生研讨、分析之前,教师要先行搜集、整理、制作、掌握大量的资料,做到心中先有数,以便在课堂上做到快速引导与精准点评,将对学生掌握并运用法学知识、法律规范、法学思维、法学方法等,解决实践问题能力的培养贯穿点评过程中。通过这种教学模式,教师可以"润物细无声"地培育学生的职业化素养。

3. 对抗式、实案性案例教学

对抗式、实案性案例教学的教学模式大致为:教师选取一般案件类型,从当事人视角,提供案例的基本框架,将学生分配成不同的对抗性角色组,由学生根据一般经验自主构想案情,准备对抗性法律文书、证据等,在特定时间组织模拟对抗。教师负责指导与点评,在点评的过程中,系统诠释专业知识。这种模式的案例教学多用在程序法教学中,一些适用频率较高的实体法知识模块的教学也非常适合运用这一教学法。比如侵权损害赔偿问题,与人们的日常生活紧密联系,实践中案件众多,在有限的教学课时限制下,教师不可能对每一种侵权损害类型都进行案例教学,但在系统讲授基本理论的基础上,可通过精细训练"交通事故"这一类人身损害赔偿案件的实务处理,引导学生触类旁通学会如何确定损害赔偿范围、提交何种证据支持诉请、运用何种归责原则索赔等实务技能。这种对案例处理方法的训练是一种很好的职业化能力训练,这不仅仅是对某个知识点的学习,而且是一种从事法治职业的工作方法的训练。一起普通交通事故类索赔案,仅在接案环节,就要学会引导当事人陈述对案件处理有关的情节,要帮助当事人理性确定索赔范围,要精确释明医疗费、误工费、交通费、营养费、护理费、住院伙食补贴、车辆损失、残疾赔偿金、残疾辅助器具费、鉴定费、精神损害抚慰金等索赔项的具体计算标准,要指导当事人提供支持诉请的证据,并释明交通事故认定书、司法鉴定意见书、门诊病历、费用票据及收入证明等证据材料的合法性标准等等。在进行类似训练的过程中,不但训练了学生的实案操作能力,同时也可调动其对理论知识探究的主动性、针对性,提高其法律适用的精准度,对学生职业化素养的培育效果明显。

如上关于案件教学方法的讨论,旨在说明职业化教育与场景本身关联不大,相关训练完全可以在课堂教学中得以实现,但这并不意味着笔者主张法学教育不推进实践教学。实践教学是经过实践检验对学生职业能力有重要养成价值的教育环节,实践教学的亲临感、在场感对受教育者"职业认同感"的熏陶有重要价值。法学教育实施者应认真探索思考在组织法律实践教学时,如何开展职业化素养的训练,如果不能正确地理解职业化养成的关键,则实践教学只能流于形式,所谓的实践教学不过是换一个场所继续搞"填鸭式"教学。

(三)法学职业化教育与实务关联但不宜过度依赖实务工作者

《卓越法律人才教育培养计划的若干意见》提出的"加强法学师资队

伍建设"这一主要任务,决策方向无疑是正确的,提升法学教育水平,无论是理论教学还是实践教学,师资队伍建设都是关键。为落实这一任务,决策部门提出的实施措施是:实施高校与实务部门人员互聘"双千计划"。为此教育部、中央政法委员会、最高人民法院、最高人民检察院、公安部、司法部等单位联合发布《教育部　中央政法委员会　最高人民法院　最高人民检察院　公安部　司法部关于实施高等学校与法律实务部门人员互聘"双千计划"的通知》(教高〔2013〕8号,简称《"双千计划"的通知》)规定了高校与法律实务部门人员互聘的主要任务、选聘条件、选聘程序、考核管理、政策保障。在2018年《教育部　中央政法委关于坚持德法兼修实施卓越法治人才教育培养计划2.0的意见》中,对师资队伍问题,相关部门又提出一些新的改革举措,比如提出构建"法治人才培养共同体"的概念,要求"推动建立法治实务部门接收法学专业学生实习、法学专业学生担任实习法官检察官助理等制度,将接收、指导学生实习作为法治实务部门的职责";为引导发挥政府部门、法院、检察院、律师事务所、企业等单位在法治人才培养中的价值,在要求继续推进双向交流机制,"选聘法治实务部门专家到高校任教,选聘高校法学骨干教师到法治实务部门挂职锻炼"的同时,鼓励在法学院校探索设立"实务教师岗位",以吸收法治实务部门专家参与教育法治人才的全过程,包括"培养方案制定、课程体系设计、教材编写、专业教学"等。除类似于"双千计划"这种"按各省(区、市)总名额分年度向省域内高校和法律实务部门下达互聘推荐名额"方式产生的师资外,各法学院校还通过非全时聘用、柔性聘用、兼职导师、专题讲师等各种方式聘请法律实务工作者作为法学院校的编外教师。

　　将实务工作者请进高校助力法学教育当然对学生的职业化教育有增益,但如果认为法学职业化教育只有实务工作者施教效果最佳,则是片面的。教师职业与法律职业一样,国家都规定了严格的从业者入职资格。法学教师的养成和法律实务工作者的养成路径不同,前者在岗前多需要经过教育行政主管部门的培训,要对教育学、心理学、教师职业道德等进行集中学习、考核;在上岗前多数还要经过用人单位的职业培训,要对课堂教学组织规范、现代教学技术的运用、教育教学理论方法等进行全面了解;最后则要保持专业知识的可持续提升培训等。二者的相似之处不过是工作过程、工作行为都与法学、法律、法治等问题有关。一个优秀的法律实务工作者并不当然是一个优秀的法学教师,法律实务工作者对法律问题的解决多数必须是非分明,而法学教师对法学问题的解决多数并不要求确切的结论,更多是给学生拓展思路、启发思考,引导学生寻求分析问题的视角和方法。从选聘条件来看,《"双千计划"的通知》中规定到高校法学院系兼职或挂职任教的法律实务部门专家"应具有较高的思想政治素质,忠于党、忠于国家、忠于人民、忠于法律;具有10年以上法律实务工作经验,较高的职业素养和专业水平,实绩突出;法学理论功底扎实,对本专业领域法律问题有较深入研究;爱岗敬业,能够在聘期内完成相应的教学任务",而对其作为教师的素养和技能并没有特别要求。如此,最优的状态当然是一个法律实务工作者天然地懂得,或者悟性很高地很快习得教育教学方法,从而能将其职业过程中积累的经验带入、融入学生的知识体系,而不是通过实务的经验打散学生的知识体系,但这对法律实务工作者来说是一个需要投入较多精力的新挑战。有学者描述,法律实务部门专家"选聘到高校兼职或挂职以后,在原部门的实际工作量没有减少,也没有专门的时间给予备课",因此兼职或挂职事实上成了实务工作者的额外负担,导致"这些专家在高校的时间并不多,一般上完课即离校,与学生的接触、交流较少"[1]。在笔者看来,培育法学专业学生职业化素养过度依赖或消费实务工作者,甚至将这部分工作完全交由实务工作者承担是不妥的。这种做法一方面会使专任教师放松自身对法学职业化教育的有意识关注,认为这是实务教师的事,不去主动提升自身的职业化教育能力,或者在教学中不去主动发挥自身的职业化教育价值;另一方面也会误导学生出于就业需要而功利化地选择实务教师,从而忽视专任教师的课程。

由此引出下一个问题,即法律实务工作者兼职任教的模式。实践中,

---

[1] 王立民."双千计划"与法治人才的培养[J]. 上海政法学院学报(法治论丛),2017,32(5):76-83.

法律实务工作者的任教模式包括但不限于到学校开设研习专题、系列讲座,分担某门课程并以每周几节分散式授课,在实务场所以学徒制模式训练学生实务能力,此外,还可通过录制微课、网课、慕课等作为专任教师的教学资料。这些模式各有利弊,比如:专题讨论存在知识的系统性不能保证问题;每周分散教学则对实务工作者工作节奏干扰太大;学徒模式下,教学场所的容量以及受教学生人数受限;等等。较好的模式是实务教师和专任教师合作教学,实务教师通过参与讨论、提供思路等方式展示职业场所中对某些法律问题的思考,这些思考通过提供文字材料、微课视频、现场研讨、远程线上连接等展示,可由专任教师整合为课堂教学的环节、资料等。如果学生到实务工作单位实习、见习等,作为学生的校外实习指导教师,实务工作者对学生的教育重点是传授实务经验和职业规范,也就是说要围绕教会学生"如何为法治职业行为"发挥自身的价值,而不是如专任教师般,以传授理论知识和法律法规规定为重心。

此外,无论是将对学生的职业化教育,"作为法治实务部门的职责",还是在法学院校设立"实务教师岗位",都涉及一些操作上的难点。法院、检察院等国家机关类实务部门的职责都是由法律或各单位"三定"方案严格设定的,不应直接通过文件或命令的方式轻易增减这些部门的职责,即使是律师事务所、企业类单位,是否承担对法学专业学生的培育任务,也应由其自主决定。另,法学院校设立"实务教师岗",对院校来说问题不大,但对实务工作者及法治实务部门来说,有一系列问题需要考虑,比如,实务工作者个人的职业生涯发展问题,实务工作者岗位职责、薪酬待遇、考核评价与国家公务员、法官、检察官人事管理制度的衔接问题等。基于此,"双千计划"一定程度上可以改为以教师单向交流计划为主,即着力提升专任教师的"双师"能力。"双师型教师"拥有相应资质与经验,既能担任专业理论教学,又能胜任职业技能训练,还可以指导和带领学生进行专业生产或实践,是各高校,特别是应用型高校教师培养的一个重要方向。法学教育的应用性特征决定了培养法学老师的"双师"能力也很重要,高校法学专业课教师如果能定期到法治实务部门兼职或挂职,教师们通过兼职或挂职实实在在地参与到实务工作中,真正地审理、代理案件,制作起诉书、裁判文书,参与、组织庭审等,则其对法律实务的理解将更直观。因其长期从事科研、教学工作,一方面更善于对相关工作展开理论探索和学术总结,另一方面基于自身教学工作的需求,也较实务工作者更加注意那些习以为常但对教育教学却有重要意义的工作内容。

综上,对学生的职业化教育,法学教育工作者可向法治实务工作者及其单位借力,但不宜"甩锅",实务工作者有自身的社会分工,教育者始终应是教育工作的主导者。换言之,从社会分工角度来看,院校对教师进行培养,以提升师资的教育教学能力和综合素养,是其人事管理的基本模块,法学院校是承担法学教育的该当主体,法学院校可为了提高自身人力资源的价值而采取各种措施。近年来各高等学校为了提升教师教育教学能力,纷纷成立教师发展中心等科室专司师资培养、教师职业生涯规划等,去实务部门锻炼是其培养师资的较好途径。从法学教师的实务能力培养来看,教师兼职从事律师等法律实务通道没有问题,当前培养法科教师实务能力比较困难的通道是挂职法院、检察院等国家机关。如果能依托现在"双千计划"等的操作模式"按照相关任职的法定程序与要求进行审批或任命,并在聘期期满后免去其挂职职务",法学院校对专任教师法治实务素养的培养体系则更全面。总之,优秀的法治实务工作者直接参与培养法学专业学生很有价值,但培养提升法学专业教师自身的能力更为重要。

四、法学教育对职业化的兼顾

法学教育不应被简单理解为职业教育,法学院校也不是技工学校,但法学教育必须关注法学专业学生的职业化素养培养。根据法学教育与法治职业的关联程度,不外兼顾职业化教育与专司职业教育,前者重点关注教育,后者重点关注职业,后者应更接近职业培训,属广义上的法学教育,在此不做赘述。兼顾职业化的法学教育本质形态依然是法学学历学位类教育,基于法学专业的近实务特点,在具体推进法学教育教学工作中,必须实现对职业化的兼顾,同时特别注意,兼顾不是顺带,兼顾职业化教育,强调在专业教育中有机纳入职业化教育的因素。

（一）以博雅教育培育法学专业学生职业人格

职业人格影响从业者在职场中的发展环境、前景等，职业人格奠基于人格，人格的养成既与一个人的学识水平有关，也与一个人是否经历过生活历练有关，即所谓"腹有诗书气自华""人情练达即文章"。法治职业从业者自律、审慎、担当、兼收并蓄、衡平中立、尽职尽责、权威超然等各类性格、气质与法学专业知识和技能虽有关联但并不密切。这些气质、品性的养成需要对人类、人性、人世、人生等各种抽象命题有充分的体悟，洞明世事则气质自成。这部分教育内容从中小学开始，到本科阶段接续完成，教育路径则正是博雅教育。对于博雅教育的所指，正如何美欢教授在讨论法学教育的性质时所述，人们在对专业教育与博雅教育展开讨论时，博雅教育的概念"往往没有加以界定"，其所取的是狭义解释，即博雅教育是"教导学生怎样思考的教育"[①]；本书取博雅教育的广义解释，即培养广博知识和文雅气质的教育。这种教育理念与我国多年以来倡导的培养学生"五讲四美三热爱""三好学生""四有青年""五好学员""六星学子"等等基础教育的教育理念、价值追求是一致的。当然，教育学生如何为人、如何处事的同时，如何思考也在其中，在大学中，这种素养的养成会与专业知识相结合，与上大学前的教育模式有形式上的巨大差别，比如针对大学生会开设"职业生涯规划""就业指导"类课程等。依学者"基础教育即素质教育"的推理，如果学生在进入大学前，素质教育完成状况非常好，则高校的素质教育压力就会很小，高校就可以在学生"每件事都知道一点"的基础上，专注于完成"有一件事知道得多一些"的教育分工。但"应付各种各样的高利害关系考试，教师、家长和学生在其中投入了大量的时间和精力，使基础教育事实上变成了一种功利性极强的高负荷应试教育"[②]，这种情况下，对学生博雅素养的养成就打了折扣，尽管由于教育的混同性，我们不能彻底否定应试教育对学生素质的提升作用。中小学阶段博雅教

---

① 何美欢. 论当代中国的普通法教育[M]. 2版. 北京：中国政法大学出版社，2011：61.
② 陈建华. 论基础教育、素质教育与博雅教育的内在关系[J]. 南京社会科学，2013(9)：113-119.

育不足的弊端,在学生进入大学前表现不明显,因为在此阶段学生的主要生活内容只是学习,同时多数学生为未成年人,学校、家庭、社会对他们的宽容度较高,但进入大学后,特别是从大学再走向职场时,面对日渐复杂的生活事务、人际关系等,问题就会逐渐凸显。所以大学本科低年级有必要通过设置文史哲、社会学、心理学等人文类课程,培养学生成为"能够自由地对新的变化境遇做出自己正确的和独立判断的人",具有"理性思维能力"的人,"博雅教育强调知识学习对于一个人心智发展的作用,强调教育应当具有与功利或职业考虑无关的塑造心智的价值,这与当代人们对基础教育的理解是一致的"[①]。

对于从事法治、教育等与人的社会关系、人的思想紧密关联的职业的从业者,这种综合素养的养成尤为重要。本科层次的法学专业学生位于学历教育之起始阶段,这部分学生多数刚成年,理应关怀学生人格养成的基础教育,则博雅教育成为必要。该类内容应在本科低年级学生的教学大纲、课程设置中科学规划。进而言之,笔者认为研究生之后的法学教育,则无须把博雅教育内容作为必修教学内容,可由学生根据自身需要选修或自学。同时作为法学专业学生,其专业课程本身就是很好的博雅教育内容,法学课程与其他人文类课程可以很自然地整合为一体,作用于学生心智。对此,有学者甚至认为"真正的专业法学教育并不教授实务技能,并不仅教授法条","真正的专业法学教育是素质教育"[②]。一定意义上,对法学专业学生来说,博雅教育与专业教育是混同开展的,法学教育者在开展专业教育过程中,要有博雅教育意识,既要关注学生职业化素养的养成,也要关注学生的法治精神养成、法治思维培养等。法学专业本科阶段的课程开设,思想政治理论课、通识课、专业核心课、专业选修课,要做好配比,广博度要平衡,要能让学生较为全面地了解学科体系,对专业知识、专业体系、专业精神等有基本的、综合性的认知。

---

① 陈建华.论基础教育、素质教育与博雅教育的内在关系[J].南京社会科学,2013(9):113-119.

② 何美欢.论当代中国的普通法教育[M].2版.北京:中国政法大学出版社,2011:82.

（二）以方法论教育培育法学专业学生职业思维

随着人工智能技术的发展，法律实践对人工智能有了较为频繁的运用，但在弱人工智能时代，期望输入法律和事实，即产出裁判结果是不现实的，法律思维还不能完全算法化。法治职业从业者的工作过程依然是创制、探寻、解释、选择、权衡法律规则，以解决实际法律问题的过程。要对千变万化、纷繁复杂的社会事实和主体关系做出基于法律的专业判断，从业者必须拥有科学、专业的学科方法论。有学者认为，"一门学科有没有充实完整的方法论，不仅是其成熟与否的重要标志，而且是它能否得以顺利发展的基本前提和必要条件"[①]，那么一个专业的学生育成与否，关键就在于其是否认知到并习得了本学科的方法论，并将之运用于工作实务中，这是学生未来职业能否得到顺利发展的基本前提和必要条件。在法学课程设置以及法学教学中，法学院和任课教师应对法学方法论教育有明确的认知，科学规划专业课程体系和教学内容，"引导学生在日常的学习过程中形成、积累相应的方法体系，转变原先的无意识法律思维，加强理论沉淀，进而更好地满足职业化法律人才的需求"[②]。

（三）以法律知识、技能教育培育法学专业学生职业技能

如果说法学方法论教育培育了法治职业人才抽象的推理、思维能力，则法律知识、技能教育可以很好地实现对法治职业人才实务能力的培养。在笔者看来，这是法学教育中最容易完成的教养任务。法律知识靠记忆，法律技能通过范本学习都能达到很好的效果，大量非法学专业学生通过短期记忆能通过法律职业资格考试，外行人通过套用模板也能写出像模像样的诉状等即可见一斑。甚至在当前，借助于强大的数据库资源和搜索功能，这方面能力的教育方法也发生了根本性变革，检索路径、资源、方法等本身也应成为专门讲授的知识。具体知识的学习过程中，记忆性的

[①] 刘水林.法学方法论研究[J].法学研究，2001，23(3)：42-54.
[②] 曲睿.法学方法论教育与法律人才培养措施探讨[J].法制博览，2017(31)：175，109.

训练可以忽略,而应将教育的力量集中在对学生分析、判断、解读、诠释、材料处理等能力的培养上。

综上,不应将法律职业化教育沦为技工训练,否则法治职业从业者"会因缺乏人文素养而丧失其在社会职业中应有的地位,法学学科也永难摆脱'幼稚'的形象"[1]。科学的法学教育实践中,博雅教育和职业化教育彼此融合、互相包含、相互促进,"职业教育与博雅教育各自更多作为一种理念而存在,在现实性上则逐步达至融合。至于个体,接受博雅教育者需有经世致用之本领;接受职业教育者需有文化的浸染",二者融合的完整教育才可以实现受教育者"人力"与"人性"统一[2]。大学法学教育应在遵循"大教育"理念和规律的前提下,将博雅教育与法学专业教育、职业化教育结合起来,担当、承继素质教育任务,系统、科学培育学生法治思维和方法,教授法学知识和技能,最终培养出全面发展的法治专业人才。

---

[1] 贾国发,尹奎杰.论我国法学教育模式改革的目标[J].东北师大学报(哲学社会科学版),2008(1):117-121.
[2] 路宝利,陈玉玲.博雅取向:美国职业教育课程范式释读[J].职教论坛,2013(18):86-91.

第五章
法治职业共同体养成路径:职业资格考试

根据《行政许可法》(2019 年修正)第十二条第(三)项之规定,对"提供公众服务并且直接关系公共利益的职业、行业,需要确定具备特殊信誉、特殊条件或者特殊技能等资格、资质的事项"可以设定行政许可。这是我国当前实行职业资格制度的重要法律依据。一般来说,被要求具备特定职业资格才可入职的职业,其工作内容往往与人的身份、能力有关系。为了确保公平和取得职业资格者的质量,国家多会组织相应的职业资格考试并据考试结果决定是否许可公民从事该职业,该类许可一般没有数量限制,行政机关也没有自由裁量权。

2018 年起实施的国家统一法律职业资格考试是我国目前较为规范的一类职业资格考试。该职业资格考试大致经历了律师资格考试、国家司法考试、国家统一法律职业资格考试三个历史阶段。从制度渊源、传承关系来看,法律职业资格考试导源于 1986 年司法部推动建立的律师资格考试制度,该制度"是新中国成立以来我国最早建立的职业资格考试制度"[①]。从 1986 年至 2001 年司法部共组织过 13 次律师资格考试。为总结经验、规范工作,司法部还于 2000 年制定通过了《律师资格考试办法》(司法部令第 61 号,现已失效)。

2001 年 6 月 30 日,全国人大常委会通过《法官法》和《检察官法》修正案,规定"国家对初任法官、检察官和取得律师资格实行统一的司法考试制度";2001 年 7 月 12 日,司法部发文废止《律师资格考试办法》;2001 年 7 月 15 日,最高人民法院、最高人民检察院、司法部联合发布公告,表

---

① 姜海涛.构建国家统一法律职业资格制度若干思考[J].中国司法,2018(1):23-32.

明 2002 年年初将举办首次国家司法考试;2001 年 12 月 29 日,全国人大常委会通过《律师法》修正案,规定"取得律师资格应当经过国家统一的司法考试";同年 12 月司法部发文通知,司法部不再组织公证员职业资格考试,公证员之后将从通过国家司法考试的人员中录用;2002 年 1 月 1 日起《国家司法考试实施办法(试行)》实施;2002 年 3 月 30 日、31 日,首届国家司法考试在全国统一举行[①]。自 2002 年起到 2017 年止,司法部先后组织实施了 16 次国家司法考试,"全国有 619 万余人次报名,513 万余人参加考试",约有 96 万余人通过司法考试取得法律职业资格[②]。

2017 年 9 月 1 日,第 76 号国家主席令公布《全国人民代表大会常务委员会关于修改〈中华人民共和国法官法〉等八部法律的决定》,明确将国家司法考试改为国家统一法律职业资格考试,并规定于 2018 年 1 月 1 日起实施。这八部涉修法律是《法官法》《检察官法》《公务员法》《律师法》《公证法》《仲裁法》《行政复议法》《行政处罚法》,为规范法律职业资格考试工作,司法部据此制订出台了《国家统一法律职业资格考试实施办法》(司法部令第 140 号),该办法自 2018 年 4 月 28 日正式施行。

一、法律职业资格考试以职业化为本

所谓"职业化为本",是从法治职业共同体养成机制的角度,通过对比法学教育、法治职业培训,而对法律职业资格考试所作的定位。此三者,法学教育以教育为本,兼顾职业化;法律职业资格考试以职业化为本,兼具教育价值;法治职业培训则专注于从业者职业能力的提升。职业资格制度本质上是一种国家许可制度,是一国对直接关系公共利益的特定职业从业者资格、能力等确立国家标准,进行职业管控的制度,建立职业资格制度的目的本就在于储备或选择合格的从业者。从司法部领导的谈话中,可以看出早期国家司法考试的最终目标设定即是"国家通过一系列有

---

① 李翔.中国法律职业资格同质化质疑[J].华东政法大学学报,2007(4):20-28.
② 司法部负责同志就《国家统一法律职业资格考试实施办法》答记者问[J].中国司法,2018(5):101-103.

效的制度和措施,选拔、培养、任用一批具有共同法律观念、共同法律意识、共同职业道德和共同专业素养的高素质的司法人员队伍和律师队伍,进而从制度上、根本上提高法律职业人员的整体素质,维护司法公正,保障国家法制的统一和权威"[①]。对于当前的法律职业资格考试,2015年,中共中央办公厅、国务院办公厅印发的《法律职业资格制度的意见》也指出,"国家统一法律职业资格制度是选拔培养高素质社会主义法律职业人才的基础性制度","通过建立健全国家统一法律职业资格制度,培养和发展社会主义法制工作队伍,为全面推进依法治国提供人才保障"。2018年的《国家统一法律职业资格考试实施办法》第二条更明确规定,"国家统一法律职业资格考试是国家统一组织的选拔合格法律职业人才的国家考试",可见,国家对法律职业资格考试的定位一以贯之且越来越清晰:比如对必须通过法律职业资格考试取得法律职业资格才可入职的职业范围,在法官、检察官、律师、公证员之外,对法律类仲裁员以及行政机关中初次从事行政处罚决定审核、行政复议、行政裁决、法律顾问的公务员,也有了硬性要求。为了给这些特殊的法律职业选拔、培养好准从业者,法律职业资格考试理应以职业化为目的设定考试内容和方式。

(一)法律职业资格考试的内容应突出中国特色法治职业要求

如果说法学教育是一种学科教育,必须本着学科教育的科学路径培育法学专业人才,那么法律职业资格考试则是在拥有这种法学综合素养和专业知识的人才中,选择满足国家要求和职业需求的准职业人才。法律职业资格考试本质上具有行政许可意义,意在考核把关,国家应通过对考核内容的设置筛选出有利于推动和实施国家法治政策和理念的,具有法律专业技能的人才。在法律职业资格考试中宜通过对考试内容的控制,实现理念与知识的权力引导。换言之,国家统一法律职业资格考试既然是国家层面对特定职业的一般禁止解除,那么被解除

[①] 本刊记者.国家统一司法考试制度的建立和完善:访中华人民共和国司法部副部长刘飏[J].中国法律,2003(1):6-8.

禁止者,就必须是满足国别和业界要求的那部分人才。因此,法律职业资格考试的内容就应突出这部分内容,进而通过考试内容的引导,检验和培养应试者相应的职业化素质。从《法律职业资格制度的意见》的规定可知,我国对法律职业从业者的职业需求或要求至少有"坚持正确方向、坚持党的领导""政治过硬、业务过硬、责任过硬、纪律过硬、作风过硬""贯彻中国特色社会主义法制理论""忠于党、忠于国家,忠于法律""拥护中华人民共和国宪法,具有良好的政治、业务素质和道德品行"等,那么相应的考试内容即应围绕这一职业要求而设置。《法律职业资格制度的意见》所列明的考试内容,如"中国特色社会主义法治理论""宪法法律知识、法治思维和法治能力""法律职业伦理"等,均反映了对中国特色法律职业从业者的要求。

突出中国特色法治职业要求是我国法律职业资格考试内容的根本指向,《国家统一法律职业资格考试实施办法》第十三条规定职业资格考试要"综合考查应试人员从事法律职业应当具有的政治素养、业务能力和职业伦理",此处的"政治素养、业务能力和职业伦理"是选择考试内容的总要求。方向易定,落实殊难,以职业为导向的考试,还应重点考查应试者运用知识处理问题的能力,如何将一个个法学理论、法律知识考点化,并且要通过考题的设置嵌入对中国特色政治素养,现代法治思维和理念,法治职业人格、道德等伦理素养,以及具体技能的考查,需要有科学、合理、专业的命题技巧。总的来说,法律职业资格考试不是大学期末考试,命题不应过分简单、机械,也不应考量通过率等无关因素,而应围绕拟选择的人才标准,在质和量两方面下功夫。从量上来说,一定量的知识积累对应试者专业素养会有根本性推进,故所拟题目的知识覆盖面要到位,要全面考查应试者对法学专业基础知识和法律规定的掌握情况;从质的角度来说,要通过一些综合性、应用性、灵活性的题目,考核应试者的综合概括能力、逻辑分析能力,以及思维、理念、素养等。例如,依照法律规定电子证据可作为有效证据,但在合法性、关联性、客观性、完整性等方面有严格限制,没有较高的法治职业素养,极有可能处理不好证据链条,也就很难让电子证据产生证明效力。考查应试者对"电子证据"这个知识点的掌握程度,直接拟题目提问电子证据的种类有哪些、有什么特点等意义不大。因为这类考题只要通过记忆就可完成,但如果通过案情设置问题,考查"如你是律师,你给顾问单位起草合同时如何避免电子证据的诉讼风险?""你作为一方当事人代理人提交电子证据要注意哪些事项?""如果你是法官,庭审中调查电子证据有哪些注意事项?"等等,则一定程度上可以考查出应试者对这一问题的真正理解力。对命题问题,我国的法律职业资格考试组织者一直有类似的命题导向,针对首次法律职业资格考试,考试组织者也"再次强调命题要突出对考生分析问题和解决问题能力的考查","卷四的题目无论是内容上还是形式上都朝法律知识的综合性和应用性"迈进,命题"注重几个学科的结合,案情的编排更加符合社会实践,考查的问题更具有思考性","案例分析题要求回答的问题相对更为概括、开放"[①]。

(二)法律职业资格考试的形式应利于现代化法治职业人才选拔

多年来司法考试的试卷形式均为四卷。前三卷是客观题,题型是单项选择、多项选择、不定项选择;第四卷是主观题,题型主要是案例分析、法律文书写作、论述题等。这种考试形式很大程度上"没有充分考虑和反映司法过程中法律思维的要求与特点",因此"尚不能真正筛选出合格的法律人"[②]。根据《国家统一法律职业资格考试实施办法》第十三条第二款、第十四条的规定可知,当前,考试题型依然是主观题和客观题,只是规定"应试人员客观题考试成绩合格的方可参加主观题考试,客观题考试合格成绩在本年度和下一个考试年度内有效";考试方式实行"纸笔考试或者计算机化考试"。"计算机化"是一个良好的导向,可以看出我国的法律职业资格考试开始与信息技术关联,但目前的步子迈得很有限,从司法部的规定来看,目前的"计算机化"考试是指"试题、答题要求和答题界面均

---

① 潘剑锋. 论以法律职业精英化为目标的法律职业资格考试[J]. 现代法学,2019,41(5):168-181.

② 何勤华,唐波,戴莹,等. 法治队伍建设与人才培养[M]. 上海:上海人民出版社,2016:45-49.

在计算机显示屏上显示,应试人员应当在计算机答题界面上直接作答"①。这种"计算机化"只是考试题目载体的变化,即从纸上搬到计算机界面上,正因为此,该公告同时表明应试人员使用计算机考试确有困难的,可以申请使用纸笔考试方式。

  在笔者看来,未来法律职业资格考试对信息技术的运用可以加大力度,考试形式完全可以有限开卷,通过电子设备为考生提供全部的法律法规数据库、一定的计算设备,以减轻应试者完全没必要的记忆性投入。这种考试形式转型,可以实现提升和考核应试者综合能力的双重目的,通过考试形式的现代化转型,引导、推进学生在应试准备时,必须将精力投入到提升自身搜索材料、分析判断、阐述说理能力上。有论者认为"考试只能选拔人才,不能培养出人才"②,事实上,考试本就是教育的一个环节,考试对培养人才有特殊的价值,为应对考试,应试者在压力或利益的推动下,对考试内容学习的专注度远高于科班学习。因此,在考试内容对职业化有了充分的关注后,考试形式设计恰当,则能够更好地检视出应试者的职业能力和职业素养。比如"律师职业道德"作为考试内容,出选择类客观题比案件处理类主观题考查效果要差,即使是法律文书制作能力的考核,也不一定是"请根据上述案情,撰写一份起诉状"之类的题型,因为这种题型,应试者漏写当事人职业、法定代表人职务等均要作为扣分点,而在当前时代背景下,完全不必要考核应试者这些内容和能力。比较符合考核目的的形式可以是直接提供各种法律文书模板数据库,应试者自己选择模板撰写考核文书,重要分点则放在类似诉讼请求的拟定是否合理,正文是否围绕诉讼请求阐明事实、进行说理,法律适用是否正确等等上。总之,低专业技术含量的事务处理,或者说即使是外行也可以通过技术协助很好完成的部分,不应再是考核重点,而利用法学理论、法律知识、法律思维等判断、分析、论辩、说明的部分则应重点关注。

---

① 参见2019年国家统一法律职业资格考试客观题考试成绩、合格分数线公布和主观题考试报名、交费等事项公告(司法部公告第7号)第三条"主观题考试相关事宜"。
② 何勤华,唐波,戴莹,等.法治队伍建设与人才培养[M].上海:上海人民出版社,2016:37.

二、法律职业资格考试与法学教育

有学者论及被国家统一法律职业资格考试取代的司法考试时,认为"职业化的法律人才单靠本科法学教育很难完成","司法考试制度虽然在一定程度上开启了法律职业化的道路,但是制度设计的缺陷使得这一考试制度难以担负起衔接法学教育和法律职业的使命","只有从位于司法考试上端的高等法学教育和位于司法考试下端的法律职业培训两个方面着手才能真正实现培养应用型、法律型职业人才的任务"[①]。在笔者看来,人们对法律职业资格考试于法治职业从业者职业能力之培养的效能认识并不够,当然我们也无法定量分析出当下法治职业从业者的职业能力,是源自法学科班的学习,还是源自为通过职业资格考试而进行的集中、自主、强化的应试准备过程。可以确信的是,为通过高难度的职业资格考试,应试者必须对法学理论、法律体系、法律知识等进行集中、深入、全面的记忆、领会和运用。

就二者之间的关系来看,一方面,彼此存在着密切的联系与互动,尤其在本科法学教育阶段表现明显。对于本科生来说,完成学业之后的出路不外两条,即升学与就业,为就业考虑,本科法学专业学生对法律职业资格考试的关注度和热度,丝毫不逊于可以让他们继续接受更高层次法学教育的研究生考试。作为任课教师,出于对教育对象学习兴趣的关注,以及对学生职业资格考试诉求的兼顾,在进行本科层次的教学时,对法律职业资格考试的观点、内容、题目等都会或多或少进行研究和讲解。再研究法律职业资格考试辅导用书的内容,其深度与广度并不逊于任何一套法学专业学生的现用教材,其中内容与现行教材的观点、体系等差别并不明显。因此,一定程度上法律职业资格考试可以视为法学专业学生的毕业综合考试,学生在科班的法学学习过程中,理论知识扎实、法律知识熟

---

① 郝艳兵.法治中国语境下的法律人才培养模式研究[M].成都:西南交通大学出版社,2015:7.

知、法律技能优秀、法律思维精准,一般来说应当能取得不错的成绩。在法律职业资格考试过程中,法学教育中所学到的基础法学理论、法学知识、法学技能等,对法学专业的应试者理解考试内容应有帮助,同时通过复习备考,未来的法治职业从业者对科班法学教育中所学的知识进行了全面的收拢和整合,知识的力量积聚于应试,也理应助益于未来的职业。

另一方面,法学教育和法律职业资格考试也不存在谁决定谁的问题,"它们不过是分别在法治的社会路径上发挥着各自的制度作用,谁也不是,也不应该是谁的'指挥官'"①。因此,有必要充分认识并关注国家统一法律职业资格考试对中国法治职业人力资源养成的独立价值,如果现行的法律职业资格考试尚未担负起当有的养成价值,则未来应当通过对国家统一法律职业资格考试的优化实现这种价值。

三、法律职业资格考试应试培训与法学教育

论及法律职业资格考试在实践中的问题,有学者认为"当前的司法考试模式与法学教育之间产生了一定的紧张"关系,认为前者"对法学院的教学带来了越来越大的冲击","以通过司法考试为宗旨、传授司法考试技巧的培训班不断涌现,甚至出现了专营的司法考试学校,一些在校生为了达到考试合格的目标效果,专注于司法考试培训班","双学校"现象"愈演愈烈,极大地浪费了教育资源,破坏了正常的教学秩序"②。如果说这是法学教育被动地受到了法律职业资格考试培训班的影响,那么法学院系为了提高学生职业资格考试的通过率,对教学大纲、计划、内容等的调整、修改则是对职业资格考试的主动呼应。还有学者担忧,由于法律职业资格考试辅导机构"是纯粹的应试型培训,讲授的内容也都是和考试相关的,学生通过司法考试并不能代表其掌握了系统的法律知识,也无助于法

---

① 刘坤轮.法学教育与法律职业衔接问题研究[M].北京:中国人民大学出版社,2009:145.
② 丁相顺.东亚司法制度改革比较研究:以司法的"践行者"为中心[M].北京:中国法制出版社,2014:124-125.

律思维的建构"①,认为这种现象对法律职业人才的培养非常不利。笔者认为,这种担忧并无必要,因为换个角度来看,存在的可能就是合理的,法律职业资格考试应试培训本身有其独立的价值,如果处理得当,法律职业资格应试培训与法学教育可良性互补,共同服务于法治专业人才的培养。

(一) 法律职业资格考试应试培训本身有其独立的价值

从近些年法律职业资格考试的考查科目来看,共"考查社会主义法治理念、法理学、法制史、宪法、行政与行政诉讼法、刑法、刑事诉讼法、民法、民事诉讼法、商法、经济法、国际公法、国际私法和国际经济法等15门"②,可以说,这些内容几乎囊括了法学专业本科教育的主要内容。不过,应试培训与法学院学历学位类教育的目的不同,应试培训目标明确,直击考试要点,不及其余,"以通过考试为宗旨,传授给学生的是围绕司法考试以往考试题目总结出的应试技巧"等③。这些"要点"与"技巧"培训本身与法学院教育并不相悖,并且如果考试内容、考试形式优化后,这种培训对应试者的职业化水平提升会大有助益。

(二) 法律职业资格考试应试培训可助力法学教育

法学院教育是学历学位类教育,其专业课程的体系必须完整、内容必须全面,教育过程相对长,师资相对稳定,教学效果的考查考核相对宽松。法学院教育存在很多问题,这些问题可能与学生、教师、学校、社会、国家都有关,有的问题经与应试培训比对,就会凸显。法学院科班学习过程中,学生学习的专注度、紧迫感相对弱,应试培训中学生出于切近的功利目的,学习的专注度非常强。在法学院,教师教学水平的判定标准不明确,教师不负责也不影响其发展,教师要不要提升水平由其自主决定,同时教师的退出机制与受教育者关系不大。应试培训本质上是一种商业行为,基于市场优胜劣汰机制的制约,教师教学水平一是有明确判断标准,

---

① 何勤华,唐波,戴莹,等.法治队伍建设与人才培养[M].上海:上海人民出版社,2016:42.
② 何勤华,唐波,戴莹,等.法治队伍建设与人才培养[M].上海:上海人民出版社,2016:36.
③ 何勤华,唐波,戴莹,等.法治队伍建设与人才培养[M].上海:上海人民出版社,2016:42.

即受训者的通过率;二是学生有选择教师的权利,教学水平差的教师自然会被培训市场淘汰,所以培训班的教学水平一般不会太差。如此,法律职业资格应试培训助力法学教育的效果立显,即求知欲很强的受训者,在不太差的师资的培训过程中,对几乎全部重要的法律规定,和一国从事法治职业需求的法学理论都进行了集中学习和应用性研究,结果既夯实了法学教育所教授的基础知识,也开拓了法学学习的实践视角。

(三)法律职业资格考试应试培训可与法学教育良性互补

认为法律职业资格应试培训对法学教育产生不利影响的学者,主要担心"随着市场就业的压力越来越大,全国绝大多数法律院系的教育很可能会变成了一种类似司法考试培训班的教育"[1],但也有学者认为"这是一个促使中国法学教育分化、导致法学教育分层和法学教育体制变革的一个重要机遇。最后的结果很可能导致出现少数精英法学院,从长远来看,这也未必是坏事"[2]。事实上,二者完全可以实现良性互补。具体说来:

第一,办学模式上可互补。各大学法学院的建置时间、师资力量、办学传承等各不相同,不可能也不应当全部去追求大而全的专业发展,也不一定全部要进行学历学位类法学教育,多元发展未尝不可。法律职业资格应试培训是培训类商业蛋糕,也是法学类教育蛋糕,尤其对蓬勃发展、机制灵活的民办高校法学院系来说是可以研究开拓的一片天地;反之,高校良好的办学条件和师资资源也可以使法律职业资格应试培训得到提档升级。

第二,师资素养上可互补。培训班师资实行市场化选择机制,进退灵活,可以邀请到各法治职业行业中的翘楚进行教学,优秀法学教师、法官、检察官、律师等均可授课。法学院校教师一般科研水平高,学术理论功底

---

[1] 甘阳,陈来,苏力.中国大学的人文教育[M].北京:生活·读书·新知三联书店,2015:251.

[2] 甘阳,陈来,苏力.中国大学的人文教育[M].北京:生活·读书·新知三联书店,2015:254.

扎实,但教育教学能力未见就优于培训班教师,为不断提升高校教师的教育教学能力,各个大学都会对教师有持续不断的培训要求,而恰好法律职业资格考试应试培训班师资的实践化素养可以补其不足。当前借助多元教学平台、教学手段,还可扩大优秀师资教学资源的教育覆盖面,这也可以极大地补强法学教育。

第三,教学内容上可互补。法学教育不必为了法律职业资格考试而一味破坏法学学科的教育节奏与体系,法学教育的专业基础打牢了,法律职业资格考试应试培训即可专注于职业化内容和应试技巧的培训。法学教育是全景式教育,应试培训是专项性、盆景式学习,前者可为后者扎基础,后者可为前者形塑结构。

第四,培育方向上可互补。法学教育的教育形式常态应是在学校教室,师生面对面式开展,师生之间亲密接触的、面对面式的科班教学形式本身蕴含着特殊的教育意义,教师在这种场合对学生开展的是综合性教育,而不只是法学专业知识教育。教师的人格魅力、气度素养、专业知识会共同作用于在场的学生。法律职业资格考试应试培训的核心是针对考试,学生关注的是我能不能听懂,听课后我会不会做题目等,对教师的外在的东西并不特别在意,特别是借助视频、音频听课时,学生的主要精力均在专业知识的听讲、领会上。简言之,法学教育致力于培育学生综合素养,使学生成人成材;法律职业资格考试应试培训致力于协助应试者通过职业资格考试,使其获得从业资格。

第六章
法治职业共同体养成路径：职业培训

　　法学教育通过博雅教育、方法论教育、专业知识和技能教育等，以提升法学专业学生综合性职业化素养的方式，兼顾法治职业化培养，为社会培养法治人才；国家统一法律职业资格考试以职业化为目的组织应试考核，为法治职业用人单位储备人力资源。然而，一个从业者即使经过法学教育、通过法律职业资格考试，其是否具有良好的法治职业能力依然是一个无法确知的问题。同时，一个人是否具有法治职业能力，在其未入职前，对用人单位、当事人、同事等职业相关对象并不产生任何影响；一旦准职业人才通过入职环节，进了具体的任职单位，甚至工作岗位，那么其职业能力即与用人单位、行业形象、职业共同体、群体事业、当事人利益等产生了直接关联。此时，对其职业能力的检验、考核就有了更直接、刚性、明确的标准，用人单位对不合格从业者可以降职降级、扣工资奖金，甚至开除等。为了进一步实质性地提升法治职业从业者的职业能力，或者对其知识、能力体系更新换代等，职业培训必不可少。从共同体养成角度谈职业培训，不包括为了让普通劳动者获得就业能力而开展的低专业知识含量的就业类培训、技工培训等，此处的职业培训一般是指行业组织或用人单位为了提升本行业、本单位人力资源的工作能力而对其开展的可持续的职业能力培养。由此可见，职业培训制度的根本目的主要关涉"职业"。

一、职前培训与在职培训

　　一般说来，职业培训应有职前培训与在职培训之分。在我国，职前培训更多是一种岗前培训，因为基于成本、利害关系以及传统习惯考虑，实践中，对从业者开展职业培训，多数情况下只能秉持谁选任、谁聘请谁培训原则进行。也就是说，接受职业培训的前提是从业者已经入职某个具体的法治职业单位，只是用人单位认为，或根据用人单位人事管理制度规定，其还不具备从事某一具体岗位工作的资质，必须完成上岗培训。比如实习律师可能会先入职某律师事务所，在正式办理执业证之前会接受律师协会等部门组织的岗前培训，预备法官、检察官也是如此。法学教师则在入职法学院后，多数情况也需要接受教育行政主管部门组织的岗前培训，在通过考试，取得普通话合格证书等后才可取得高校教师资格证，并持证上讲台。当然，也有一些学校，对是否拥有教师资格证管理并不严格，特别是对一些专业稀缺或特殊引进人才，有无教师资格证并不影响其上讲台任教。在职培训是一种可持续性职业培训，该类培训种类繁多，如根据《法官培训条例》第十条、第十一条的规定，国家法官学院、国家法官学院分院、省级法官学院或其他法官培训机构的在职培训就包括："初任高、中级人民法院院长、副院长以及基层人民法院院长的任职培训；晋升高级法官的晋级培训；最高人民法院法官的续职培训；地方各级人民法院高级法官的续职培训"等等。总体来说，职前培训的要求没有在职培训严格，一个职业人员可以不经上岗前培训即正式上岗开展工作，但一个专业从业人员，在其职业发展过程中必须保持不断的知识更新和业务能力提升，特别是在其职业生涯中，还要面临升职、转岗等情况，培训更是不可避免。

职前培训与在职培训除在必要性方面不同外，在具体的培训目标、培训时间、培训要求等各方面也都有所不同。职前培训的主要目的是让新入职人员尽快了解所在单位的整体概况、工作纪律和要求等，对受训者往往要求一致；在职培训的目的多是提升专业水平、业务能力，针对不同的受训者往往要求不一，亦即该类培训有个性化要求。实践中，用人单位会针对人力资源的不同状况设计不同的培训要求，攻读学位、出国访学、挂职锻炼、短期专项学习班等等都是法治用人单位常见的在职培训形式。在时间上，职前培训可由各单位根据各自不同的职业性质硬性规定，《法律职业资格制度的意见》之第四条第（八）款中即指明"法官、检察官职前培训时间为一年";"政府部门中从事行政处罚决定审核、行政复议、行政裁决人员职前培训时间由政府选任部门根据时间需要确定;律师、公证员、法律顾问、仲裁员(法律类)职前培训方式及时间由行业主管部门或行业自律组织自行确定"。在职培训的时间需要根据培训内容而定,用人单位出于督促学习之考量会设定时间,出于留住人才之考量会通过签订培训协议等形式约定服务期限等。此外,职前培训受训者往往无自主权,而在职培训受训者一定程度上可以根据个人的职业规划,选择是否受训,参与何种类型的培训等。

二、法治职业共同体职业培训现状

从法治职业共同体整体来说,并不存在统一职业培训问题,因为并没有一个对共同体进行统一管理的机构,当然也不可能设立这种机构,我们谈共同体职业培训,更多是指对共同体内各职业群体的培训。按照法治职业共同体的存在形态,如果共同体内各职业群体的职业培训专业有效,我们就可以说共同体的职业培训状况很好;反之,如果共同体内各职业群体的职业培训状况混乱不堪,则我们可以说法治职业共同体职业培训的状况不佳。与此不同,对法律职业共同体而言,因其外延可穷尽,有开展统一职业培训的前提条件。正因此,《法律职业资格制度的意见》中明确提出要"建立法律职业人员统一职前培训制度",具体对三方面问题做出指示:一是制度建构问题。意见要求,法律职业人员先选用人单位后实施培训,培训合格方可准予具体从业,职前培训按照"统一标准、分系统实施"原则推进;由国家法律职业资格主管部门会同法治用人单位协同制定职前培训的统一标准和具体规范,用来指导各家分别实施培训。二是培训内容、方式问题。要求统一规划培训方式、内容、期限、教材、师资、考核标准等。政治理论、职业道德和法律实务知识通过集中教学讲授;具体职业技能通过参与法律业务实践和辅助参与案件办理等途径训练。三是组织保障问题。要求成立职前培训指导委员会统管职前培训工作;加强职前培训教学及实习基地建设;编写职前培训大纲及案例库等培训资料;建立师资库;完善培训痕迹记录等。

(一) 法官与检察官职业培训状况

作为典型的司法职业从业者,法官和检察官的素质高低对法治建设水平影响重大,所以针对该类从业者的职业培训,较律师职业培训而言一般更为规范和严格。从制度层面来说,有专门的《法官培训条例》和《检察官培训条例》,对司法从业者职业培训的内容与形式、条件与保障、考核与责任等做出了相对明确、全面的规定;从条件保障来说,我国分别设有国家法官学院、国家检察官学院以及各地分院,并且运行良好。所以"法官和检察官的入职培训由法官学院和检察官学院'系统内部'完成,在培训体制上具有'系统内部'(指法院或检察院系统内)的'统一化'特征"[①]。法官和检察官的在职培训也较律师的成体系,例如最高人民法院会就法官培训五年做一次全面规划,《2015—2019年全国法院教育培训规划》(法〔2015〕77号)中称,学院要"将思想政治教育摆在教育培训工作的首要位置","任职培训、晋级培训、续职培训、预备法官培训和中青年法官培训等主干培训中应将思想政治教育作为必修内容";要"加强司法良知教育,引导干警强化维护公平正义的价值追求,坚守法治信仰和法治操守";此外还要"抓好司法能力培训""信息化应用能力培训"等。在该规划中将培训对象和措施一一列明,甚至精确到人。

以下各地的做法一定程度上能反映我国当前法院在职培训的概况。北京法院系统"注重发挥人才建设的基础性、战略性作用,以高层次专业化人才培养为牵引,着力打造审判业务高地、审判研究高地、改革创新高地和人才聚集高地",具体表现为:一是立足长远,强化顶层设计。制定《新时代推动首都法院高质量发展人才支撑行动计划(2018年—2022年)》,突出政治引领,将"习近平新时代中国特色社会主义思想作为各类培训班次的必修课程";强化专业能力、专业精神,推动建设专业领域的"特色人才高地",如"知识产权人才库储备人才100余人,涉外商事人才

---

① 梁文永.归零集:行走在经济法学与法学教育之间[M].北京:中国经济出版,2008:111.

库储备人才50余人";注重梯次化培养、集群化发展,"建设全国领先水平的领军型人才、业务精湛的专家型人才、又博又专的复合型管理人才、优秀青年人才、优秀人才团队等5个梯次的人才队伍"。二是统筹资源,汇聚合力,强化人才培养的体系。建立人才的发现、培养、管理机制,先后发布"《审判业务专家管理办法》《信息技术专家管理办法》《司法实务研究专家管理办法》和《加强专家型后备人才培养指导意见》";构建人才培养"'业务培训—学术讨论—人才培养'三位一体平台,完善'入职培训—法官助理培训—初任法官培训'全链条培养模式,与高等院校、科研院所合作开展订单式培训";发挥高层次人才的政治引领作用和人才在服务首都中心工作、办理重大疑难案件、研究解决审判实务重大疑难问题中的作用。三是"营造用才尊才、促进人才辈出的良好环境",加强对人才工作的领导和保障工作,将人才培养工作纳入目标责任制考核体系。上海法院系统"紧扣司法体制改革新形势新要求,坚持以问题和需求为导向,努力探索教育培训新方法新手段,扎实开展分类分级培训",实现教育培训全覆盖。具体表现为:通过"基地+"办学模式,推进分类分级培训;开展基础轮训工作,特别注重对法官助理、书记员的技能开展轮训,提升其协助法官的能力;探索协作办学模式。四是加大国际化人才培养力度。围绕上海的区域特色"加大对金融、商事、知产、海事等专业领域的法官培训投入";开创"菜单式"自主选学模式,创新、拓展培训内容,"将最新政治理论、智能办案、人文素养、身心健康等课程纳入菜单";响应时代背景,加强"信息化"教学建设,完善教育培训管理平台、升级在线学习网络平台。湖北法院系统"以领导班子建设为重点,坚持训管用结合,加快推进干部队伍年轻化",致力于建设有地方特色的法官队伍。具体表现为:以中级、基层法院院长培养为重点,通过训、管、用相结合的方式推进培训;完善"培训+青年"培训形式格局,重点推进年轻干部培训;通过区域内交流轮岗形式,推进从业人员工作交流;遵循人才成长规律,发挥培训合力,创新培养模式。广东法院系统"坚持政治导向、实践导向和需求导向,全面加强教育培训工作,着力锻造忠诚干净担当的高素质干部队伍"。具体表现为:注重教育培训工作,制定《关于全面加强广东法院教育培训工作的意见》,成立广东法官教育培训工作委员会;推进专项培育,"开展深化理想信念、司法良知和职业道德教育",定期举办新任院长培训班,将司法廉政课程设为法官培训必修课程;以提高专业水平和履职能力为教育培训的主要任务;培训方式多元化,主要有视频联动方式,与科研院所合作方式,邀请专家学者专项授课,组织选送赴境外培训等。此外,还推广"法官教法官"教学方法,建立"青年法官导师"制等。青海法院系统"着力破解藏区双语法官人才短缺困境",出台《关于加强青海法院民汉双语审判人才培训培养工作的实施意见》,做出顶层设计①。

针对未来的法官职业培训工作,最高人民法院领导提出明确指示,即要增强做好人民法院教育培训工作的责任感和使命感,把讲政治作为人民法院教育培训的根本要求,增强人民法院教育培训工作的时代性、针对性、有效性②。

根据法官系统《2019—2023年全国法院教育培训规划》(法〔2019〕205号)来看,2019—2023年的法官培训规划更为细致,在培训量化方面,规定各级法院领导班子成员和高级法官5年内参加培训累计不少于3个月或者550学时;其他法官每年参加培训累计不少于12天或者90学时;重点培训班次党课不低于总课时的20%等。在培训内容方面,越发多元化,在规定所有培训班次均设置学习贯彻习近平新时代中国特色社会主义思想课程外,政治能力、职业精神、司法能力、综合素质培训等均在培训之列,特别是综合素质培训内容,国家安全观、民族宗教、安全保密、危机管理,审判执行中的释法说理、调解协商、情绪疏导、互联网、大数据、云计算、人工智能等新知识新技能,以及心理健康知识等都在培训范围内。

检察官的培训主要由国家检察官学院及其分院承担,各机构的培训坚持"务实培训、精准培训、分类培训与素能培训相结合,实现强化政治培训、突出能力培训和强调实战培训相统一的指导思想",总培训量很大,该

---

① 第七次全国法院教育培训工作会议发言摘登[EB/OL].(2019-11-16)[2020-03-20]https://www.chinacourt.org/article/detail/2019/11/id/4640107.shtml.

② 周强出席第七次全国法院教育培训工作会议[EB/OL].(2019-11-16)[2020-03-20].http://cpc.people.com.cn/n1/2019/1116/c64094-31458709.html.

学院2018年上半年的培训规划中"领导素能培训"共4期,受训人数近800人,每人集中受训12天;"专项业务培训"共24期,受训人数3000余人,每人受训7~12天不等;"专项人才培养",2期200余人,每人受训5~6天不等;"西部培训"1期10天250人;"定向培训"共4期400余人,每人受训7~10天不等。①

(二)律师职业培训状况

律师的职业培训一度主要由司法行政机关、全国律师协会和各地律师协会等组织。通过梳理规范性文件可以看出,早期国家相关机关对律师培训有较详细的安排,如《司法部关于进一步规范律师培训工作的通知(司发通〔1997〕020号)》(已失效)中,就具体规定了律师年度继续教育培训课时、内容、培训机构等,并且要求将培训与注册挂钩,律师年检必须提交培训证明。司法部律师司设计监制了《执业律师培训登录册》,通知要求相关机关对"律师年度接受继续教育培训的课时、培训机构和培训方式等",进行审查,"对不符合要求的,一律予以缓期注册或不予注册"。近年国家对律师的培训逐渐放手交由市场、律师事务所和律师个人自主开展,虽然也有要求听课等的任务,但总体上对非新入职律师并未采取强制性措施制约。国家对律师培训的规范、管理、投入有待进一步提高。从《司法部关于加强律师培训工作的意见》(司发〔2007〕11号)来看,司法行政机关的律师培训理念对律师职业特点和需要关注不足,该意见确定的律师培训主要任务是:加强思想政治培训以提高律师政治素质;加强律师政策法规和业务培训以提高律师服务党和国家工作大局的能力;加强职业道德和执业纪律培训以提高律师服务的诚信水平;加强党员律师培训以发挥党员律师先锋模范作用等。

同时,律师培训机构也有待进一步加强建设。2010年,中办发文号

---

① 国家检察官学院2018年上半年招生计划[EB/OL].(2018-02-09)[2020-03-20]. http://www.jcgxy.org/jcpx/jcgpx/201802/t20180209_2147923.shtml.

召各地"依托司法行政系统现有教育资源建立律师培训基地"①,后各地纷纷宣布成立律师学院,这些律师学院的成立过程、设立主体等各不相同。北京律师学院主要是由司法行政机关和律师协会共同出面成立。河南首家律师学院郑州律师学院,主要系郑州市律师协会出面组建,系郑州市律师协会下设单位,由郑州市律师协会教育培训委员会承担日常办公职责②。2012年11月,经中央编办批准,在中央司法警官学院加挂了"国家律师学院"的牌子,中国首家有官方色彩的国家律师学院正式成立③。对此,有论者之后写道"国家律师学院成立,但只是在中央司法警官学院加挂一块牌子,而且校长由警官兼任颇具黑色幽默"④,由于没有很好地规划设计,至今该学院针对律师的系统性职业培训未见成型。还有不少律师学院系由各地律师协会与当地科研院所合作成立,如2016年10月,南京市司法局、南京市律师协会和南京师范大学法学院三方签署"合作成立南京律师学院"协议书,共同建立了南京律师学院⑤;2017年6月嘉兴学院、嘉兴市律师协会通过《嘉兴学院—嘉兴市律师协会合作协议》,成立"嘉兴学院律师学院"⑥;2017年9月安徽大学法学院和合肥市律师协会共建了合肥律师学院(安徽大学律师学院)。根据地方官员的讲话,这类律师学院的组建,一是要"大力加强律师教育培训工作,建设一支拥护党的领导,拥护社会主义法治的高素质律师队伍";二是要"成为律师提升能力、技巧、素质,加强交流的重要平台,成为律师教育培训的示范基地";三是要"构建全方位、多层次、高效率、现代化的律师教育培训体系,推进律师教育培训的系统化、制度化,不断健全教育培训机制,增强培训的针

---

① 吴意.践行法治精神 培养法律人才:北京律师学院正式揭牌[J].中国律师,2013(9):77.
② 河南首家郑州律师学院揭牌成立[EB/OL].(2019-12-28)[2020-03-20].http://www.ha.xinhuanet.com/news/2019-12/28/c_1125397706.htm.
③ 赵阳,张昊.国家律师学院成立[N].法制日报,2012-12-21(1).
④ 李林,冀祥德.依法治国与深化司法体制改革[M].北京:方志出版社,2013:141.
⑤ 南京律师学院揭牌成立[EB/OL].(2016-10-20)[2020-03-20].http://www.china.com.cn/legal/lawyer/2016-10/20/content_39531787.htm.
⑥ 嘉兴学院—嘉兴市律师协会合作协议签约仪式暨律师学院成立大会举行[EB/OL].(2017-06-19)[2020-03-20].http://wfxy.zjxu.edu.cn/info/1833/4430.htm.

性和有效性,打造律师培训品牌"①。2019 年以来,律师学院的成立形式更为多元。2019 年 4 月,在西北政法大学揭牌成立的"陕西一带一路律师学院",系由"陕西省司法厅、省商务厅、省贸促会、西北政治大学、省律师协会联合发起设立"②。2019 年 12 月,定位成为"国际律师培训基地"的山东理工大学盈科国际律师学院在北京成立,该律师学院由知名律师事务所与山东理工大学共同建立③。从各地律师学院的成立情况,即可知我国律师职业培训的规模化主体尚未形成。在律师职业培训力量分散的情况下,虽然各地的律师培训品牌打造对全国律师职业培训有示范效应,但在我国要形成全国性的律师职业培训标准化管理制度,还有很长的路要走,换言之,当前律师职业培训的系统化、标准化制度尚不完善,培训效果还不明显。

综上分析,作为法治职业共同体最为典型的几类职业从业者,其职业入职培训和在职培训,分别由不同渠道和机构完成,规范程度不一,未能有效综合利用培训资源,这种状况对法治职业共同体构建非常不利。

三、职业培训未来走向

中国未来职业培训的走向,至少应考量两个背景因素:一是国家统一法律职业资格制度的提出与完善;二是信息时代的技术支撑。具体说来,可以从以下两方面着手:

(一) 职前培训关注"统一"

职前培训,准确地说应该是指入职前培训,比如法律职业资格应试培训一定意义上即可称为职前培训,又如有的国家要求参加法律职业资

---

① 合肥律师学院揭牌成立[EB/OL]. (2017-09-12)[2020-03-20]. http://www.ahlawyer.com.cn/DocHtml/1/17/09/00009542.html.
② 成全勃.陕西一带一路律师学院成立[J].现代企业,2019(4):112.
③ 山东理工大学盈科国际律师学院正式揭牌成立[EB/OL]. (2019-12-24)[2020-03-20]. http://mobile.rmzxb.com.cn/tranm/index/url/whkj.rmzxb.com.cn/c/2019-12-24/2490901.shtml.

考试的应试者在考试之前就应具备一定的经历,或考试通过之后,正式从事法治职业之前还应接受一定时间的实务培训。我国当前没有相对应的统一培训规划,但根据《法律职业资格制度的意见》的部署,我国建立的是"法律职业人员统一职前培训制度",建制原则为"统一标准、分系统实施",实施步骤是"先选后训""谁选谁训",法官、检察官,政府部门中从事行政处罚决定审核、行政复议、行政裁决人员,律师、公证员、法律顾问、仲裁员(法律类)等法律职业从业者的职前培训方式、时间由各自的选任机关、业务主管部门、行业自律组织确定。基于法律职业共同体的客观存在与建构需求,法律职业从业人员统一职前培训的关注点应为"统一"。

首先,统一培训标准。只有统一培训标准,各部门分别实施培训时,才会步调一致、目标明确。培训标准应以提升法律职业共同体职业能力、彰显法治职业共同体专业精神为考量,由一个部门牵头、多个法治实务部门共同参与制定,提炼出各法治职业入职的相同知识、素养、能力要求,统一法律职业从业者的考核要求和标准,并且可以让法律职业共同体之外的其他法治职业共同体成员能够参照执行。其次,统一培训内容。职前培训既有法治职业通识类培训,也有不同法治行业的特征性培训,通识类培训应追求内容统一,这类培训的内容主要有政治理论、法学基本理论、法律规定内涵等。不同行业的特征性培训应在通识类培训基础上,体现行业本身的特点,如各行业的职业人格特征与职业道德规范不尽相同,法官的庭审、裁判技巧,检察官的公诉、法律监督方法,律师的谈判、辩论技巧等也有不同特点,在各职业群体内也需要尽可能统一教材。职前培训无法统一的内容主要有一项,即各法治职业用人单位的内部规章制度,此项内容应由各单位自行培训,当然不排除同类单位有同一标准,则也可跨单位培训。再次,统一培训环节。有论者建议"将现有的国家法官学院、国家检察官学院统一为国家司法培训学院,在各省市设立相应的司法培训学院分院,由资深法学家、资深律师、资深检察官、资深法官组成强大的师资队伍,对通过国家司法考试的人员进行为期一年的实务培训",之后"根据个人平时成绩和志向选择检察院、法院、律师事务所进行为期半年的实习,实习结束后,应由所在部门出具实习意见,由此参加学院结业考核,考核通过者授予初任法官、检察官和执业律师资格"[①]。这种培训环节构想类似德国的做法,在我国,职前培训的实际做法多是先入职再培训,因此职业培训虽然与其他法域环节相似,但被培训者无选择职业之必要,培训单位也很少会因培训不合格而不让入职员工上岗。所以中国的职业培训环节设计目的不在于选才,而在于育才,即让入职者胜任岗位。一般说来,职前培训可以包括集中培训学习、岗位实习、综合训练等环节。每一类法治职业的职前培训环节大致一致,如律师在拥有职业资格时,还需要经过实习期才可以正式执业,那么对于其他法治职业从业者来说也应有相似要求。实践中,各单位的用人机制和紧张度不一,有的单位人手紧缺,新员工只要一入职立刻投入岗位工作,岗前培训工作存在偷工减料现象。这种现象既不利于新员工职业生涯的科学规划和良性起步,也不利于法治工作的整体发展。最后,统一培训组织保障。职前培训的具体实施可分别开展,但组织保障应有统一规划。根据《法律职业资格制度的意见》的规定,职前培训指导委员会"统筹协调全国职前培训管理工作,指导、督促、检查各部门实施本系统职前培训工作",职前培训教学及实习基地建设,职前培训大纲、案例库、师资库建设都有统一规划,职前培训管理工作流程统一,档案、信息资料统一汇集管理。这些都是组织保障统一化的基本内容。

(二) 在职培训关注"共享"

在职培训,受训者不再都是职业零起点培训,各自的任职年限、职务职称、职业方向等都不相同,故不适合再追求整齐划一。在职培训的培训内容应尽可能有针对性,追求"个性化",如2018年国家检察官学院的"专项业务培训"就包括"侦监业务实训班""未成年人检察业务实训班""职务犯罪案件公诉业务实训班""刑事执行检察业务实训班""民行检察业务培训班""科学证据审查与运用专题研修班""综合行政能力提升培训班""生态检察工作培训班"等二十多种。在职培训的培训形式也应尽可能有实

[①] 邹静.法治热点八讲[M].北京:红旗出版社,2015:121.

效性,追求"多元化",《2015—2019 年全国法院教育培训规划》(法〔2015〕77 号)中,最高人民法院即规划要"坚持推进法官教学、案例教学、现场教学",要"积极开展互动式教学、研讨式教学、课后答疑",要"促进传统培训方式与信息化培训方式的融合互补"等。基于我国法治职业群体的数量规模与现代化技术的支撑,法治职业共同体成员统一的在职培训关注点应为"共享"。

  在职培训共享主要是指学习资源的共享,随着在职培训的针对性不断走向深入、细致,全国同一业务方向的职业群体数量逐渐缩小,群体中的优秀者自然是培训师资,但这样的师资往往也是单位业务骨干,根本无暇到各地讲学、培训。当前,教学模式不断创新,教学手段趋于多元化,如果优秀师资录制授课视频或者微课、慕课,由各地组织分散学习,则优质培训资源的受众会大为增加。从最高人民法院的规划来看,这种共享意识已经很明显,如 2015—2019 年规划的法官培训基础建设中,"信息化建设"作为重要内容列入,规划要"提高教育培训信息化水平,充分利用现代信息技术丰富培训资源、拓展培训范围、提高培训效率",建成"中国法官教育培训网","通过遴选精品培训课程建立网上公开课等形式,建立开放、兼容、共享的全国法院网络培训平台,实现全国法院网络培训的全覆盖","以法院系统内网和视频会议系统为依托,大力推广远程视频培训"等。随着国家统一法律职业资格制度各项工作落实到位,未来,职前培训指导委员会应牵头组建能为更多法治职业共同体成员共享的培训学习资源。当前"点睛网"的运作理念可供参考,点睛网在其网站上表明,其是"在线法律教育云平台服务供应专家",其学员是"律师+司法鉴定+公证+企业+金融+政府+司考+检察+法官+警察+仲裁+居民+村民+n",愿景是成为"中国人学习法律的地方",该网设有"律师学院""公证学院""金融学院""政府法务""企业学院""基层法工""居民法务""村民法务"等各种学习模块,课程分类有"民诉仲裁""公司业务""建筑工程""劳资社保"等 30 余类[①]。同时,点睛网对学员听课与考核的监控手段也在

---

  ① 点睛律师[EB/OL].[2020-03-20]. http://www.zfwx.com/wxqt.

第六章 法治职业共同体养成路径:职业培训

不断完善。如果由政府相关职能部门出面,学习"点睛网"类似模式,举全国之力,挑选最优质的师资,录制更精致的课程,相应的培训绩效应能大幅提高。果如此,未来选择职业培训课程,就类似去超市选购商品,可以选择最适合受训者需求的培训课程,同时该商品还是可再生的商品,可以多人多次共享。

  有学者讨论过,"我们应该将法律人才的培养和选拔以及后续的培训作通盘考虑,并构建具有全局性、系统性的合格法律人才培养和选拔制度,这样才能体制性、系统性地保证法律人的基本素质"[①]。笔者对法学教育、国家统一法律职业资格考试、法治职业培训所做的一系列分析,目的正在于对这种"全局性、系统性"的法治职业共同体养成机制的关怀。概而言之,即由法学教育完成法学基础知识、基本理论、基本技能方面的教育和训练,通过法律职业资格考试对法治人才的法治素养、法学理论和法律知识、技能、思维等进行考核,最后由职业培训机制强化和维持法治职业从业者的职业水平。如此,一个完整的法治职业共同体养成机制渐次清晰。

---

① 李红海.统一司法考试与合格法律人才的培养及选拔[J].中国法学,2012(4):54-72.

第七章
法治职业共同体的分类培养

一、法治职业共同体分类培养的价值

分类培养不外指针对不同培养对象推进不同形式、不同内容、不同价值目标的养成行为。因为主体的"类"范围可大可小,所以针对主体培养所分之"类"也各不相同,比如高等教育的专业分类,一定意义上也意在追求分类培养人才。"分类培养"一度本就是教育学范畴的常用概念,学界所讨论的分类培养,一般而言培养主体为学校或教师,被培养主体为学生。"分类培养"的内涵则主要是指教育者"根据学科特点、社会需求及学生差异"对教育对象开展不同模式的培养,分类培养改变了单一培养的模式,"对于满足社会需要、促进学生自身发展、优化教育资源配置具有积极意义"[①]。人力资源管理学视角讨论的分类培养与教育学意义上的分类培养,在价值论、方法论上有相通性,二者都关注了主体因素的差异性、培养内容的多元性以及社会生活的多样性等;二者在培养对象、培养内容、具体培养路径等方面存在差异,人力资源管理学语境下的分类培养特指分管各行业的政府职能部门、行业组织、用人单位等针对从业人员所开展的针对性职业能力养成行为。分类培养是人力资源管理工作的重要模块,分类培养的基本价值追求在于培养的针对性和实效性。对每个劳动者来说,其时间和精力都是有限的,对其个人职业发展无意义的培养,无

---

① 王海峰,刘宇航,罗长富,等.基于科技创新人才培养的科研院所研究生培养机制思考[J].高等农业教育,2015(2):111-115.

法调动其积极性,而从业者无积极性的培养活动,即使用人单位通过职业纪律、管理制度等强行要求其参与,效果也差强人意。

关于分类培养问题,我国实践起步很早,如1996年国家教育委员会(已更名)发布的《高等学校教师培训工作规程》(教人〔1996〕29号)规定"高等学校教师培训应根据教师职务的不同,确定培训形式和规范要求",其中助教的培养内容主要是"教学科研基本知识、基本技能的教育和实践",培养形式有岗前培训、教学实践、助教进修班、攻读学位、社会实践等;讲师的培养内容以扩充专业基础理论知识、提高教研能力为主,培养形式主要是参加针对性的"骨干教师进修班、短期研讨班和单科培训",国内外访学等;副教授培训内容主要是"熟悉和掌握本学科发展前沿信息"以提高学术水平,培养形式主要有"参加以课程和教学改革、教材建设为内容的短期研讨班、讲习班""参加国内有关学术会议、校际学术交流,或选派出国培训"等;教授的培训形式则是"以参加国内外学术会议、交流讲学、著书立说等活动为主的学术假"。① 近年来,分类培养的理念更为清晰,方法也更加多元,在中共中央印发的《2018—2022年全国干部教育培训规划》中,直接要求相关机关"落实分类培训"。教育部在之后通过的《关于贯彻落实〈2018—2022年全国干部教育培训规划〉的实施意见》中,全面贯彻落实了这一要求,针对各级教育部门干部、高校干部、中小学校领导人员、基层党务工作者、基层思想政治工作者、高层次人才和专家以及年轻干部的培训,设置了各不相同的培训内容和培训措施,如针对高层次人才和专家的培训内容主要围绕"加强政治引领吸纳、弘扬爱国奉献精神、增强政治认同感和向心力"为目的选取,培养方法主要是参加国情研修等;针对各级教育部门干部的培训,则围绕造就"信念过硬、政治过硬、责任过硬、能力过硬、作风过硬"的队伍等"五个过硬"选取内容,方法更加多样化,主要有岗位培训、任职培训、初任培训、岗前培训、专题研修和网络培训,定期举办"直属机关处级党员干部理论进修班"和"党性与国情教

---

① 参见《高等学校教师培训工作规程》(教人〔1996〕29号)第三章"培训的主要形式"。

育研修班"等。①

从这些规范性文件的导向来看,对于分类培养我们一直有基本的认知,但为了真正实现分类培养的价值目标,培养的方法论问题也必须深入思考。培养所蕴含的方法论理念是利用各种要素或资源实现对主体的孵化,孵化讲究的是"化",是春风化雨式的育成,而非刀刻斧凿式的雕琢。正是基于这一理念,笔者更喜欢用"培养"这一术语,而不是"培训"。当培养行为与职业共同体相勾连时,更应当关注培养行为中"养"的内涵。

共同体的社会价值实质化,或者说共同体社会整合价值的实现,需要其内部各构成部分最大化地发挥其分工价值。法治职业共同体内部由各职业群体构成,立法者、司法者、执法者、释法者等各司其职,最大化实现共同体分支职业群体的价值,互相形成符合法治精神的、遵循法律规定的职业良性互动,则法治职业共同体的形象就会趋于具象化,在整个社会的概念、文化或思维体系中,就会出现"法治人才""法律人""法治工作队伍"等类似的类群理念,进而人们就会更加理解并尊重这一群体的价值,认可群体的分工地位。法治职业共同体正是基于这样的路径,进而对社会文化、社会结构甚至具体生产生活实践,实现柔性型构或产生实质影响。由此,法治职业共同体分类培养的价值也就清晰了,即法治职业共同体型构力的提升,取决于职业共同体内职业群体的影响力提升,职业群体的影响力提升取决于群体的职业能力提升,群体的职业能力提升取决于群体对自身职业价值的不断深度认知和自身职业能力的不断实践锤炼,分类培养正是服务于这种提升。

前文论及,"类"可大可小,本专题研究从职业从业者这个层次起论,具体实施培养时,对职业从业者"类"的因素区分、识别得越细,分类培养工作就会做得越精细、越有针对性。比如法治职业从业者,下有立法者一类,立法者之下还有法律立法者、地方性法规立法者,显性立法者、隐性立法者,自治区的立法者、直辖市的立法者,刑事法立法者、民事法立法者等

---

① 参见中共教育部党组印发的《关于贯彻落实〈2018—2022年全国干部教育培训规划〉的实施意见》附件。

等分类,所以分类培养才提出分级、分类、分层等概念。法院的培训规划中,对领导班子成员、人民陪审员、审判辅助人员、审判人员、司法行政人员等做了区分,实践中,审判人员之下又可分不同职称、业务庭、主审案件类型等分类。针对每一细"类"职业从业者分类培养的内容、方法等都应有科学的规划、设计,这一现实需求对人力资源培训机制和培养者的素养都提出了很高要求,此时,共同体成员之间的协同培养功用就可大有作为。下文选择了"行业""地域"两个分类要素,举例阐述基于共同体理念下的分类培养操作模式。

二、行业性分类培养例析:法学教师

　　法治职业共同体最特殊的一个职业群体就是法学教师。因为这一群体同时属于社会中最典型的两大共同体,即法治职业共同体和教育职业共同体。如果从行业的角度选择一个职业群体的养成机制去分析,法学教师无疑是最有代表性的。有学者论及"法律职业的基本特点和基本要求决定了法律人才培养模式的特殊性,即法律人才的培养,不仅要遵循高等教育的一般规律和要求,而且还应当遵循法律职业和法学教育的特殊要求","法律职业共同体与法律人才培养共同体之间的关系,也反映了社会发展与教育的一般关系,在这个关系中,双方既互相适应、互相促进,又互相影响和互相制约",要优化培养、协调、管理等机制以"实现二者的良性互动和协调发展"。[①] 从法学教师的养成角度来看,最合适的路径不外构建专业和行业共同体推动下的法学教师分类培养机制。

(一) 法学教师分类培养的基本认知与实践

　　近年来人事部、教育部等各级各类政府职能部门针对教师的管理、聘任、发展等出台各类政策性指导意见,总的趋势在于推动教育共同体完善

---

① 霍宪丹.法律教育:从社会人到法律人的中国实践[M].北京:中国政法大学出版社,2010:70.

教师的分类管理与分类评价机制,对不同职级、职型、职责的教师采用不同管理模式。基于政策推动,各高校除在整体发展规划上部署落实之外,更纷纷设立教师发展中心以推动教师的教育教学能力提升与职业规划发展等,其中针对教师的培训培养工作是多数教师发展中心的基本职责。然而受长期形成的上对下式的单向度管理惯性影响,尽管各大学针对教师的分类管理有了较好的理论研究与实践探索,但对教师实行分类培养的理念还有待转型,实践推动力还很薄弱。

从共同体的视角讨论对高校法学教师的分类培养,培养主体一般涉及教育行政主管机关、司法行政主管机关、法学行业协会、法学院校等单位,被培养主体是法学教师。当前,针对教师分类培养的直接研究成果较少,少数一些培养视角的研究成果,主要是针对中小学教师职前教育的分类培养研究,但这类研究所提出的教师培养类型、内容、模式、路径等值得在研究高校教师之分类培养时加以关注。有的研究者指出教师培养应关注专业核心能力、共性的教育学素养,也应注意区别不同的施教区域、教育类型进行师资培养;主张教师分类培养应建立教育行政主管部门、师资培训机构、行业、企事业单位等协同创新培养机制等[①],这些观点对法学教师的分类培养均有借鉴意义。关于高校教师的分类培养研究更多是从分类管理的角度切入,"分类管理"与"分类培养"虽有密切联系,一定意义上甚至是一个问题的两个方面,但所体现的师资队伍建设理念却大相径庭。在这些研究成果中对教师的类型划分各不相同,有的根据师资的不同来源进行类型化管理(如张晓阳),有的主张应结合招生专业来分类培养教师(如陈红云)。此外,从研究者对教师岗位的分类也可窥见教师分类培养的方向,对教师岗位有的主张设置教学型、基础研究型、应用开发型和复合型岗位(如黄永乐),有的主张设置教学型、科研型、教学科研型岗位(如郭丽君),有的主张设置教学岗、科研岗、社会服务岗(如张国臣)等。

---

① 刘延金,温思涵.分类、协同创新培养:我国教育职前教育发展的方向[J].当代教育科学,2015(3):44-47.

基于九年制义务教育的国家权力强介入性,以及广大师范类院校的专业自觉,我国初中小学教师的分类培养一直自觉开展,并且制度化程度较高,不但小教法、中教法的研究和实践一以贯之地推动,语数外等各科教师的分类培养也多以教育行政主管部门的主动推动为模式。高中阶段的教师,基于高考这一指挥棒,教学内容与方法的统一性要求高,各学校对教师的专业性分类培养与教育教学方法技能的同一性有自觉的注意,教师的分类培养状况也较好。而大学教育,因为各学校类型以及专业方向的多元化与纵深化,自觉且成体系的教师分类培养工作并不成熟,甚至一般的培养实践也较为欠缺,特别是高校教师本身的重视程度不够。从管理角度管窥,在《国家教育事业发展"十一五"规划纲要》(2007)、《关于高等学校岗位设置管理的指导意见》(2007)、《国家中长期教育改革和发展规划纲要(2011—2020年)》(2010)、《关于全面提高高等教育质量的若干意见》(2012)等一系政策性文件的导引下,各高校对教师分类管理建构了大致相似的模式。多数高校根据自身不同的发展定位,通过对不同人力资源类型设置不同的岗位职责、评价考核体系等方式推进、引导教师发展。各校教师以设教学型、研究型、教学研究型三种类型为主[1],亦有一定的变式,如有的分教学科研型和专任教学型二类,有的分教学为主型、教学科研并重型、科研为主型、应用技术开发型四类,有的分教学为主型、教学科研并重型、科研为主型,社会服务与技术推广型、团队科研—教学型五类等[2]。

(二) 共同体推动法学教师分类培养的价值

1. 教育共同体对法学教师分类培养的价值

法学教师从行业角度来看,是高校人力资源,归属于教育行业;教育行业共同体则是组织、管理、研究、实施一国规定类型教育工作的法人与

---

[1] 中国高等教育学会师资管理研究分会.高校师资管理新探:第14辑[M].苏州:苏州大学出版社,2013:分类管理篇.
[2] 李汉学.我国高校教师分类管理研究的回顾反思与展望[J].黑龙江高教研究,2016(12):19—23.

自然人集合体,包括各级各类教育行政主管部门、教育行业协会及不同层级的各类教育机构等。教育是一个以传道授业解惑为基本要旨的行业,行业整体要承担教授技能、养成精神、科学研究、社会服务、文化传承等诸多职责。从行业角度谈对法学教师的分类培养,一方面需要纵向考量教育行业的不同阶段,即应关注从早期教育、中小学教育到大学教育的全过程。纵向培养的价值在于实现教育的承继与接续,因为一般来说不管哪种层次的教育,其施教的终极目的是一致的,即受教育者的成人成才,那么注意并专业性地针对高校教师开展行业纵向类型的培养,可以保持教育者话语一致、理念互通,进而形成教育之合力。这种合力的实现程度决定着教育行业对社会整体的贡献度,影响着教育行业社会分工价值的实现。我们的教育对象在小学唱着"捡到一分钱,交到警察叔叔手里边",到大学毕业后却成了一个"精致的利己主义者",原因之一即在于教育的承继与接续出了问题。换言之,作为高校法学教师,必须对法学本科生在中小学所受到的法律教育状况有清楚认知,在课堂上要考虑补充和矫正学生在中小学所获得的法学知识。另一方面需要横向关注不同教师个体职业发展类型的培养,大一统管理模式下的法学教师既要完成教育教学任务,又要做课题、项目,有的还被要求有法律实务经验,以便实现法学理论教学与法律实践更紧密地结合。这对法学教师是沉重的负担,也很难兼顾。将法学教师划归不同类型,提出不同工作要求,设置不同考核标准,目的是使法学教师各尽其职,各攻其能,以合力的形式推进法学教育事业。那种要求所有法学教师都成为学术大家,或者法学"双师型"教师的期望是不科学的。

2. 法治职业共同体对法学教师分类培养的价值

法治职业共同体,是专业共同体,是从业过程中具有相同或相近的志业理念,使用相同或相近专业知识、技能等的职业群体。律师、法官、检察官、法学教师等均基于相同的法学专业背景,在不同岗位,通过不同程序,互相配合、相互制约开展法治建设工作,志业目标都有追求公平正义等内容,因此这些群体构成法治职业共同体。高校的专业是多元的,专业教育水平的发展必须依凭专业水平不断提高的教师,从专业共同体角度对高校教师进行分类培养的目的正在于此。这一视角的分类培养从纵向来说是指针对教师职业发展专业水平的不同层次的培养,如对助教、讲师、副教授、教授等不同职称梯度教师的分类培养,又如有的学校对资深教授、学术带头人、学术带头人第二梯队、中青年骨干教师、35周岁以下优秀青年教师等不同学术能力、梯度教师的分类培养等①。其价值在于突出师资培养的能动性与个性化,主动性与积极性,避免教师培养中的形式化问题,以及有研究者虑及的高校教师与行政管理者之间的对立情绪,同行相争、师生相远等问题②。事实上,这一视角分类培养的推动主体既可以是法学教育共同体,也可以是法治职业共同体,之所以置于法治职业共同体下讨论,笔者意在强调该类培养由法治内行具体推动更有效果。

  法治职业共同体对法学教师的分类培养从横向来看,主要是指借助法学会等专业、行业协会等开展的法治职业共同体之间的跨院校、跨行业学术交流式培养,推动这类培养的价值在于可以使法学教师对国内外法学专业所涉的法学理论和法律知识快速、持续更新,并且与其他法学院校与法治职业用人单位的专业同道保持密切的业务联系,保持学术研究的互通互促,以及理论与实践的常态勾连。全国有中国法学会,之下各省市也多成立有法学会,法学会以宪法与法理、行政法学、刑事法学、民商法学等专业研究会的形式开展学术交流。各研究会又以年会、专题研讨会等形式,聚拢同为法学专业但来自不同地域、不同行业的法学科研人员和实务工作者深度全面交流。这种交流对高校法学教师的专业能力提升发挥着重要作用。加之,自媒体时代借助微信群、公众号等平台,学术共同体之间的专业知识共享与科研能力互促也几乎可以零成本无时差地推进。

---

  ① 中国高等教育学会师资管理研究分会.高校师资管理新探:第14辑[M].苏州:苏州大学出版社,2013:272.
  ② 高迎斌."三职一体"式高校教师分类管理模式探讨[J].中国高校师资研究,2011(6):13-18.

(三) 共同体推动法学教师分类培养的路径

1. 共同体推动法学教师分类培养的原则

某一法学教师所归属的共同体是多元的,法学教育共同体和法治职业共同体是基本的,在实践中其当然还归属于某大学、某法学院系、某教研室等。因此从共同体的角度推动法学教师分类培养应坚持以下两个一般性原则：一是"内外合力"共同培养原则。一方面应充分重视并利用好教育行政主管部门和法治工作行政主管部门等主导的教育通识类和专业基础类培养机制。另一方面不同法学院系、不同专业方向的师资力量不尽相同,有的法学院教师职称比例也可能不平衡,有的民法教学团队强,有的刑法科研团队强,有的专业方向可能只有一个或几个教师支撑。当一个法学院系某个专业方向的教师力量不足以形成良性循环的传帮带体系时,培养本单位法学教师的师资,就可以借力于国内外各兄弟院校的专业力量支持。二是"上下联动"全面培养原则。教师们在授课内容、任职年限、专业能力、兴趣爱好、职业规划等方面差别较大,故法学教师的培训类型种类繁多,各专业方向的培训内容差异性较大。一般说来,在大学的校级层面不应当也不可能实质推动全部的教师培养工作,只能通过政策引导,推进教师培养的"上下联动"格局。法学教师能从校级层面获得的培训,主要涉及教育教学技术、师德师风、教育心理知识、图书资料使用,以及填写科研项目申请书的形式精细化方法等等,这些属于来自教育共同体的通识类培训。法学院系必须对法学教师的专业性培训负责,因为涉及各专业方面的培训,专业内容各不相同,且各教学单位的专业发展筹划,教学工作安排,师资队伍数量、质量不一,只能由各教学单位根据各自的实际情况进行统筹安排。法学教师个体则应为自身的个性化培训内容负责。每个教师都有自身的职业规划和校友、业务关系网,特别是与某一特定课程相关联的培训,教师个体要有个性化的设计和规划,应主动融入相应的共同体中,以寻求个人专业能力的提升。比如,某一教师教授"法律文书课",那么教师本人即应关注全国法律文书教学圈子的教研交流,及时进入该共同体,以便把握法律文书课程的最新教学要求、教学方法,与同行共享教学资源等。

2. 教育共同体推动法学教师分类培养的路径分析

教育行业共同体推动法学教师的分类培养,宜"官主校辅""纵主横辅"。所谓"官主校辅"是就培养主体而言的。当基于"早期教育—中小学教育—大学教育"一体化考量,对大学法学教师开展大学教育目标、培养方法等内容培训时,应以教育行政主管部门为主开展。研究各级各类教育行政主管部门的"三定"方案可知,该类主体在主管教师工作,除"指导教育系统人才队伍建设"外,还要负责"指导各级各类学校的教育教学改革""组织审定基础教育国家课程教材,全面实施素质教育""指导各级各类学校的思想政治工作、德育工作、体育卫生与艺术教育工作及国防教育工作"等①。因此该类主体最清楚在我国各级各类教育机构中,应一以贯之地培养何种人才以及如何培养。换言之,教育行政主管机关对国家教育的基本原则、目标、方法、政策等最了解,并有部署落实之责,而落到实处的关键是让师资认同、领会,因此由其主抓对大学法学教师开展大学教育目标、培养方法等内容培训最合适。各法学院校横向之间针对法学教师这方面内容的培养,主要是推进师资培养的合作共享机制,发展自治组织去推动法学教师的教育能力。

所谓"纵主横辅"是就培养内容而言的。针对不同阶段的教育,都应有相应教学法,相较于幼教法、小教法、中教法,大学教育教学方法的同一性研究并不繁荣。近年来各高校热推的微课、慕课、翻转课堂等,并非高等教育专属,相关教育教学模式、技法在中小学的运用和推广远比高校提前,也比高校深入。此处,我们关注的是在大学阶段法科教师如何保证国家整体法学人才培养目标的实现问题,或者说法学教师如何接力中小学教师养成受教育者核心素养的重任,如何推进国家教育目标一体化问题,而不只是法学专业问题。不论哪个阶段、哪种专业的教育,在教授具体知识和技能之外,还有更重要的育人担当,即培养受教育者核心素养,进而

---

① 国务院办公厅关于印发教育部主要职责内设机构和人员编制规定的通知[EB/OL].(2010-01-14)[2017-05-30]. http://www.moe.edu.cn/jyb_zzjg/moe_188/201001/t20100114_46388.html.

提升国民整体素质,比如自我发展、独立思考能力,欣赏、表现、创新能力,表达、沟通、分享能力,尊重、关怀、合作能力,规划、组织与实践能力等。这些综合性能力和素养,需要不同阶段教育者一以贯之地,通过一门门课程、一个个知识点以"润物细无声"的方式去培养,只不过,法学教育需要通过法学教育内容和法律实务场景去促成。教育共同体应对法学教师加强这方面内容的培养力度,唯此才能实现法学教师之于教育的价值最大化,并且避免法学教育共同体对法治人才培养效能的自行削减。

教育行业共同体的横向培养协作,主要是指针对不同教师个体的同一职业发展类型的共同体培养。对此,鉴于各法学院层级或者类型差异较大,可协作的共同体必须再行细化。比如近年出现的"电子商务及法律专业",设置该专业的各高校,自治意识非常强,很快成立了"全国高校电子商务及法律专业联盟",共同研究、交流如何设置课程、编写教材、培养师资等。换言之,研究型大学和应用型大学法学院的同一职级、职型的教师可共同培养的基础并不具备,共同体对教师进行分类培养协作时,应进一步细化为研究型大学法学教育共同体、应用型大学法学教育共同体等。如果再虑及地区性差异,可协作的基础则更为复杂,需要法学教师在研究教学内容的过程中,自行发现适宜自身业务能力提升的团队资源与培训资源。

3. 法治职业共同体推动法学教师分类培养的路径分析

教育行业共同体针对法学教师的培养很多可以刚性开展,比如教育行政主管部门针对教师的岗前培训,可以通过教师资格的授予与否进行控制,法学院校对年轻教师的入职培训等可以通过职称、岗位的评聘进行制约。法治职业共同体针对法学教师的培养工作多数只能柔性为之,甚至很多时候,法治职业共同体并没有对法学教师进行培养的自觉性,共同体关注的往往是国家法治事业的成败,法学理论、知识体系的构建和创设,法律制度的完善、运行等问题,只有在论及法学知识的传承时才可能会特别关注对法学教师的培养问题。一般说来,法治职业共同体推动法学教师分类培养,宜以"法治职业共同体为主",坚持"横主纵辅"。

所谓"法治职业共同体为主"是指法治职业共同体作为一个整体上松

散联合,内部专业方向多样的共同体,由该类共同体推动法学教师分类培养,教育行政主管部门或大学校级层面只能引导。法治职业共同体成员法学知识、法律技能等的提升机制是另一套体系,应尊重法治职业共同体的专业自治性。当然,对于某一法学院系来说,基于专业问题的内行认知,则可以通过一定的机制去强制推动法学教师融入法治职业共同体。比如法学院可细化规定学院教师必须每年参加国家、省级法学会一到二个专业研究会的年会,并须提交参会论文或担任主讲人、评议人、学术总结人等。

所谓"横主纵辅"是指法治职业共同体推动法学教师培养发展,横向应长期不间断地加强法治职业共同体基于法学专业进行高效自觉聚合,纵向则只要做到同一类教学内容在不同层次教学中保持法学知识、理念的一致性、连贯性与承继性即可。举例来说,法学专业共同体只有不断加强高校法学教师与法官、检察官、律师等其他法律职业群体不断交流互动,就不同法律部门的问题进行沟通联系、对话研讨,法学教师的专业知识才能得以及时更新,专业素养才能得以不断提升。纵向来说,比如宪法知识的教授,在小学放置在"品德与社会"等课程中,中学放置在"道德与法治"等课程中,大学里法学教师在开授法学专业的宪法学课程前,一定要明晰教育对象已经具备的宪法知识是什么,宪法理念培养深度如何,换言之,作为大学法学教师,其应当知道所教授的法学专业知识,与学生在中小学所接受的相关教育内容从何处接续,如何加深、矫正。

综上分析了教育行业共同体和法治职业共同体对法学教师的培养机制,总的来说,这种培养机制的运行顺畅与否,还需要以下几个理念支撑:

一是教育者要有整体教育观或者说大教育观。法学教师和教育行政管理者都是广义的教育者。教育行政管理者的管理视野要开阔,培养理念要开放,对法学教师应致力于培养、提升而不只是管理,更不应压制,对师资培养成本可通过合同进行合法控制,但不应借力经费、机会等进行不合理控制。法学教师只要不离开法学教育行业,其教育教学能力和法学水平都会影响法学教育的全局,教育行政管理者应可持续地推动教育行业共同体对法学教师的分类培养。对法学教师来说,也要有整体教育观,而不应只囿于法学一隅，教师应对自己所教授的每一门法学课程，在法学教育中的作用，在法律学科中的位置，甚至在整个教育体系中的价值，包括在中国、世界法学教育体系中的价值，都有清晰认知并自觉推进价值实现。法学教育本质上是教育，而教育是一场接力赛，当教育从中小学教师那里接力到大学教师手中时，作为大学法学教育者必须了解法科学生所接受的整个教育的过程，并且应懂得在大学阶段为受教育者成为法治人才贡献什么，要有一种大而全的教育情怀。有此教育观的法学教师才会在其职业生涯中自主融入和寻求各类共同体的培训与培养，对自身教育教学技能和法学专业知识水平有提升自觉性。

二是要有刚柔并济的法学师资分类培养观。教师培养也是教育，教育的目的在于推动知识积聚、素养提升、理念精深等，抽象性精神劳动特征较为明显。法学教师培养要有规范的管理制度，但也不应单纯依赖法学院行政管理手段去推进，还可以建立奖惩考核机制去引导。通过组织、管理、引导，一方面督促法学教师克服惰性，不得不为专业培训，另一方面让法学教师自觉参与教育行业和法治职业共同体的有机互动，自然也能达到培养目的。

三是要广义理解培养内涵。从主体角度来说，法学新教师、青年教师、低学历教师是培养重点，行政管理对其监管和推动力度要大些，应相对刚性，但法学大家、高职称、高学历法学教师也应自觉重视自身现代化教育教学技能的提升和法学专业知识的更新。从培养内容来看，不但应重视法学教学技能、科研方法、专业知识等的培养，也应注意教师身心健康、幸福能力，以及发现、应用、整合与教学等综合能力的提升。从培养模式来看，教育行业共同体整齐划一的培训模式有存在必要性，但法治职业共同体更应发挥自身在法学师资培养中的专业作用，作为法学教师而言则应自觉能动地接受培养。同时，法学教师既可以以被培训者的身份获得培养提升，也可以以担当培训者的角色，实现自身综合能力的提升。

三、区域性分类培养例析:江苏省

我国疆域范围广,行政区划状况复杂,不同区域的法治发展水平、基础不同,一些法治相关问题有共通性也有差异性,法治发展的区域性特征比较明显,这是法治发展的客观现实。经济发达省份,法治建设水平往往也较高,经济、社会发展相对落后的省份,有的法官、检察官无法满足通过全国统一法律职业资格考试这一条件,只能通过特殊照顾机制解决法律职业从业者资格问题。2019年国家统一法律职业资格考试客观题考试合格分数线,全国分四个档,也可见一斑。对于法治发展的区域性,江苏省法学界关注较多,2014年3月经江苏省人民政府批准立项,由南京师范大学牵头,江苏省社会科学院、东南大学、苏州大学、扬州大学等单位协同设立江苏高校区域法治发展协同创新中心。经过多年发展,中心"学术影响力日益增强,发展成为名副其实、学界公认的区域法治研究学术重镇"[1]。公丕祥、夏锦文等一些区域内学者对区域法治问题进行了系统研究,通过这些研究也可知,基于不同的经济发展水平、社会结构、历史进程、文化传统和地理环境等因素,不同区域间的法治发展必然各具特色[2]。从区域角度研究法治职业共同体的养成问题,既是一种从分类角度对法治职业共同体培养问题的例析性研究,一定意义上也是一种区域法治研究。

(一) 江苏法治职业共同体养成的区域法治建设基础

与其他省级区域相较,当前江苏在政治、经济、文化等方面均有领先优势,法治江苏建设的进度也在全国的前列,并正逐渐走向精细化。改革

---

[1] 戴小明.区域法治研究:价值、历史与现实[J].中共中央党校(国家行政学院)学报,2020,24(1):87-98.
[2] 公丕祥.法治中国进程中的区域法治发展[J].法学,2015(1):3-11;夏锦文,陈小洁.区域法治文化:意义阐释、运行机理与发展路径[J].法律科学(西北政法大学学报),2015,33(1):3-12.

开放前,江苏法治建设状况与整个国家的法治建设相同,经历了一个充满波折的过程。1979年以前,江苏省无立法权,城市化水平低,经济以国营经济为主,基本没有外商投资,现代化法治建设的经济基础并不具备,建设成就乏善可陈;20世纪80年代,江苏开启法治建设进程;20世纪90年代,江苏及时落实"依法治国,建设社会主义法治国家"的宪法要求,提出"依法治省"的战略目标,全面展开依法治省的实践;进入21世纪后,江苏省做出全面建设"法治江苏"战略决策,明确了法治江苏建设具体目标;中共十八大以后,江苏更从推进国家治理体系和治理能力现代化的高度,以更高标准、更大力度、更实举措,推动区域法治建设扎实快速发展。

  2014年,为贯彻落实中共十八届四中全会精神,江苏确立在地方立法、法治政府建设、司法、法治宣传教育、社会治理法治化,以及法治工作队伍建设水平六方面要"居全国领先行列"的奋斗目标。江苏省2015年3月出台《法治江苏建设指标体系(试行)》,2019年1月出台《江苏省法治社会建设指标体系(试行)》,把法治江苏建设等工作要点指标化,这些都是江苏法治建设的重大创新成果。此外,江苏在全国首创法治信息系统,对法治建设进展情况进行实时监测、评估、分析,开创法治建设的"大数据"时代。2016年以来,江苏省提出要"让法治成为江苏发展核心竞争力的重要标志"的战略目标,要把法治江苏作为建设新江苏的"金字招牌"来打造。

  在不断探索和引领地方法治建设的过程中,江苏始终注意推进法治职业队伍建设工作。早在2004年的《法治江苏建设纲要》中即提出要"加强政法队伍建设,努力造就一支政治坚定、业务精通、作风优良、执法公正的职业化高素质的执法队伍"等,在近年出台的《法治江苏建设指标体系(试行)》中"法治工作队伍建设"是重要一级指标,占8%的权重。在该指标下之下又分设3项二级指标,分别对法治专门队伍、法律服务队伍、法治人才培养做出要求,建设要求包括"立法、行政执法、司法队伍正规化、专业化、职业化建设全面加强,职业准入制度、职业保障体系、法治专门队伍管理完善""依法查处法治专门队伍中的违法犯罪案件""公证员、基层法律服务工作者、人民调解员队伍健康发展,社会律师、公职律师、公司律师优势互补、结构合理,职业保障机制完善""律师队伍政治思想建设不断加强,执业行为规范,违法违规执业惩戒制度严格执行""法治人才培养机制、人才双向交流机制建立""法治理论研究水平不断提高"等①。与指标体系相配套的一定是考核指标,考核是一种推进工作的有效方式,基于考核引领,江苏各地对培养、建设法治职业共同体的主动、自觉性较高,甚至将法治人才队伍建设规划纳入了全省人才发展的总体规划中。总之,江苏法治职业共同体整体素质较高,共同体的养成基础较好。

(二) 江苏法治职业共同体建设现状

第一,专业交流平台较多,作用有待加强。依托南京大学、南京师范大学等几所大学法学院,以及省法学会的凝聚作用,江苏省域内各法治职业从业者的交流互动频繁,特别是法学会的年会机制发挥了重要的平台作用。根据江苏省法学会官网统计,截至 2012 年 12 月底,法学会发展会员已达 5048 人。在省法学会、13 个省辖市法学会之外,截至 2015 年 11 月全省成立县级法学会 71 个,有 8 个省辖市所辖县(市、区)也全部成立了法学会。省法学会在原有的 14 个学科研究会外,2015 年又组建省法学会金融法学与财税法学、农业与农村法治、商法学、审计法学、老年法学等研究会,并在国内省级法学会下率先设立廉政法制研究会。全省各级法学会也成立有近百个相应的学科研究会,基本上涵盖了法学主要学科。不少学科研究会的年会,成了省内相近专业法学教学科研人员和实务工作者深度全面交流的优质平台②。不过法学会毕竟是一个松散的学术团体,对法治职业共同体成员的行为只能进行柔性引领,因此对共同体之间的专业交互作用有限。当前法治职业共同体内各职业群体的交流,更多是以职业为主展开的,如省内法官之间、检察官之间、律师之间的交流都很频繁便捷,但横向同专业不同职业的交流无法常态化,只能借助有限的学术研讨、专题研讨等进行。未来,不同专业、职业的法治职业群体共同

---

① 侍鹏.法治建设指标体系解读[M].南京:南京师范大学出版社,2016:267,268,282,289.

② 关于江苏省法学会的相关数据无特别说明均来自江苏省法学会官方网站。

发展提升机制问题,还需要进一步探索,特别是法学会本身的建设也应加强,应与国家的法治建设大政方针同步推进,也应与信息时代的科技发展相适应。

第二,职业流动向度单一,壁垒亟须打破。因相同或相近的专业背景,法治职业共同体的从业人员职业流动在所难免,从公开资料来看,江苏省法治职业从业者职业交流模式相对单一,主要是体制内向体制外流动,并且流出者多为中青年骨干。如审判人才的流失较为严重,据报道,2010年至2013年,全省流出法官988人,占法官总数的十分之一①。2018年,江苏省法院、检察院系统均发布公告,拟从律师和法学专家中公开选拔法官、检察官,后均有一半岗位因报名人数未达到开考要求而取消选拔②。

第三,职业培训各自为政,横向联合待强化。法治职业共同体养成最重要的是从业人员工作的同质与互动,同质缘于前期的法学学历学位教育、法律职业资格考试等,更缘于从业期间长期开展的同质类培训培养。而目前,江苏省内各类法治职业群体之间的职前培训、职中培养,相互合作未成定制。域内法官培训依托的是江苏法官培训学院,该培训机构隶属于江苏省高级人民法院,志在为全省法官服务。有报道称2012年以来,全省基层法院31.4%的一线法官未参加过集中培训,个别地方基层法院这一比例甚至高达84%③。近年,法官的培训力度在加大,江苏省高级人民法院2018年初向江苏省人大所做的工作报告中称,为加强法院队伍建设,法院上年度"举办28期员额法官培训班,分领域、分条线、分批次

---

① 马超.江苏4年988名法官辞职[N].法制日报,2014-07-30(5).
② 江苏省检察系统2018年从律师和法学专家中公开选拔检察官公告[EB/OL].(2018-09-26)[2020-03-20].http://www.jsjc.gov.cn/toutiao/201809/t20180926_646937.shtml;江苏省法院系统2018年从律师和法学专家中公开选拔法官公告[EB/OL].(2018-09-26)[2020-03-20].http://www.jsfy.gov.cn/art/2018/09/26/21_95084.html;江苏省检察系统2018年从律师和法学专家中公开选拔检察官职位报名审核公告[EB/OL].(2018-10-23)[2020-03-20].http://www.jszzb.gov.cn/tzgg/info_112.aspx?itemid=26776;江苏省法院系统2018年从律师和法学专家中公开选拔法官职位报名审核公告[EB/OL].(2018-10-30)[2020-03-20].http://www.jsfy.gov.cn/art/2018/10/30/21_95226.html.
③ 马超.江苏4年988名法官辞职[N].法制日报,2014-07-30(5).

对全体入额法官进行轮训,在全国率先实现培训全覆盖。组织开展青年法官业务大练兵活动,按照立足岗位、贴近实战、注重实效的要求,全面提升青年法官司法能力"[1]。检察官的培训依托的则是江苏省检察官学院。

律师培训培养形式由较为多元,根据《江苏省律师继续教育管理办法》的相关规定,"执业律师可以参加全国律协、省律协、省辖市律协组织的专题培训,律师事务所内部组织的培训,参加各级律协或其他机构组织的业务研讨会"等,培训方式"可采取视频会议、巡回集中专题讲座、专题培训班、业务研讨会议、案例分析会等形式,也可通过网络、考察、自学、个别交流等方式"。实务中,律师事务所之间,以及一些大型律师事务所内部已经建立起了个性化的培训培养机制。如,华东地区规模最大的综合性律师事务所之一,北京大成(南京)律师事务所的培训培养机制已经形成自身特色,除以团队的形式实现传帮带之外,该所定期开展"大成金陵讲坛""大成青年汇""别独自用餐"等形式的职业培训。一些新成立的律师事务所,成立伊始即将人才队伍建设作为事业发展的重要考量因素,如成立于2019年10月10日的泰和泰(南京)律师事务所,在知识管理和人才培养方面,即以"泰和泰"全国的各专业委员会为纽带,结合中国(江苏)自由贸易试验区独特的地缘优势,定位于为"长江经济带"法律服务市场,提供优质法律服务产品。成立后迅速汇集诸多业内尖端人才,广泛开展跨地区合作交流,共享知识成果,以资深专家为核心,以执业律师为主体,以青年律师为动力,积极提倡跨领域合作,有意识地构建和谐亲密的团队氛围。与体制内法治职业从业人员相比,法律服务队伍出于提升自身业务水平的内在需要,交流培训多为自发主动参与。法律服务工作者也会积极主动地参与职业所属之外的各类群体组织的涉法交流研讨,客观上能放大职业共同体内各类培训的效能。从总体上看,区域内法治职业共同体横向联合开展的通识类培训和研讨有待加强。

第四,法学院校众多,培养方向多元。江苏省作为教育大省,开设法

---

[1] 江苏省高级人民法院工作报告[EB/OL].(2018-01-29)[2020-03-20].http://www.jsfy.gov.cn/art/2018/01/29/9_93346.html.

学专业的院校众多,各法学院发展平台与路径各不相同,培养方向各有特色。南京大学法学院的中德法学研究所是国际性法学合作研究与教学实体。南京师范大学法学院的中国法治现代化研究院是江苏省首批重点新型高端智库。南京审计大学法学院的专业特色之一,即学生"既熟悉审计法律制度,又通晓传统法学专业知识技能"①,为此,审计法被该法学院设为主干课程,2018年底,学科评议组还同意该法学院自设"审计法学"二级学科。② 从师资情况来看,各校之间差距较大,有的法学院校师资队伍的梯队、职称、专业等设置科学合理,与实务部门有较好的互动机制,有的则闭门办学,其专业教师,既不与学界密切联系也不与实务界多加接触。从教学内容和方式来看,法学教育依然以传统的课堂教学为主,专题研讨、案例教学的开展并未常态化、规范化。虽然法学界对法学教育需要加强职业训练、实践教学等已有共识,但因为师资力量、考试考核等不配套,在课程设置上依然表现为重理论轻实践,与实习基地合作有时流于形式,法学教育与法律职业脱节现象客观存在。域内近年也有一些共同体协同培养法治人才的有益尝试,如南京市栖霞区所大力推动的以判决为要求的"仙林成才杯"模拟法庭大赛,和以人民调解为内容的模拟调解大赛。赛事是该区以打造普法品牌创建为目的而开展的活动,从2008年始连续多年组织,其间不断积累经验、创新模式,影响日益增大,参赛学校从最初的4所发展到几乎涵盖了省内所有设置法律专业的高校,甚至吸引了外省高校参与。该赛事对提升法科学生的综合素质,加强实践教学,实现培养应用型人才目标有实质作用,是法学教育从理论走向实践的良好路径。在这一赛事组织过程中,案件、场地、评委都以真正的"实务"为基本要求,学生通过备赛、参赛,既培养了合作精神,又提升了综合运用法律知识解决现实法务的能力和水平。这无疑为省内法治人才培养提供了很好的合

---

① 法学[EB/OL]. (2018-05-26)[2020-03-20]. http://law.nau.edu.cn/2018/0526/c1093a12231/page.htm.
② 学科建设:我校召开法学硕士一级学科自主设置"审计法学"二级学科专家评议会[EB/OL]. (2018-11-07)[2020-03-20]. https://www.nau.edu.cn/2018/1107/c116a45531/page.htm.

作与创新样式。此外,有的法学会专业研究会,也自觉长期担负起对法治人才的培养义务,如成立于1988年的江苏省法学会法理学与宪法学研究会,每年年会均设青年学生专场,传帮带自主意识较强。

第五,政府法律顾问全面推行,制度细化需跟进。江苏的政府法律顾问制度起步早、推进快、覆盖面广。2016年,在苏州、徐州、扬州、泰州、南京、常州等城市的前期实践探索基础上,江苏省政府印发《省政府关于建立政府法律顾问制度的意见》,成立了省政府法律顾问委员会,推行法律顾问制度。2017年,省委转发中央《关于推行法律顾问制度和公职律师公司律师制度的实施意见》,当年,省委聘请了法律顾问及法律专家库成员,截至目前,全省县级以上地方各级党政机关普遍设立法律顾问、公职律师,但从调研结果来看,顾问作用有待提高,目前区域内多数城市政府法律顾问制度细化不足。主要问题如下:一是政府法律顾问分类管理未充分体现。政府法律顾问有专职、有兼职,有侧重理论构建的学者,有侧重实务工作的律师等,来源、专业、性质不同的法律顾问,顾问价值不尽相同,则其选聘标准、管理模式等应实行分类管理。二是政府法律顾问的管理制度未形成体系。江苏在2016年出台《省政府关于建立政府法律顾问制度的意见》后,省级层面关于政府法律顾问的最新指导性文件是2017年省委办公厅、省政府办公厅转发的中央《关于推行法律顾问制度和公职律师公司律师制度的实施意见》,此外,2018年,江苏省还曾发布地方标准《政府法律顾问服务导则》(征求意见稿),公开征求意见。总的来说,这些规范未成体系,内容漏洞较多,制度效力较低,这一状况导致各地只能不断调整和创设制度,从全省来看,制度构建成本巨大,规范化管理作用有待提升。三是政府法律顾问群体的业务能力综合提升机制未见构建。全省范围内实施政府法律顾问制度,诸多共同体成员参与其中,但相关业务的交流、培训、合作等活动未成定制。

(三)江苏法治职业共同体养成构想

法治职业共同体是客观存在的推动法治国家建设的各种职业群体的综合体,法治职业共同体成员在完成各自岗位职责的过程中,担当了对社会的法治建构责任。这个共同体中各职业群体之间的行为充满了对立和博弈,每一职业群体都是建设法治社会不可或缺的一支,每一分支都有大致相同的知识背景、语言特征、思维习惯,都有法治意识,对法律权威予以认可,都以公平正义为终极追求。如果某一地域法治职业群体整体的法治素养较高,那么这种对立、博弈的专业水平则高;如果群体的法治素养不足,则会破坏法治运行的各种制约机制,进而影响共同体的整体养成和特定区域的法治建设水平。就江苏省来说,近年域内各法治职业从业者用人单位对法治工作队伍的建设力度都在不断加大,法治职业共同体的整体水平在不断走高,基于这一基础条件,江苏的法治职业共同体建设可从如下几方面着手:

第一,发挥法学会等社团组织的凝聚协调作用。在我国,地方法学会都接受中国法学会指导,由地方省委主管政法工作的领导联系、省委政法委代管。这一机制决定了某一省的法学会既方便与外省法治工作从业者联系沟通,又可对省内全体会员进行协调。根据《中国法学会章程》可知,法学会的办会宗旨是"理论联系实际,开展法学研究、法学交流和法治实践",为全面推进依法治国,建设法治国家做贡献。江苏省法学会应通过项目研究、学术研讨、团队攻关等方式,整合全省法治专业人才的智识和技能,在整合的过程中,加强法治职业共同体的凝聚力,以更强的专业力量支撑、服务区域法治现代化建设。法学会网络平台建设应注重与时俱进,也应加强与各法治职业用人单位等的业务平台对接。

第二,促进法治职业群体各主管机构交流协作。当前法治职业各职业群体的主管机构各不相同,立法工作者的主管机关主要是拥有地方立法权的省市人大及政府,律师、公证人员、司法所工作人员、人民调解员、法律援助志愿者等主管机关主要是司法行政机关,各级人大及人民法院、人民检察院对法官、检察官队伍建设负有责任,科研院所的主管机构或者是各级政府,或者是各级教育行政主管机关。江苏省统筹安排法治职业共同体建设必须有责任主体能促使上述各主管机构的交流与协作。党委政法委是党委领导政法工作的职能部门,鉴于法治职业群体范围的扩大,由该机构对口推动公检法司等传统的政法队伍主管机构的交流协作是可行的，但对立法工作者、行政裁处工作者、法律服务队伍、法学教学科研队伍主管机构的协调工作就超出了其职能范围。省委应是负责全省法治工作的领导主体，但省委的工作模式更多是从宏观层面加强对依法治省工作的领导、部署和统筹协调。从实践效果来看，较为适宜的责任主体是江苏省委全面依法治省委员会，依法治省委员会基本沿袭原依法治省领导小组的工作，是全面推进法治江苏建设的协调组织，工作主要是全面推进依法治省的规划组织、协调指导、督促检查。其基本职责之一即推进地方立法、执法、司法、普法、监督和法律服务等。法治职业共同体中最为核心的是组成部分是法官、检察官队伍，与传统的政法队伍人员组成高度重合，同时依法治省委员会的办事机构与司法机关在实践中联系又非常紧密，开展工作也较便捷。2020年，江苏省依法治省委员会的工作目标包括"落实党委领导责任，发挥'关键少数'作用，加强法治队伍建设，凝聚法治江苏建设工作合力"[①]，可见，从依法治省委员会对自身工作目标的设定来看，其可通过专项工作会议等方式促进法治职业群体各主管机构交流、协作，从而推进区域内法治职业共同体建设。

第三，加强区域内法治职业队伍培训培养。提高法治职业队伍思想政治素质、业务工作能力、职业道德水准，无一不与队伍的培训与培养相关。可以考虑制定《江苏省法治工作队伍培训管理办法》，对法治工作者实行课时考核。针对各职业群体开展的思想政治、文史哲、艺术、心理等通识类培训和法学理论、法律逻辑、法治工作基本职业道德等法治人才专业性通识内容的培训，可以利用网络平台统一开展。这样既可以节约培训成本、避免重复培训，又可以通过遴选优质培训资源，提高培训质量。各职业群体的专业类培训，也要注意纵横向联合开展，改变模式，创新格局。江苏省高院2015年初制定的《江苏法院教育培训改进方案》即提出，"由法官学院、各中级人民法院教育培训机构、基层人民法院教育培训机构实现师资、课件、教学管理人员的资源共享和统一调配"；要建立集中面

---

① 娄勤俭主持召开省委全面依法治省委员会会议强调：越是任务繁重，越是要厉行法治[EB/OL].（2020-03-15）[2020-03-20]. http://www.zgjssw.gov.cn/yaowen/202003/t20200315_6559478.shtml.

授和远程教育相结合,全员培训与专项培训相结合,自主选学、网络培训和专题研修相结合等培训模式;在条件许可的情况下,"委托高等院校或兄弟省份法官学院对江苏法院干警进行培训,加强交流学习"等①。同时,要特别关注提升法治职业共同体的信息化水平。信息时代,法治工作对信息技术、人工智能的运用日益广泛,应专项培育法治职业从业者利用人工智能技术,熟练处理可由智能技术协助完成的送达、计算、搜索、简单法律分析等工作。新进员工应增加信息化水平测试,在岗员工应定期定量完成知识更新;培训方式上,既要优化传统方式,也要对智能技术的运用全面加强。

第四,畅通法治职业队伍职业交流渠道。交流不一定涉及人事关系变动,职业交流是法治工作队伍保持活力与提升专业水平的路径之一。江苏省应畅通立法、执法、司法等部门的人才交流渠道;要建立从符合条件的律师、法学专家中招录立法、司法人才制度;要打通政法部门和法学院校、法学研究机构人员双向交流路径,进一步落实高校和法治实务部门人员互聘计划,特别是建立法学教师到法律实务部门挂职锻炼的机制等。

第五,推进业务交流发掘政府法律顾问价值。政府法律顾问的聘任管理机关或部门可通过有意识地引导区域内政府法律顾问成定制地进行业务交流与研讨,以提高其服务工作效能和针对性。如果能充分发挥政府法律顾问价值,让政府法律顾问的专业性补公职人员法治能力之不足,则可使政府决策更合理,政府行为更规范,政府管理更有效。在法律顾问履行顾问职责过程中,还可带动公职人员依法行政理念的提升,避免将"依法行政"理解为"以法行政",只看到"法"之于"行政"的工具价值,而忽视"法"之于"行政"的现代法治文化价值。发掘政府法律顾问价值,一是理念上要认清政府法律顾问价值所在。政府法律顾问不同于"政府参事"等,其工作内容是专业、具体、明确、参与性的,其应对顾问事项发表结论性意见并承担相应责任。二是管理模式上应推进分类管理。不同机关对

---

① 改进培训方案,打造全新格局[EB/OL].(2015-03-20)[2020-03-20]. http://wm-dw.jswmw.com/home/html/news/2015-3-20/2533894.html.

法律顾问有不同要求，同一机关对不同顾问人选也有不同要求，相应的分类管理也有两个角度，即基于顾问单位性质的分类管理，和基于政府法律顾问来源的分类管理。三是顾问成员应理性选择并有序更替。能有效提供法律顾问服务是法律顾问人选的合理选任标准，同时，顾问人选更替则应科学有序进行，政府法律顾问工作是一项常态工作，该项工作不应因人员换届而受影响，这就必须做到有序按比例更替。

第六，创新法治职业后备人才培养模式、方法。一方面应继续推动类似"仙林成才杯"模拟法庭大赛等活动，以项目参与让学生增强实践能力。另一方面也可通过"高校-实务部门联合培养"路径，建立一种法治人才培养日常形态，即"加强高校与实务部门的合作，共同制定培养目标，共同设计课程体系，共同开发优质教材，共同组织教学团队，共同建设实践基地，探索形成常态化、规范化的卓越法律人才培养机制。"[1]

---

[1] 参见《教育部　中央政法委员会关于实施卓越法律人才教育培养计划的若干意见》（教高〔2011〕10号）第二条第（二）款"创新卓越法律人才培养机制"。

第八章
人工智能对法治职业的影响与共同体的应对

2015年11月,上海市第二中级人民法院首次将智能辅助办案系统用于庭审。该智能辅助办案系统是基于法院裁判案例库开发的大数据系统,旨在减轻法官的办案负担,特别是将基层法官从事务性工作中解放出来[①]。

2017年7月,斯坦福大学学生布劳德发明的律师机器人DoNotPay,正式在全美50个州上线。该款机器人自2015年起在纽约、西雅图和英国上线试运营,布劳德称:过去两年机器人律师已经帮人打赢了大量交通违法官司,有37.5万张违规停车罚单被交管部门撤销[②]。

2017年8月,江苏省人民检察院在新闻发布会上宣布,全国检察系统首个"案管机器人"已在江苏上线,该款机器人能通过"人机智能对话",像一个小秘书一样辅助检察官办案,可将工作效率提升一倍左右[③]。

在苏州,"大数据人工智能警察"覆盖全市,精准预防犯罪发生[④];在武汉公安系统使用依图的产品后,两个月破了100多起案子……[⑤]

2012年牛津大学教授理查德·萨斯坎德预测:在信息技术及执业泛化等力量的驱动下,未来20年间,法律人的工作方式会急剧转变,新的法

---

① 张力钊.机器人法官来啦[J].商业观察,2016(01):24-25.
② 世界上首个机器人律师正式上岗,申诉信写得好且完全免费[EB/OL].(2017-07-2015)[2017-11-11].http://tech.qq.com/a/20170715/017047.htm.
③ 江苏上线全国检察系统首个"案管机器人"[EB/OL].(2017-08-02)[2017-11-11].http://js.qq.com/a/20170802/017211.htm.
④ 综治工作创新结"网""织"出平安江苏[EB/OL].(2016-10-08)[2017-11-11].http://www.legaldaily.com.cn/zfzz/content/2016-10/08/content_6827573.htm.
⑤ 赵福帅.2017年全球AI商业化元年 中国人工智能爆发前夜[J].凤凰周刊,2017(30):1.

治职业从业者会进入市场,法院将改变运作方式①。如上种种一定程度上印证了理查德·萨斯坎德的预测。信息时代,人工智能对人类职业的入侵已经从操作类工种,蔓延到"老师、裁判和咨询师之类的索引类的工作以及如手术医生、诉讼律师和动画师之类由索引和操作共同使用的工作"②。在各类与人工智能有关的书籍中,最为研究者津津乐道的是人工智能对医疗、法律服务行业的冲击。早有研究者指出,信息技术发展已经威胁到了经理人、法律人、顾问、金融专家等信息科技一度不能达到的劳动力市场顶部人士的工作③。在超强运算能力、大数据和持续改进的算法的影响下,更有研究者认为"人工智能对法律以及法律行业的影响正在加深、加快,未来10—20年法律行业将可能迎来一场巨变"④。人工智能对法律行业来说是否真的是一种"威胁",法律行业是否真的会产生"巨变"等等,这些都是值得展开进一步研究的命题。同时,毫无争议的是人工智能对法律行业已经产生了较大影响,在本专题研究行将收尾之际,有必要在梳理、总结人工智能对法律行业已形成的冲击基础上,对法治职业共同体的应对路径做初步探析,这是未来法治职业共同体建设必须面对的问题,对有些法治职业工种甚至可能是"生存还是死亡"的问题。

一、法治职业环境更迭——共同体教育培训跟进

(一) 技术进步引发法治职业环境自然更迭

合成智能冲击脑力劳动力市场,这是客观事实。2017年摩根大通只用COIN这款金融合同解析软件,在几秒钟内就可以完成原先律师和贷

---

① 萨斯坎德.法律人的明天会怎样?:法律职业的未来[M].何广越,译.北京:北京大学出版社,2015:11.
② 韦康博.人工智能:比你想象的更具颠覆性的智能革命[M].北京:现代出版社,2016:232.
③ 科尔文.不会被机器替代的人:智能时代的生存策略[M].俞婷,译.北京:中信出版集团,2017:23.
④ 曹建峰."人工智能 + 法律"十大趋势[J].机器人产业,2017(5):86-96.

款人员每年累计需要 36 万小时才能完成的工作,而且 COIN 错误率低,也没有加班、休假问题①。在美国,不只是像金融分析师、信贷员和个人理财顾问之类的职业被淘汰,"线上律师事务所的自动程序也已将非诉讼业务律师取代,一个统计模型就可成功预测美国最高法院 71% 的判决结果"②。人工智能对法律职业的介入越来越精细、深入,越来越向法律职业技能领域的高端发展,在海量数据的支撑下,计算机对法院裁决的预测比法律专家更准确,计算机可为当事人提供更为精准的建议。美国的一些专业性法律服务公司,借助计算机对海量案件材料的分析,可以分析出传统职业环境下法治职业从业者较难把握的各类影响案件处理结果的信息,例如,系统可分析出"哪些公司喜欢庭外和解而不愿提起专利诉讼?某个法官在审理某类案件时倾向于做出什么样的裁决?"③,当事人也可以从这些系统中分析出"在某些特定法官面前,哪些律师的记录最佳?",以及自身所涉法律问题的基本解决结果,从而影响当事人选择法律服务的主体以及是否通过法律程序解决争端。

同时,受影响的不只是以律师为主体的法律服务行业,可以说人工智能对劳动力市场的冲击是整体性、全覆盖的,律师之外的其他法治职业的职业环境也发生了重大变化。中共十八大之后,我国为了实现法治专门队伍的正规化、专业化、职业化采取了一系列措施,各项改革措施为了不引起职业群体的巨大波动,如为了"法院工作稳定的核心风险指标"等,会研究制定各种方案以推进改革,小心翼翼地呵护着一部分受制度不利影响的法治职业从业者的"小心脏"④。至今,一大批法治职业从业者可能还在为没有进入员额、收入与律师落差太大等而抱怨、愤怒,然而当人工智能来临,此前的问题可能都不再是问题。按照单一技能性工作人工智

---

① 赵福帅.2017 年全球 AI 商业化元年 中国人工智能爆发前夜[J].凤凰周刊,2017(30):1.
② 韦康博.人工智能:比你想象的更具颠覆性的智能革命[M].北京:现代出版社,2016:232.
③ 科尔文.不会被机器替代的人:智能时代的生存策略[M].俞婷,译.北京:中信出版集团,2017:25.
④ 王禄生.员额制与司法改革实证研究:现状、困境和展望[M].南京:东南大学出版社,2017:99.

能均可替代的常识,和综合性技能人工智能正在替代的趋势,法治职业从业者面临的不再是从事事务性工作还是判断性工作,而是有没有事务性工作可做以及做哪些更"与机不同"的判断性工作。

(二)制度规划推进法治职业环境主动变革

技术进步是人工智能发展的基本条件,政府力量则是人工智能革命性兴起的核心推动力。鉴于人工智能对经济竞争力、政治治理能力以及综合国力等的重大影响,发达国家"已经纷纷从国家战略层面加紧布局人工智能","中国政府也不遑多让"①。2015年《国务院关于积极推进"互联网+"行动的指导意见》中初提"人工智能"。2016年《"互联网+"人工智能三年行动实施方案》即提出人工智能产业纲领。2017年《新一代人工智能发展规划》中更提出一系列与法治职业有关的部署,如要加强培养和大力引进掌握"人工智能+法律"的横向复合型人才;要形成"人工智能+法学"的复合专业培养新模式,重视人工智能与法学学科专业教育的交叉融合等。2017年最高人民法院、最高人民检察院的工作规划也充分体现了对司法实践运用人工智能的重视。最高人民法院规划未来要推动人工智能与司法改革的融合以建设智慧法院;要通过司法大数据分析法院的人力资源、案件情况等以促成科学决策;要通过庭审自动巡查等各类智能辅助办案系统促进提升审判质效②。最高人民检察院除同样规划未来要致力于现代科技对司法改革和检察工作的支持,将通过智能辅助办案系统提升办案水平外,还宣布要推进跨部门大数据办案平台建设,实现多部门之间基本证据标准数据化、模型化③。

---

① 李彦宏,等.智能革命:迎接人工智能时代的社会、经济与文化[M].北京:中信出版集团,2017:自序.
② 最高人民法院关于人民法院全面深化司法改革情况的报告[EB/OL].(2017-11-01)[2017-11-11].http://www.court.gov.cn/zixun-xiangqing-66802.html.
③ 最高人民检察院关于人民检察院全面深化司法改革情况的报告[EB/OL].(2017-11-02)[2017-11-11].http://www.spp.gov.cn/zdgz/201711/t20171102_204013.shtml.

(三) 法治职业共同体的教育培训跟进

面对职业环境的更迭,法治职业共同体应对人工智能的基本态度应是利用优势、警惕不足、加强预警。一方面要充分利用人工智能之所能,如其超强的记忆能力、运算能力等提高法治工作的效率;另一方面要提升人工智能所不能但自然人特有的情感商、创造力等,最大程度发掘法律人的潜能。面对科学界"咄咄逼人"的技术创新,我们不能断言人工智能哪些做不到,但也不必担心各种耸人听闻的人工智能会让人类大量失业的预测。正如李开复所说,我们有两项重大的任务去完成,一是思考如何调配被 AI 技术替代的工作者,二是改革教育,对后代进行再教育,"我们所要做的,应当是尽早认清 AI 与人类的关系,了解变革的规律,尽早制定更能适应新时代需求"的教育制度①。

针对人工智能时代的特征,法治职业共同体的养成应适应科技发展,及时更新培育模式、改变培育方式、扩充培育内容。

1. 更新培育模式,促进综合效应

近年,法治职业共同体养成机制中各个模块都对人工智能问题进行了及时呼应。西南政法大学依托其应用法学教育资源积累,于 2017 年 12 月成立了全国首家人工智能法学院,致力于培养"知识和技能并举"的法治人才,"在全国率先实现'人工智能+法律'复合型人才的'本、硕、博'贯通式培养"②。2019 年 5 月上海政法学院"由原计算机教学部与上海司法研究所合并组建",成立人工智能法学院二级学院③。各类法治职业从业者的培训不但培训形式上多元运用信息技术手段,培训内容方面也加大了与信息技术运用有关内容的比重。最高人民法院为推动"智慧法院建设"战略部署,与其他组织联合研发了"中国法官培训网",该网"是我国

---

① 李开复,王咏刚. 人工智能[M]. 北京:文化发展出版社,2017:154.
② 西南政法大学人工智能法学院简介[EB/OL].(2019-06-29)[2020-03-20]. http://alc.swupl.edu.cn/xygl/xygk/174967.htm.
③ 上海政法学院人工智能法学院简介[EB/OL].[2020-03-20]. http://www.shupl.edu.cn/rgznfxy/xyjj/list.htm.

四级法院共建共享的全国法院干警在线教育培训与学习研究专门网站",该网站首期开班,即设置了"信息化建设"专题培训班,借助网络技术,实现了法官培训的"分人员、分类别、分层次开展",针对性更强[①]。检察系统也组建中国检察教育培训网络学院,推进远程培训等。法治职业从业者群体是一个综合性的职业、价值共同体,培育共同体应由"学科教育、职业培训和继续教育共同"完成,应构建一种"综合性的分阶段、相衔接的教育培训制度"[②]。

从操作角度来看,培养法治职业人才的重要路径有三,即学院科班式的法学教育,以就业为导向的法律职业资格考试,用人单位主导推进的职业培训。三者发生作用的方式和机理各不相同,共同体对此应有清晰认知,如果把法律人才看作产品,法学科班教育决定着产品的材质是否优良,法律职业资格考试彰显着消费者的需求,职业培训和继续教育则是在对产品进行性能维护,三者只有互洽协同、共同推进才能应对法治职业环境的智能化更迭。具体来说,面对人工智能的冲击,法学专业教育对传统的教育机构、教学内容、教学要求应做出较大调整,技术性的、计算类的等凡是可以通过智能系统辅助完成的内容不应再作为学习、考核的重点,精神性的、理念性的内容,如职业伦理道德、基本法理知识,以及法律解释等方法论问题则应加强。法律职业资格考试是国家选择和储备法律职业人才的手段,宜通过对考试内容的控制,实现对人工智能时代法律人应有的理念、知识、能力的权力引导。就法治职业人才的可持续提升而言,用人单位可对从业者职业素养提出强制性考核要求,至少可以通过老人老办法、新人新办法的机制对年轻从业者提出职业能力的快速提升要求,以期整个共同体的可持续发展。特别是从现状来看,因为人工智能的冲击力度、速度都超出法律人用人单位的预想,所以法治职业队伍根本无法完成缓慢、有序的队伍更新,法治职业从业者必须进行大力度的科技素养培训,该方面素养无法提升者,必然被淘汰出相应岗位。

---

① "中国法官培训网"简介[EB/OL].[2020-03-20]. http://peixun.court.gov.cn/index.php? m=content&c=lists&a=lists&catid=24.

② 霍宪丹,刘亚. 法律职业与法学教育(上)[J]. 中国律师,2000(12):67-71.

2. 改变培育方式,发掘实践效能

近年因法科学生就业率降低以及专业素养、执业能力良莠不齐,有研究者认为法学教育存在"与职业技能教育完全脱节""欠缺通识教育""准入门槛过低"等问题,认为"法学教育必须以职业为导向,在教育过程中实现法律知识教育、职业技能教育和职业伦理教育的三位一体"[①]。在"卓越法律人才教育培养计划"的推动下,为提高学生的实践能力,不少法学院的主要做法是落实学院教师和实务部门人员互聘计划、组织模拟法庭、旁听庭审、参观法治职业场所、开展诊所式教育等。以人员互聘来看,具体操作中,多是实务工作者更换工作场所,到大学里讲自己亲历的案件。这种方式下,课堂教学可能更生动、有趣些,但其作为实务者的教育价值通过在课堂上讲课是无法充分彰显的。我们要培养学生综合使用法学知识、规范、经验和技巧的实践能力,而不是人工智能般的模块化、算法、数据支撑的能力,这些能力"往往是具体化的、情境化的,甚至个人化的知识",很难于课堂上教授学生。这种培养方式只是"职业化""实践化"式教育,不管在哪里听讲,不管由谁主讲,学生都是在"听"或者"看"实务工作如何推进。"纸上得来终觉浅,绝知此事要躬行",有些专业能力只有沉入情境中,亲自操作,才能领悟、体会到其中真谛,"法律职业训练不宜与在学校的课堂上,乃至于模拟的环境(如模拟法庭)中进行,而必须在法律实践这个活生生的课堂上进行"[②]。当然,如上论述不代表笔者反对人员互聘模式或者不看好实务工作者进校园,相反,笔者认为,实务工作者进校园等是法治职业共同体多年积累、培育而成的人才培养模式,应当坚持并不断优化其推进方式。改变培育方式,发掘实践效能,一方面应加大学生实践教学课时量。形式可以多元化,但要坚持教学场所实地化,可以采用分组完成调研项目等方式推进,加大跟踪、考核力度,引导和"倒逼"学生认真对待。哪怕是街头法律咨询,对学生的实践能力也能起到实质性提升,当学生面对真实的当事人、真实的案例时,其才会努力学习和调动一

---

① 郝艳兵.法治中国语境下的法律人才培养模式研究[M].成都:西南交通大学出版社,2015:2-4.
② 黄文艺,卢学英.法律职业的特征解析[J]法制与社会发展,2003,9(3):44-49.

切专业知识和信息处理技能去应对问题的解决。另一方面应做实专业实习工作。不知从何时开始,因何而起,包括法学专业学生在内的大学生的实习课,走入了形式主义的死胡同。这种现象对教育的危害性不言而喻。过分短视和功利的教与学,都是不可取的。

3. 丰富教学内容,提升学生综合素养

一方面,对于"人工智能+法学"复合专业培养新模式不能简单、机械理解。复合型人才培养,法学教育界一直在尝试,比如在一些法学院校至今还存在的第二学士学位教育,招收的学生本身就有医学、文学、会计学、外语、计算机等其他专业的知识积累,这些学生通过法学第二学士学位教育,确实是法学复合型人才,但该类学生学习法学后,对第一专业的钻研和运用能力提升不足。究其原因主要在于教学内容的设置,第一学位与第二学位是割裂的,法学第二学士学位学生只是在更短的时间内集中学习了全部的法学专业核心课程。我们应考虑设置专业结合式课程,比如培养既懂人工智能又懂法学的人才,那么即应开发专业交叉课程,类似斯坦福大学开设的法律信息学,我们可以开设人工智能法学、法学人工智能等课程。随着生源的减少,师资的多元,培养的精细化,实现这种个性化教学应非难事。

另一方面,面对智能时代的到来,法学教育、法律职业资格考试、法律职业培训应致力于养成法治人才从事法治职业所需要的核心素养。核心素养是一种综合性的职业胜任力,"是一种经过大量专业知识熏陶之后而沉淀在受教育者身上的解决复杂问题时所表现出来的一种综合性的能力"[1],这种能力是人工智能在可预见的未来无法达到的。养成核心素养的基础是专业知识教育和职业技能训练,但在人工智能背景下,法学教育者应研究何种知识和技能是养成核心素养的关键。对于人工智能时代学什么,有学者提出了基本的思路,即程式化、重复性、靠记忆和练习可以掌握的技能没有价值;体现人的综合素质的技能最值得培养[2]。如此说来,

---

[1] 李小红.法治职业共同体的内涵及其构建:中国法治建设人力资源问题初探[J].四川理工学院学报(社会科学版),2017,32(5):42-56.
[2] 李开复,王咏刚.人工智能[M].北京:文化发展出版社,2017:285.

让学生去背诵法条、会计算赔偿金、有速录技能,远不如训练他们准确捕捉争议焦点,迅速形成论辩观点重要,更不如训练学生学会并能融会贯通法治思维,以提升其在具体法治职业环境中与人,具体法律事务中与计算机的合作能力。为此,尽管笔者赞成法学教育、法律职业资格考试、法治职业培训应综合作用于法治人才培养,但分阶段、相衔接、各司其职也是当然的。那种认为没参加过法律职业资格考试而从事法学教育的老师,无法"确保教学内容跟学生未来的法律职业产生紧密联系"的质疑是片面的[①]。真正的专业法学教育是"博雅的""学术性的"[②],师资队伍中必然应有一部分侧重负责博雅、学术,一部分侧重负责技能、操作等,否则相应的教育训练会既不深入也不专业。

为此法科学生的课程应进行全面更新,除选修课程要增加人文学、历史学、社会学、心理学等的内容外,技能培养也不应限于法律技能,应多样化。在荷兰的萨克逊应用科技大学,即使是电子、电气、计算机专业的学生,为了提高学生的综合诠释能力与应用知识、技能的能力,也会开设多个学分的"综合应用"类课程,如"社会技能课"等。在这些课程中学生在完成专业性的任务外,还被要求制作产品宣传方案、推销手册,并通过现场演讲介绍、项目式学习报告等程序进一步锻炼学生的推销技术等,从而训练其综合能力。在当前的法学教育中很少有训练类似能力的专门课程,一些学院注意到学生口语、书面表达能力,综合运用知识能力的重要性,也只是通过组织演讲赛、辩论赛、模拟法庭等粗浅、零散地进行有限的训练,或者导师带领少数学生参加学术研讨、项目调研等活动,受训的人数不足且不成体系。

大数据技术的应用有利于推进个性化教育,标准化的教学内容(原理类知识)可以利用灵活全面的网络检索、互联网知识库以及逐渐发展的网络课程等,通过学生的自主学习来完成,也可由教师通过类似翻转课堂等方式"逼迫"学生去自学。教师应更关注学生的个性化、探索性学习,由施

---

① 何勤华,唐波,戴莹,等.法治队伍建设与人才培养[M].上海:上海人民出版社,2016:71.
② 何美欢.论当代中国的普通法教育[M].2版.北京:中国政法大学出版社,2011:82.何美欢,等.理想的专业法学教育[M].北京:中国政法大学出版社,2011:1,8.

教者逐渐转变为助学者。信息数量极其庞大,可轻易获取,但信息本身与思维无关,思维才是解决问题的关键。教学应该结合实际,筛选有效数据,启发讨论,发展思维,增进理解深度。同一个原理运用于不同的具体问题,也会有不同的应用特征和表现,这就是"非良构知识",这是一种实践中积累的感觉。忽视了实践,缺失了在知识运用过程中对解决问题的视角设计、经验积累、组织习惯等训练,会直接弱化学生解决具体问题的实际能力。超越因材施教的教学,帮助学生按照"学"的逻辑去寻找自己,"教"的逻辑必须弱化。这样,教师才可以培养出超越自己经验、想象力和期望的学生,将来能进入那些目前尚不存在的职业,运用目前尚未发明的技术手段去解决那些我们至今尚不认为是问题的问题。

因此,上课绝不能满足于碎片化的现成的观点和结论,而应更多地分析讨论这些观点、观念或思想的形成和运用,这就关系到思维逻辑、思维层次、思维习惯及其在实践中的运用性训练。这些都是创新的基础。我们不否认因材施教在当代仍有重要意义,但在进入大数据时代的今天,施教已逐渐发展为更主动的研讨式、专题式的选择性"导学"。

二、法治职业工种增多——共同体内涵外延升级

在论及人工智能全面占领劳动力市场后的生活状态,有两种不同看法,一种担忧当人类彻底从体力劳动和脑力劳动中解脱出来后,人类就会变得无所事事,"人类会不会因此而丧失斗志呢?"[1]另一种认为工作着是美丽的,但不用工作的生活更美丽,人工智能把人从工作重负中解放出来,是"人类文明最伟大的成就",可以把"不劳动者不得食"这一人类社会的基石移除[2]。正如霍金所说,"当这件事最终发生时,那或许将成为人类历史上发生过的最好或者最坏的事,因此把这个问题弄清楚,将具有极大

---

[1] 韦康博.人工智能:比你想象的更具颠覆性的智能革命[M].北京:现代出版社,2016:218.

[2] 李彦宏,等.智能革命:迎接人工智能时代的社会、经济与文化[M].北京:中信出版集团,2017:序二.

的价值",但他同时也表示,"就目前的人工智能技术发展现状来说,与研制出和人脑功能相当或远超人脑功能的机器的要求还存在着相当遥远的差距"①。这就是说,尽管技术发展日新月异,但人工智能的发展水平,离"强人工智能""超人工智能"还有许多技术障碍。当今语境下的所有人工智能,在算法和应用上"都属于弱人工智能的范畴",其"总体上只是一种技术工具"。人的本质在于制造和使用工具,因此"如果说弱人工智能存在风险,那也和人类已大规模使用的其他技术没有本质的不同,只要严格控制,严密监管,人类完全可以像使用其他工具那样,放心地使用今天的所有 AI 技术"②。

就劳动力市场来说,人工智能取代一些工种,必然也会生成更多新工种,比如"人工智能所带来的都是新情况和新事物,每一个新的出现都亟须用法律和道德来规范。这时政府和一些管理机构就会需要更多的雇员、顾问和专家来运作,出台法律、制定规则,以及需要更多的人来辅助决策等"③。又如"麦肯锡全球研究院发现,2001—2009 年,美国的事务性工作岗位减少了 70 万个,生产岗位减少了 270 万个。但是人际交流性工作岗位如医生、教师却增加了 480 万个"④。有学者列举分析了多种法律人的新工作,如在线纠纷解决师、法律流程分析师、法律项目管理师、法律知识工程师、法律管理咨询师、法律风险管理师、法律技术专家等,认为"如果有些法律人能足够灵活,思想开放,有创业精神,适应不断变化的市场形势,那他们就可能找到激动人心的新工作"⑤。事实上,在我国的社会生活中,已经出现了"法律知识工程师"等新工种,从共同体应对角度来分析,面对法治职业工种的增多,当务之急是"共同体"内涵外延的升级。

---

① 韦康博. 人工智能:比你想象的更具颠覆性的智能革命[M]. 北京:现代出版社,2016:247.
② 李开复,王咏刚. 人工智能[M]. 北京:文化发展出版社,2017:113.
③ 韦康博. 人工智能:比你想象的更具颠覆性的智能革命[M]. 北京:现代出版社,2016:235.
④ 科尔文. 不会被机器替代的人:智能时代的生存策略[M]. 俞婷,译. 北京:中信出版集团,2017:55.
⑤ 萨斯坎德. 法律人的明天会怎样?:法律职业的未来[M]. 何广越,译. 北京:北京大学出版社,2015:127-129.

第八章 人工智能对法治职业的影响与共同体的应对

法治职业共同体的职业外延,一般是指直接从事与法律有关的各种涉法工作的人,如法官、检察官、律师、仲裁员、公证员、法学教师等,学者们"对于法官、检察官、律师属于典型的法律职业,并构成法律职业共同体的核心成分并无异议"①。也有学者主张中国法律人共同体是"涟漪式"的"差序格局式"共同体,这个共同体的内核是律师、法官、检察官、公证员、仲裁员等,其外围"涟漪"则略显泛化,从"法律编辑,政法记者,转播政法新闻的主持人、播音员",直到"对法治文明不拒绝、不排斥的人"均为共同体②。当然,也有很大一部分学者,基于早期法律规定影响,法律职业的概念应做限缩性解释,"法律职业人员应当限于法官、检察官、律师和公证员"③。

在讨论法治职业共同体的概念问题时,笔者曾提及,一般情况下描述法律人的格局应当考虑中共十八届四中全会通过的《决定》提出的"法治工作队伍"的构成,《法律职业资格制度的意见》和《国家统一法律职业资格考试实施办法》的规定,国家监察制度的建立,机构改革过程中成立的各级各类依法治理委员会等因素。在此处,这个背景因素应当再增加一个,即信息时代所催生的事实上已经存在的新的法治职业工种。比如"北大法宝"等综合性法律数据、信息提供平台,"推之"等法律自助咨询产品,不断上线的法律服务电商平台等,后台必然需要大量对法律知识、法律职业充分了解才能维护和设计出优质系统的技术人员。再如,在实行员额制之后,狭义法官、检察官之外的大量员额法官、检察官工作助理、书记员都是以前共同体研究不加关注的职业工种,在人工智能技术引入司法工作后,智能系统的数据录入、系统维护等都需要新的劳动力介入,当下讨论共同体外延时,这部分人也应引起关注。可见,技术瞬变、职业泛化的信息时代,法治职业共同体的外延应不断拓宽,新的法治职业工种一经出

---

① 强昌文,颜毅艺,卢学英,等.呼唤中国的法律职业共同体:"中国法治之路与法律职业共同体"学术研讨会综述[J].法制与社会发展,2002,8(5):151-156.
② 刘小吾.走向职业共同体的中国法律人:徘徊在商人、牧师和官僚政客之间[M].北京:法律出版社,2010:52-58.
③ 潘剑锋.论以法律职业精英化为目标的法律职业资格考试[J].现代法学,2019,41(5):168-181.

现,法治职业共同体应将其迅速纳入,以便为新型法治职业提供专业的支撑与指导,并获得新类型法治职业对法治事业的助力。甚至假以时日,"小崇""小睿""DoNotPay""法小淘""吴小用"等等这些办案辅助机器人也可一定程度上适用法治职业共同体的运行规则。

正是基于对法治职业共同体外延扩展的考量,笔者才在保留"法律职业共同体"这一概念的基础上,提出并着重讨论了"法治职业共同体"的概念,并认为法治职业共同体是"以法治价值和理念为基本指引,建构并实践中国特色法治理论和制度规范,以职业化为表征,以专业化为内质"的职业共同体;而法律职业共同体则"是法治职业共同体中,由国家法律规定了严格的任职资格、清晰的职责内容,相互之间围绕法的运行存在法定的互动制衡功能的职业从业群体",认为法律职业共同体是一个独立的共同体,是法治职业共同体的内核[①]。

三、法治工作方式转变——共同体互动模式更新

信息时代的智能技术对法治职业工作方式的影响是巨大的。从最高人民法院的统计分析工作来看,人民法院当前实现了各类信息实时统计、实时更新、互联互通,已经告别人工统计时代,"2015 年 6 月,全国所有 3523 个法院全部接入法院专网,2016 年 11 月,全国所有 9277 个派出法庭也全部接入专网","一批智能辅助办案系统成功上线并推广应用,为法官提供类案推送、文书纠错、数据分析等智能服务……江苏苏州中院等法院深度应用语音识别技术,庭审笔录的完整度接近 100%,庭审时间平均缩短 20%～30%","运用信息化平台……实现网上立案、网上缴费、网上质证、网上庭审、网上送达等功能"[②]。2019 年最高人民法院将"全面建设智慧法院"作为工作要点,规划要大力度推进审判智能辅助系统建设,要

---

① 李小红.法治职业共同体的内涵及其构建:中国法治建设人力资源问题初探[J].四川理工学院学报(社会科学版),2017,32(5):42-56.

② 最高人民法院关于人民法院全面深化司法改革情况的报告[EB/OL].(2017-11-01)[2017-11-11]. http://www.court.gov.cn/zixun-xiangqing-66802.html.

建成全国法院智能语音云平台,优化刑事案件智能办案辅助系统,提升执行案件系统和执行指挥平台智能化水平[①]。检察机关也把"深化司法改革和现代科技应用结合起来,智慧检务建设迈上新台阶","2014年起,全国四级检察机关已实现各类案件一个平台、一个标准、一个程序,所有办案信息网上录入、办案流程网上管理、办案活动网上监督、办案数据网上生成"。当前检察机关正在探索"人工智能+检察工作"新模式,上海、贵州、江苏、新疆等地检察机关研发的智能辅助办案系统,由计算机可协助处理简单案件中的证据筛选、相关案例、法律适用条款、法律文书草拟、量刑建议等,办案效率大大提升[②]。法律服务业,各大型律师事务所借助现代科技实现了跨区域,甚至跨国业务合作与所务管理,如大成律师事务所自2007年即启动全球法律服务网络建设战略,2015年大成与Dentons律师事务所实现了合并,成为全球第一大所,拥有逾7300名律师,服务超过50个国家。如此庞大的队伍和服务半径,律师们正是依托完善的法律服务网络,才"能够在全球范围内共享项目信息、专业知识、业务经验等各类资源,为客户提供低成本、便捷和高效的法律服务"[③]。专业性律师事务所则开始了与技术界的深度合作,2016年互联网法律服务平台"推之"与交通事故专业律所西同合作,双方共同对律师知识进行挖掘和管理,将专业知识拆解接入咨询平台中,既促进了数据库的"迭代优化",也为律所的"经验沉淀和新人培训添加了助力"[④]。甚至淘宝网等网络平台上也已经有了律师提供在线法律咨询的电商。2020年,泰和泰律师事务所在其成立20周年之际,发布"泰云3.0"系统,这一系统,目的在于通过人与科技的整合,推进律所智能化、一体化、现代化管理。"泰云3.0"系统由云管理、云办案、云智库、云课堂四大核心模式构成,云管理可转变律师工作

[①] 参见《最高人民法院关于印发〈最高人民法院司法改革领导小组2019年工作要点〉的通知》(法〔2019〕42号)第十条"全面建设智慧法院"。

[②] 最高人民检察院关于人民检察院全面深化司法改革情况的报告[EB/OL].(2017-11-02)[2017-11-11]. http://www.spp.gov.cn/zdgz/201711/t20171102_204013.shtml.

[③] 大成全球法律服务能力[EB/OL].(2017-11-13)[2017-11-11]. http://www.acla.org.cn/article/page/detailById/21794.

[④] 严青.遇见法律知识工程师[M].北京:中国政法大学出版社,2016:145.

模式,可实现跨时区、跨部门、跨网络、跨系统团队合作;云办案可实现一站式律所智能办案管理;云智库共享信息与综合服务;云课堂专注于专业人才培养。

面对信息技术、人工智能给法治职业带来的各类新景象,法治职业共同体要思考的是:我们应如何更好地利用人工智能?哪些事情人工智能不可能完成好?哪些事情即使人工智能能完成好,但社会主体还是倾向由自然人主体完成?共同体开展法治职业工作要在从前"人与人"互动的单一模式基础上,创新建立"人与人""人与机""机与机"等多元协作模式。在新模式下,除法治职业群体要坦然接受人工智能之"能",并充分利用其"能"外,还可为进一步推进人机协作做更多。

(一) 法治职业推进中应凸显人的特征性素养

前述麦肯锡全球研究院发现,人工智能时代,在事务性工作、生产岗位减少的同时,人际交流性工作岗位如医生、教师却大幅增加,研究认为"交流性工作"增速最快,"计算机大规模接替人的脑力劳动,把人解脱出来去从事深具人性的人际交流性工作,已经成为一个普遍现象"[①]。亚利桑那州曾做过一个实验,请陪审团成员对某性暴力犯罪监禁者做释放还是监禁的决定,提供陪审团成员的判断信息仅关键证据不同,一份系专家根据经验判断得出的证据,一份是基于数据分析得出的证据。研究发现陪审团成员"宁愿相信一位专家,因为他真正见过当事人、听过当事人的陈述,并基于自己对当事人的主观印象和其他证据做出判断"。据此,杰夫·科尔文认为"人际互动统治着我们的生活,它的价值远比我们所能认识到的高",是人类价值的核心[②]。所以西北大学的麦金尼斯教授认为,律师最有可能获得成功之处,也许就在利用人际技能方面。他认为机器不可能建立情感的纽带,律师则可在工作中增强"人类特有的判断"。这

---

① 科尔文.不会被机器替代的人:智能时代的生存策略[M].俞婷,译.北京:中信出版集团,2017:55.

② 科尔文.不会被机器替代的人:智能时代的生存策略[M].俞婷,译.北京:中信出版集团,2017:46.

其中的关键即在于"社会交往,这是最具有人类特性的一面:理解不理性的客户,与之建立情感纽带以说服他理性行动,提供客户所要求的由人做出的意识与情感判断"①。就司法工作者而言,裁判过程中的情感投入可能比最后的裁判结果对化解社会矛盾更有价值,这一定意义上也是我们坚持诉讼中的直接言辞原则的价值所在。同时也是上文论及法学教育时笔者主张对学生进行综合素养培养的目的所在。在未来,人会以更加富有创造性的方式与人工智能共存,"人的独特性会体现出来:思考、创造、沟通、情感交流;人与人的依恋、归属感和协作精神;好奇、热情、志同道合的驱动力","人的综合感悟和对世界的想象力,才是人和机器人最大的差别和竞争力"②。

(二) 法治职业从业者要促使人工智能更加智能

在高级工程师、科幻作家刘慈欣看来,写诗机器人和通过图灵测试的系统与抽水马桶背后的机理本质是一致的,"程序员清楚地知道它们是如何根据逻辑树检索数据库,然后组合出诗和答案的,所以至少程序员知道这不是智能"③。当前的人工智能本质上还是工具,"他们看起来像是拥有机器智能,而实际上只是一种混合智能——每一步都需要人类和机器共同输入信息","许多成功的人工智能应用都依靠人类生成的数百万甚至数十亿数据",换言之,"正是我们每天生成的数据使人工智能系统变得更加智能"④。百度公司创始人李彦宏在介绍"百度大脑"这一工程时,不断提及"海量数据"这一概念,指出"万物皆数","在机器智能领域,数据量的大小和处理速度的快慢可以直接决定智能水平的高低","百度搜索十多年来累积的全网 Web 数据、搜索数据,以及百亿级数量的图像、视频、

---

① 科尔文.不会被机器替代的人:智能时代的生存策略[M].俞婷,译.北京:中信出版集团,2017:59.
② 郝景芳.人工智能时代,你的感受与想象才是最大竞争力[EB/OL].(2017-02-23)[2017-11-12].https://www.sohu.com/a/127077682_380923.
③ 李彦宏.智能革命:迎接人工智能时代的社会、经济与文化[M].北京:中信出版集团,2017:序二.
④ 多梅尔.人工智能[M].赛迪研究院专家组,译.北京:中信出版集团,2016:151-154.

定位数据都是百度大脑不断学习快速成长的养料"①。

同理,法治职业从业者所研制使用的各类信息平台、人工智能产品、系统,无不需要海量的法律行业信息、数据作为支撑,而这些数据的供给者除不特定数量的当事人和法律爱好者外,多数的或者说重要的数据来源是法治职业共同体成员。但以下几方面问题的存在使数据的使用效率并未达到理想状态,人工智能并不"智能",甚至成了"智障",徒然投入大量人力、物力而无法使用。一是诸多用人单位未设专人专岗。在各法治职业用人单位,很少有对数据进行研究、上传、维护等的专职人员,多数只是由法治职业实务从业者或者助理上传数据,所上传的数据在精确性和规范性上难免存在问题,从而影响数据的使用。同时不设专人专岗,上传数据的人员流动性就会增大,数据统计的衔接往往也会出现问题,这同样影响数据的精准性。二是对数据供给的工作量未予重视。处理数据是一个单调、烦琐的过程,也是一个在用人单位看来可能并不"专业"、不创造价值的岗位,因此很少有用人单位为此专门核算工作量、给付报酬。也就是说,法治职业群体对数据处理工作的分工价值未予认可,于是在这些单位"有足够多的人和足够多的资源,却无法形成一个有效的分工",他们本可以养一个更有用的"闲人阶层",从事知识整理和储备、技术开发等工作,但却不能容忍这些不做"业务"的人获得很高的收益②。由此而致的后果即数据供给的专业性不足。三是数据的使用协作机制未很好贯通。在我们对"两法衔接"工作所做的调研过程中,很多执法部门的工作人员反映:当下,各级各地、各条口、各单位均有各自的信息平台,但由于各单位的内部数据系统和"两法衔接"信息共享平台技术参数不统一,信息上传的范围和统计口径不统一,审批程序不统一等,案件信息根本无法实现共享。一个案件可能需要手动上传数个信息平台,徒然重复劳动。未来应致力于"统一标准、统一规划、统一建设、统一运行"的构建工作,消除行业壁垒、技术壁垒,推进信息互联互通,数据资源共享,实现人与人、人与

---

① 李彦宏,等.智能革命:迎接人工智能时代的社会、经济与文化[M].北京:中信出版集团,2017:74,78,109.
② 严青.遇见法律知识工程师[M].北京:中国政法大学出版社,2016:227.

机、机与机全面智能互动。基于最高人民法院在审判系统的特殊地位和司法数据的规范性,"中国司法大数据服务网"的建构模式一定程度上避免了以上问题,该网是"最高人民法院指定的中国司法数据服务平台"。该网络平台的建构"以满足国家和全社会发展对司法数据的共享交换需求为目的",工作重点有四项,即"司法大数据资源体系梳理、数据资源整合、平台建设和数据共享服务",服务对象涵盖"社会公众、政府部门、法学研究机构、司法实务机构在内的各类社会团体和公众用户"。[①] 网站设置了案件分析研究、司法知识服务、涉诉信息服务、类案智能推进、智能诉讼评估、司法自主统计等栏目,可以想见,如果真正运作顺畅,类似数据平台可能会给法治工作带来极大便利。

当然,要促使人工智能更加智能,类似数据平台的数据量是否够全面、够多元,管理机制当如何,服务应为公益性还是营利性等等一系列问题都需要讨论。总的来说,呼应国家关于"互联网+"的宏观规划、法治发展需求和信息时代要求,法治职业共同体应整合现有资源和力量,加快推动法治大数据处理机构、机制建设。对中国法治大数据平台或机构的建设问题,笔者认为可做如下考虑:第一,国家机关应主导法治大数据处理机构建设。原因一方面在于信息时代,数据为王,国家机关所占有的法治数据量最大且更真实、权威,更具有开发利用价值。另一方面法治大数据的处理也需要公权力强力推进。随着法治职业共同体甚至社会对法治数据资源需求越来越高,各类相关信息共享平台的整合越来越紧迫,但在我国,法治信息共享和整合靠某一部门、某一区域、某一共同体职业群体之力都不能解决,类似工作要有中央政策和国家法律支持。第二,法治大数据处理机构建设的领导机制宜采用专项工作委员会形式。可成立全国法治大数据管理委员会,委员会成员由中央主要领导及重要法治数据掌控机关的主要负责人组成,委员会可主要承担全国法治大数据处理的政策制定、重点工作整合、数据开放共享等顶层政策设计、重大问题协调等职

---

① 中国司法大数据服务网"平台概况"[EB/OL].[2020-03-20].http://data.court.gov.cn/pages/index.html.

能。第三,法治大数据处理机构的模式宜采用"一中心多公司"模式。"一中心"是指设立全国性法治数据管理和服务中心,作为常设机构,负责部署落实法治大数据管理委员会的各项决策。具体可负责拟定并组织实施法治大数据发展规划、计划和政策措施,研究制定法治数据资源采集、应用、共享等标准规范,统筹推进法治大数据基础设施建设、管理,组织协调法治数据资源归集整合、共享开放,推进法治大数据应用,组织协调法治大数据信息安全保障体系建设,维护大数据云平台等。该中心宜设置为全额拨款型事业单位,致力于公共服务而不是营利。"多公司"是指法治大数据专业性处理和运用可交由专业性公司负责,可成立国资控股公司,也可支持培育非国资控股公司,国有股份额度依公司经营范围及国有投资的价值等确定。浙江省的做法可供借鉴,《浙江省促进大数据发展实施计划》中即规划通过组建国资控股的省级政府数据管理公司,负责管理、开发、利用履行行政职责过程中产生和收集的数据资源,利用经安全处理的数据资源开展数据增值服务,通过与其他机构的合作,受托开展数据的商业化运营服务等。第四,法治大数据处理机构的工作内容应实现多元一体化。大数据是一个开放式的概念,数据价值与开放模式和范围直接关联。法治大数据处理应集管理、服务、研发、应用于一体,服务范围和对象等可借鉴"中国司法大数据服务网"的设置。

  总的来说,中国发展人工智能的宏伟蓝图已经展开,国务院《新一代人工智能发展规划》设定的建设目标是"到2030年人工智能理论、技术与应用总体达到世界领先水平,成为世界主要人工智能创新中心,智能经济、智能社会取得明显成效,为跻身创新型国家前列和经济强国奠定重要基础"。有论者认为中国借助巨大的资金投入、庞大的人才队伍和海量的数据,有望成为人工智能超级大国[1]。同时全面推进依法治国伟大实践也已经推动多年,中共十九大进一步明确建设社会主义中国,要"坚持全面依法治国",要"完善以宪法为核心的中国特色社会主义法律体系,建设

---

[1] 英媒称中国将成人工智能超级大国远远甩开美国[EB/OL].(2017-10-17)[2020-03-20]http://www.cankaoxiaoxi.com/china/20171017/2239620.shtml.

中国特色社会主义法治体系,建设社会主义法治国家,发展中国特色社会主义法治理论,坚持依法治国、依法执政、依法行政共同推进,坚持法治国家、法治政府、法治社会一体建设"。当人工智能遇上法治,法治职业从业者的职业状态将是怎样的模样,法治职业共同体将有何作为、如何作为应是深入思考和研究的问题。不少学者提及"人机协作"是基本路径,未来人工智能的融合也许是多层面的,"研究阶段的学科间融合,应用阶段除了人与单一机器人融合,机器人之间多功能协作也是未来方向",①所有这些放置在法治建设的框架下考量时,法学研究的新主题即已确立。真格基金联合创始人王强表示:"中国的 AI 生态目前是橄榄球型的,中间的商业化比较强,纯科学研究和机器与人、社会、监管、伦理等的研究都很薄弱。"事实上无论是法律实务界还是法学理论界,我国法治职业从业者对时代命题的呼应都是积极而开放的。除上文提及的法律实务界的种种创新实践外,2017 年厦门"信息时代的法律与法治"中国法学会法理学研究会年会,2018 年上海世界人工智能大会分论坛——"人工智能与法治"高端研讨会,2019 年重庆"人工智能:科学与法学的对话"研讨会等等都是法学理论界对人工智能的响应。由于对人工智能专业知识认知还不足,法治职业群体正在进行的诸多响应行为的实效还有待时日确证,但可以肯定的是未来法治职业共同体的养成与价值发挥,都将与人工智能有极大关联。

---

① 关珺冉.机器人与我:人类智能与人类下一个时代的模样[J].凤凰周刊,2017(30).

结语
法治职业共同体社会整合价值提升

在本专题的研究行将结束之际,回顾笔者最初所关怀的问题,即期望通过对法治职业人力资源价值的充分发掘,提升法治职业从业者个体和群体对社会的价值整合力。通过对法治职业共同体的概念、素养、养成机制以及共同体事业所面临的相关背景的分析研究,我们对法治职业共同体社会整合价值发生作用的内在机理逐步有了清晰的认知。法治职业共同体是中国法治事业的人力资源,是中国特色社会主义法治事业的具体推动者。在法治总目标不变的前提下,法治职业共同体要做的一定是推进依法治国各项工作,建设以公平正义为旨归的现代法治社会。法治建设永远在途,没有终点,这项工作需要法治职业从业者永远在场、互动协同,不断诠释、不断纠偏。近年,随着中央建设"法治工作队伍"各项部署,国家统一法律职业制度逐步完善,法官、检察官员额制、司法责任制等司法改革工作不断推进,法律服务业在市场的刺激下,数量、质量、服务方式不断提优,立法者、行政执法从业者、人民调解员、党政机关内部专门从事法律事务的工作人员、法学教学科研人员等的主体地位也逐渐凸显。客观层面看,中国法治职业共同体架构日益科学化、理念日益趋同化,职业行为相互协同机制运行良好,共同体对当前社会的文化形态、制度体系、行为取向等发挥了越来越重要的引导作用。

提升法治职业共同体的社会整合价值,需要遵循共同体价值推进的基本路径和合理方法:

第一,以法学知识、法治文化教化。笔者在《法学学者的法治参与》一书中,曾对法知识、法文化的教化问题展开过详细讨论,认为法学教研职业群体作为重要的法治职业共同体成员,他们是法治建设隐性的指挥者,

"负责法治工程的规划、设计,以及建筑人才的输出";其在社会有机体中的基本作用不外生产法学知识、型构社会规范、供给法治文化,以法学知识该当的发力路径解读社会现象、释明法治困惑,通过言说教育法治人才、教化社会成员。

第二,以制度建构过程、制度内容教化。在我国,制度建构一度由权力者包办,制度也一度被单纯作为支撑暴力机器运行的工具。对法治职业共同体中的立法工作者过往研究关注不足,随着国家统一法律职业资格考试,以及国家对法治工作队伍建设的总体部署,立法工作者的入职、培养、工作机制,其他法治职业群体对立法工作的助力机制等都在不断优化。现代社会,特别是中国当下,制度建构的领导主体、主导主体、参与主体在制度建构过程中都有了适宜的参与通道,立法工作者良好的专业能力、职业素养在确保参与制度建构通道畅通,引导行进方向上发挥了重要的价值引领作用。特别是民主立法形式多样,制度建构过程的教化功能几乎实质化。通过立法职业群体主导的制度建构工作,一个社会的秩序,以及社会主体之间的行为范式逐渐定型,人们的交往会变得有章可循。在社会交往过程中,主体行为的趋同性带动思维趋同,因社会行为规范是在法治职业共同体的综合力支撑下所建构的,故共同体法治思维巧妙嵌入规范,规范影响行为,行为影响思维,最终社会群体的思维受立法职业群体的专业引导不断走向法治化。

第三,以法的运用、法的效力教化。这项教化工作借助现代传播方式,以有限个案影响不特定群体。裁判者的案件裁处,律师的代理行为,行政执法人员的执法,在过程中都蕴含着教化功能,其行为结果则实现了法的效力。法的效力则既强制教化当事人,也柔性教化类情形关联人。在法学教育中,我们说案例教学法具有生动性、客观性和实践性,能使学生深刻理解法律规定,以及法治理论内涵,进而提升学生的法学素养、法律技能。对于普通的社会主体来说,案件的亲历性、同感性同样非常有助于其法治理念和思维的加强,也有助于法学知识、法律规定的传播,特别是在传播途径大为改善的当代。近年来,"辱母杀人案""电梯劝烟案"等等社会公众广泛关注案件的处理过程,无不是针对全社会的法制宣传、法治教育过程。

此外，中国特色法制宣传教育机制，则为法治职业共同体价值教化提供了直接平台。长期以来，我国通过五年一周期的大规模、大范围普法教育机制，不断推进社会整体法治思维、法治理念的培育。各地不断打造法治文化品牌，建设法治宣传场馆平台等，全力全面提升社会主体的法治素养。开展法制宣传教育是职能部门的职责，是全社会的共同责任，但更是法治职业共同体的主战场，法治职业共同体主动或被动地参与到普法工作中，通过各种路径，致力于将一切有接受教育能力的公民都纳入法制宣教对象，同时又注意突出对公职人员、青少年和企业经营管理人员的宣教，以提升重点人群的法治理念，发挥其辐射、带头作用。时至今日，社会公众的合法合理思维、权利义务思维、平等正义思维、职权职责思维等都有了普遍提高。

在信息化时代，人工智能技术得到快速发展，法治职业共同体可以发挥更大的社会整合价值。换言之，在科技日新月异的当下，如果能对上述传统法治职业工作面临的新境遇有足够关怀，对前述人工智能时代出现的法治职业新工种足够重视，各方主体更加关注法治职业共同体的价值优化，那么这个共同体在实现公平正义的传统主体价值基础上，将更加有助于实现对社会的整合功能。

为此，可从两个角度着力：一方面技术助力信息传播，可增强法治文化的影响力。职业共同体有强大的聚合、整合功能，传统社会基于兴趣、爱好、血缘等因素而聚合，信息时代则出现了"朋友圈"、网友、"粉丝"等聚合群体，这些新群体的聚合功能甚至远超传统的宗族、家族、老乡、校友等群体。当下，职业共同体在推进历史前进、社会共治过程中，是全方位、多维度介入社会物质生活和精神生活中的。从法治职业共同体角度分析，当前法治职业共同体实现社会整合价值，借助的是更大范围的职业共同体互动协作和人机协作，超强的信息传播能力将民主法治从理论生成制度，从制度走向运用，经由运用再生成权威，因权威而产生教化或信仰。信息时代，信息传播的爆发点是多样化的，可能一个人、一起案件、一幅图片，甚至一种特殊形式的信息推送也可能会导致法治文化的影响力大增。比如，新冠疫情期间，有人将全国免费法律教育共享平台"厚大法考"上罗翔教授的刑法学网课视频上传到B站，授课内容很快得到广大年轻人的喜爱，其本人获封"法学界郭德纲"，在社会上掀起了一股不小的刑法学习热潮。事实上，罗翔教授的教授方法很多法学教师授课时都会运用，即在讲解法学知识时，案例当事人相对固定称为"张三""李四""王二麻子"等，但因为特殊时期的特殊推送，就有了"法外狂徒张三""逍遥法外张三"等梗，对法学知识的传播产生了一种奇异的效果。很多年轻人被授课内容吸引，被激发兴趣，"自发做功课，查找法律资料，了解来龙去脉"，B站变成了"学习圣地"，他们放下手中的动漫、游戏，放弃对鬼畜、番剧、二次元等的关注，反而"到处呼朋唤友，扎堆在B站集体观看并热烈讨论一个个枯燥的法考视频"，非法学专业学生大量参与其中，有论者评价，这"简直是一个现象级事件"，"无处不在的张三可能在推动全民'法制意识'"①。由此可见，操作得当，海量的现代化信息互通渠道，使法治职业共同体可以不间断、无缝隙地发挥法文化的辐射作用，进而让现代法治文化与传统中国文化实现双向浸融，从而在建设中国法治的同时，也为人类文明培育出中国特色的法治文化。

另一方面，舆论监督制约，可推高法治职业共同体个体和群体的职业素养。托克维尔谈到法律人时，认为专业知识和政治权力，使他们"在同胞中出人头地"，有了"高人一等的地位，并使养成特权阶级的习性"②。在我国也有学者将法律人的职业化、专业化理解为精英化。笔者曾论及，法律人精英化的定位并不适合中国特色的法治职业人，我国的文化传统与现实政治导向使得中国式精英既不可能在很短的时间内形成，也并不一定要强调法治职业从业者一定要走向精英化。基于现代社会正常分工的法治职业从业者，既不必有意推高自身的劳动价值，也不应在社会中出现职业缺位。在中国，法治职业共同体成员应以不断提升的专业能力、职业素养、行业规范，在社会中努力凝练群体的理性、智慧、仁爱气质，并通过专业推动，为实现当前社会群体对公正、平等、民主的诉求而努力。从

---

① 法外狂徒"张三"是怎样炼成的？[EB/OL].(2020-04-26)[2020-05-02]. https://new.qq.com/omn/20200426/20200426A0955S00.html.
② 托克维尔.论美国的民主[M].董果良,译.北京:商务印书馆,1997:303-309.

法律人角度来看，人的行为一定要有规制才能保证其行为不偏离社会对其的价值期望，所以需要法律去矫正社会主体的行为。法律人亦是人，其行为同样要求有规制，正因为此，我们才给各法治职业从业者规定了行为守则、职业规范等。然而，制度监督的有限性永远是一个问题，传统社会人们只能通过不断修补监督机制去加强监督，但总有一个监督者无人监督的节点，信息时代一定程度上解决了这一难题，因为无所不能的信息跟踪支持了无处不在、无时不在的"人肉"监督，这对法治职业群体是一个强大制约。立法者必须科学立法、民主立法，执法者必须程序规范、依法行政，司法者必须公平正义、对案件终身负责等等，这些使得法治职业群体的专业理论与职业实践渐趋于一致，他们更可能不受任何不当影响依法办事，树立法律权威，关怀终极人权，呵护实质自由，在各种法律实践场域，都能将公平正义的法治价值理念客观化，进而实现社会整合，促成法治风尚，甚至信仰。

参考文献

· 著作

[1] 博登海默. 法理学:法律哲学与法律方法[M]. 邓正来,译. 北京:中国政法大学出版社,1999.

[2] 陈晓雷. 法律运行的道德基础研究[M]. 哈尔滨:黑龙江大学出版社,2014.

[3] 陈业宏,唐鸣. 中外司法制度比较(下册)[M]. 2版. 北京:商务印书馆,2015.

[4] 戴弗雷姆. 法社会学讲义[M]. 郭星华,刑朝国,梁坤,译. 北京:北京大学出版社,2010.

[5] 德鲁克. 管理实践[M]. 帅鹏,刘幼兰,丁敬泽,译. 北京:工人出版社,1989.

[6] 德沃金. 法律帝国[M]. 李常青,译. 北京:中国大百科全书出版社,1996.

[7] 丁相顺. 东亚司法制度改革比较研究:以司法的"践行者"为中心[M]. 北京:中国法制出版社,2014.

[8] 多梅尔. 人工智能[M]. 赛迪研究院专家组,译. 北京:中信出版集团,2016.

[9] 甘阳,陈来,苏力. 中国大学的人文教育[M]. 北京:生活·读书·新知三联书店,2015.

[10] 格伦顿. 法律人统治下的国度:法律职业危机如何改变美国社会[M]. 沈国琴,胡鸿雁,译. 北京:中国政法大学出版社,2010.

[11]郝艳兵.法治中国语境下的法律人才培养模式研究[M].成都:西南交通大学出版社,2015.

[12]何美欢,等.理想的专业法学教育[M].北京:中国政法大学出版社,2011.

[13]何美欢.论当代中国的普通法教育[M].2版.北京:中国政法大学出版社,2011.

[14]何勤华,唐波,戴莹,等.法治队伍建设与人才培养[M].上海:上海人民出版社,2016.

[15]霍宪丹.法律教育:从社会人到法律人的中国实践[M].北京:中国政法大学出版社,2010.

[16]卡伦,维吉伦特.社会学的意蕴[M].张惠强,译.北京:中国人民大学出版社,2011.

[17]科尔文.不会被机器替代的人:智能时代的生存策略[M].俞婷,译.北京:中信出版集团,2017.

[18]李海波.职业道德[M].南宁:广西人民出版社,2014.

[19]李开复,王咏刚.人工智能[M].北京:文化发展出版社,2017.

[20]李林,冀祥德.依法治国与深化司法体制改革[M].北京:方志出版社,2013.

[21]李林.中国的法治道路[M].北京:中国社会科学出版社,2016.

[22]李强.转型时期中国社会分层[M].沈阳:辽宁教育出版社,2004.

[23]李小红.法学学者的法治参与[M].北京:中国政法大学出版社,2016.

[24]李彦宏,等.智能革命:迎接人工智能时代的社会、经济与文化[M].北京:中信出版集团,2017.

[25]梁文永.归零集:行走在经济法学与法学教育之间[M].北京:中国经济出版社,2008.

[26]林林.法文化建构:穿越比较与社会的表象[M].重庆:西南师范大学出版社,2013.

[27]刘坤轮.法学教育与法律职业衔接问题研究[M].北京:中国人民大

学出版社,2009.

[28] 刘旺洪. 法律意识论[M]. 北京:法律出版社,2001.

[29] 刘小吾. 走向职业共同体的中国法律人:徘徊在商人、牧师和官僚政客之间[M]. 北京:法律出版社,2010.

[30] 刘振红. 如何成长为卓越法律人[M]. 北京:中国政法大学出版社,2016.

[31] 刘政. 民事诉讼理论探讨与制度创新:基于能动司法的视角[M]. 北京:中国法制出版社,2015.

[32] 卢学英. 法律职业共同体引论[M]. 北京:法律出版社,2010.

[33] 罗利建. 中国人的美德塑造:意志伦理论[M]. 北京:中国经济出版社,2015.

[34] 满炫. 警察文化视域下公安大学生人格培育[M]. 南京:江苏人民出版社,2020.

[35] 强世功. 法律人的城邦[M]. 上海:上海三联书店,2003.

[36] 萨斯坎德. 法律人的明天会怎样?:法律职业的未来[M]. 何广越,译. 北京:北京大学出版社,2015.

[37] 侍鹏. 法治建设指标体系解读[M]. 南京:南京师范大学出版社,2016.

[38] 孙兰英. 意义的失落与重建[M]. 长春:吉林人民出版社,2005.

[39] 孙笑侠,等. 法律人之治[M]. 北京:中国政法大学出版社,2005.

[40] 滕尼斯. 共同体与社会[M]. 林荣远,译. 北京:商务印书馆,1999.

[41] 田成有. 法官的信仰:一切为了法治[M]. 北京:中国法制出版社,2015.

[42] 涂尔干. 职业伦理与公民道德[M]. 渠东,付德根,译. 上海:上海人民出版社,2006.

[43] 托克维尔. 论美国的民主[M]. 董果良,译. 北京:商务印书馆,1997.

[44] 汪全胜. 制度设计与立法公正[M]. 济南:山东人民出版社,2005.

[45] 王进喜. 美国律师职业行为规则理论与实践[M]. 北京:中国人民公安大学出版社,2005.

[46]王禄生.员额制与司法改革实证研究:现状、困境和展望[M].南京:东南大学出版社,2017.

[47]威尔金.法律职业的精神[M].王俊峰,译.北京:北京大学出版社,2013.

[48]韦伯.学术与政治[M].钱永详,等译.桂林:广西师范大学出版社,2010.

[49]韦康博.人工智能:比你想象的更具颠覆性的智能革命[M].北京:现代出版社,2016.

[50]温德尔.法律人与法律忠诚[M].尹超,译.北京:中国人民大学出版社,2014.

[51]徐文江,李凤龙,张洪亚.马克思主义哲学原理[M].北京:中国商业出版社,2013.

[52]严青.遇见法律知识工程师[M].北京:中国政法大学出版社,2016.

[53]于绍元.律师学[M].北京:群众出版社,2001.

[54]喻中.中国法治观念[M].北京:中国政法大学出版社,2011.

[55]张文显.法理学[M].2版.北京:高等教育出版社,2003.

[56]郑国玺.马克思主义基础理论[M].成都:西南交通大学出版社,2005.

[57]中国高等教育学会师资管理研究分会.高校师资管理新探:第14辑[M].苏州:苏州大学出版社,2013.

[58]中国行为法学会司法行为研究会,天津大学法学院.构建法律职业共同体研究[M].北京:中国法制出版社,2016.

[59]周旺生.立法学[M].2版.北京:法律出版社,2009.

[60]邹华,修桂华.人力资源管理原理与实务[M].2版.北京:北京大学出版社,2015.

· 期刊、论文

[1]曹建峰."人工智能 + 法律"十大趋势[J].机器人产业,2017(5):86-96.

[2]陈建华.论基础教育、素质教育与博雅教育的内在关系[J].南京社会科学,2013(9):113-119.

[3]陈秀萍.架构法学与伦理学的桥梁:由强世功先生的《法律共同体宣言》而思[J].当代法学,2003(2):2-6.

[4]程虹,李唐.人格特征对于劳动力工资的影响效应:基于中国企业—员工匹配调查(CEES)的实证研究[J].经济研究,2017,52(2):171-186.

[5]程金华.依法治国者及其培育机制[J].中国法律评论,2015(2):107-119.

[6]程燎原."法律人"之治:"法治政府"的主体性诠释[J].西南民族学院学报(哲学社会科学版),2001,22(12):107-114.

[7]戴小明.区域法治研究:价值、历史与现实[J].中共中央党校(国家行政学院)学报,2020,24(1):87-98.

[8]高迎斌."三职一体"式高校教师分类管理模式探讨[J].中国高校师资研究,2011(6):13-18.

[9]葛洪义.一步之遥:面朝共同体的我国法律职业[J].法学,2016(5):3-12.

[10]公丕潜,杜宴林.法治中国视域下法律职业共同体的建构[J].北方论丛,2015(6):144-148.

[11]公丕祥.法治中国进程中的区域法治发展[J].法学,2015(1):3-11.

[12]关珺冉.机器人与我:人类智能与人类下一个时代的模样[J].凤凰周刊,2017(30).

[13]郭立新.法治社会中的法律职业共同体[J].河南省政法管理干部学院学报,2003,18(6):82-87,124.

[14]贺卫方.中国法律职业:迟到的兴起和早来的危机[J].社会科学,2005(9):83-90.

[15]胡玉鸿."法律人"建构论纲[J].中国法学,2006(5):31-46.

[16]黄文艺,卢学英.法律职业的特征解析[J].法制与社会发展,2003,9(3):44-49.

[17]霍宪丹.法律职业的特征与法学教育的二元结构[J].法律适用(国家法官学院学报),2002(4):9-11.

[18]霍宪丹.关于构建法律职业共同体的思考[J].法律科学(西北政法大学学报),2003(5):19-24.

[19]霍宪丹,刘亚.法律职业与法学教育[J].中国律师,2001(1):48-49.

[20]贾国发,尹奎杰.论我国法学教育模式改革的目标[J].东北师大学报(哲学社会科学版),2008(1):117-121.

[21]姜海涛.构建国家统一法律职业资格制度若干思考[J].中国司法,2018(1):23-32.

[22]李汉学.我国高校教师分类管理研究的回顾反思与展望[J].黑龙江高教研究,2016(12):19-23.

[23]李红海.统一司法考试与合格法律人才的培养及选拔[J].中国法学,2012(4):54-72.

[24]李建伟.本科法学教育、司法考试与法律职业共同体:关系架构及其改革命题[J].中国司法,2007(9):84-89.

[25]李林.开启新时代中国特色社会主义法治新征程[J].环球法律评论,2017,39(6):5-29.

[26]李强.职业共同体:今日中国社会整合之基础:论"杜尔克姆主义"的相关理论[J].学术界,2006(3):36-53.

[27]李涛,张文韬.人格经济学研究的国际动态[J].经济学动态,2015(8):128-143.

[28]李翔.中国法律职业资格同质化质疑[J].华东政法大学学报,2007(4):20-28.

[29]李小红.法学学者的知识权力问题研究[J].南京社会科学,2016(12):85-91.

[30]李小红.法治职业共同体的内涵及其构建:中国法治建设人力资源问题初探[J].四川理工学院学报(社会科学版),2017,32(5):42-56.

[31]刘水林.法学方法论研究[J].法学研究,2001,23(3):42-54.

[32]刘旺洪.社会管理创新与社会治理的法治化[J].法学,2011(10):

42-46.

[33] 刘旺洪,束锦.社会管理创新与民主参与的法制建构[J].学海,2013(5):5-12.

[34] 刘旺洪.中国特色社会主义法治道路:历史进程、概念内涵和基本要求[J].学海,2015(3):15-19.

[35] 刘延金,温思涵.分类、协同创新培养:我国教师职前教育发展的方向[J].当代教育科学,2015(3):44-47.

[36] 刘作翔,刘振宇.对法律职业共同体的认识和理解:兼论中国式法律职业共同体的角色隐喻及其现状[J].法学杂志,2013,34(4):95-104.

[37] 路宝利,陈玉玲.博雅取向:美国职业教育课程范式释读[J].职教论坛,2013(18):86-91.

[38] 孟建柱.坚定不移走中国特色社会主义政法队伍建设之路:学习贯彻习近平总书记关于加强政法队伍建设重要指示精神[J].求是,2016(14):8-11.

[39] 潘剑锋.论以法律职业精英化为目标的法律职业资格考试[J].现代法学,2019,41(5):168-181.

[40] 强昌文,颜毅艺,卢学英,等.呼唤中国的法律职业共同体:"中国法治之路与法律职业共同体"学术研讨会综述[J].法制与社会发展,2002,8(5):151-156.

[41] 曲睿.法学方法论教育与法律人才培养措施探讨[J].法制博览,2017(31):175,109.

[42] 王海峰,刘宇航,罗长富,等.基于科技创新人才培养的科研院所研究生培养机制思考[J].高等农业教育,2015(2):111-115.

[43] 王健.构建以法律职业为目标导向的法律人才培养模式:中国法律教育改革与发展研究报告[J].法学家,2010(5):138-155.

[44] 王立民."双千计划"与法治人才的培养[J].上海政法学院学报(法治论丛),2017,32(5):76-83.

[45] 吴玄.美国白宫法律顾问制度研究[J].环球法律评论,2014(5):83-98.

[46]夏锦文,陈小洁.区域法治文化:意义阐释、运行机理与发展路径[J].法律科学(西北政法大学学报),2015,33(1):3-12.

[47]谢冬慧.法学家的使命[J].法学评论,2009,27(3):154-160.

[48]许章润.法律的实质理性:兼论法律从业者的职业伦理[J].中国社会科学,2003(1):151-163.

[49]杨海坤,黄竹胜.法律的职业的反思与重建[J].江苏社会科学,2003(3):82-88.

[50]张文显.全面推进依法治国的伟大纲领:对十八届四中全会精神的认知与解读[J].法制与社会发展,2015,21(1):5-19.

[51]赵福帅.中国人工智能爆发前夜[J].凤凰周刊,2017(30).

[52]周安平.法学与科学及逻辑的纠缠与甄别[J].江西社会科学,2008(8):192-197.

[53]周安平.面子与法律:基于法社会学的视角[J].法制与社会发展,2008,14(4):89-98.

[54]朱作燕.大五人格对工作绩效评价的影响:自我监控的调节作用[D].上海:上海交通大学,2012.

[55]邹晓红,齐秀梅.法学实践教学新探[J].教育与职业,2012(18):153-154.

后　记

鸡鸣寺的樱花据说又开了。

我爱人白清泉的办公室在鸡鸣寺东侧,旁边是国民政府考试院旧址,挺有诗意的地儿,这位每天会从那里向我发出一道道毫无诗意的指令,"不要再睡懒觉,赶紧起床写你的稿子""不要再看那种没营养的小说,你好歹也是博士后""不要再点外卖,要给女儿做点正常的饭"……东南大学出版社陈佳老师的办公室在鸡鸣寺对过儿,旁边有棵著名的桧柏,据说是梁武帝栽的,叫作"六朝松",也是挺有诗意的地儿。比起白同志,陈老师就温柔多了,她只是偶尔会在微信上问一句"大作准备得如何啦"云云,我曾经信誓旦旦答应她,"春三月,必交书稿"。于是,在全民抗"疫"的这段日子里,我就这样每天有点小心慌地过着日子,不过结果似乎还不坏,当敲下书稿的最后一个字时,三月终究还未过,来自鸡鸣寺方向的压力骤然间就消失了,顿感春光灿烂了,阳光明媚了,对鸡鸣寺旁为人民服务的两位也只想真诚地说声"谢谢"了。

虽然我的道谢颇为真诚,但白同志还是没给我好脸色,因为他发现当他在"学习强国"上认真学习时,我却在听穿越重生小说《重生之悍妻》,眼瞅着又要被批评,我无比认真地对他讲:这是一个蕴含着法治方法论的故事。为人类而战死的主人公玉小小,带着绝对强悍的武力和满脑子的民主法治理念穿越到皇权至上、人分九等、绝对人治的时代。重活一世的主人公人生目标很简单,吃和弄死反人类反社会反派人物。为达成这一目的,主人公团结一切可以团结的力量,组成多国部队,派间谍放卧底,经过持续不断努力,最后取得了胜利。在和小伙伴们为了理想而奋斗的过程中,她的民主法治意识潜移默化地影响了当时人当时事,甲帝王娶了平民姑娘为妻,乙帝王开始推进民主协商工作机制……根据正常的发展进度,她将推动形成一个海晏河清、和谐共处的世界。法治的实现路径也不外如此,团结一切可以团结的力量,运用刚性的、柔性的各种手段,只要实现目标。

我们这个国家,有着明显的国别特色,我们可以在短时间内凝聚起无比强大的民族合力,比如此番应对新冠疫情,虽然疫情来势汹汹,但全民动员的应对模式,防控效果相当明显。再如法治,一百多年的摸索,可能不见成效,但当我们有了足够自信,就会明白法治不过是一种治理方式而已,中国特色法治模式同样可以实现法治追求的所有价值目标。中共十八届四中全会后,执政党确立更为明确、科学的法治建构目标,打造正规化、专业化、规范化的法治工作队伍,举全国之力而推进法治,法治还会远吗?也许在不经意间人们就会发现,法治事实上已经在我们身边,不过权利有保障,生活可预期,公权不滥用,凡事讲程序……

这本书的基础结构是在我做博士后研究时搭建的,我的博士后合作导师刘旺洪教授,为我的研究提供了很大帮助。记得当年开题时,老师对我的出站报告大纲给予了详细指导、修正,几乎帮助我重新搭建了报告框架;文章中的不少观点、思路也来自老师日常的提醒、指点,来自我对老师学术思想的研究、捕捉。老师的宽厚仁爱、平易近人带给我的不只是学识上的精进,更有做人做事方面的无尽收益。

出站后这几年,每日里忙于杂事,出站报告被束之高阁,据说这也是学术研究的套路,一些书稿、文章写出来,放一放,再拿起来的时候,会有很多新想法和新思路。在直系领导钱宁峰所长的鼓励和帮助下,我终究是又静下心来,对报告所涉及的一些问题进行了再思考。这一思考,发现这两年间,我们的法治建设步伐迈得真不小,教育部对法学教育有了新的规划部署,国家统一法律职业资格考试已逐渐规范化,从中央到地方依法治理委员会组建,法治的统筹协调机制更为高效……感慨之余,也明白书稿写作任务加重了,但只要法治有进步,累累也愿意,自诩法律人多少年,职业认同感还是很强的。

法治建设一直在路上,法学研究也没有终点,所有个体的、阶段性的研究总是有不足与缺憾,在本书的基础上,未来还可进一步加强、拓展的研究内容包括但不限于:如何进一步加强法治人才法学知识与法律技能的培育,如何通过建设"法律职业共同体"促进建构"法治职业共同体",如何优化法治职业共同体的社会整合路径与机制、模式与方法,如何充分利用人工智能的协助实现法治职业共同体追求的公平正义等等。遗憾至于此,希望也生于此,期望在未来的职业生涯中,能对有关问题做出进一步思考与探究,本书中的不足也请同行批评指正。

鸡鸣寺的樱花据说还在开,我在想或许应该去看看花,也看看人。

李小红

2020 年 3 月 20 日